櫻井善行 著

企業福祉と日本的システム
トヨタと地域社会への 21 世紀的まなざし

ロゴス

まえがき

　本書は企業福祉の具体的事例を通して、日本的システムの特徴を浮かび上がらすことをめざした。利潤を追求することを最大の目的とする企業。人々の幸せを課題とする福祉。この２つの用語が合成されたのが「企業福祉」である。このカテゴリーの持つ複雑で独特な意味合いがある。その企業福祉を通して、企業と地域社会の実態を考察して、それらの可視化を試みようとした。

　そもそも「企業福祉」という用語自体、学問的に定式化され、認知されているかは定かではない。研究対象としても、他の近接・関連分野と比較して、これまで大きな脚光を浴びることはなく、脇役的存在であった。福祉という用語は使われても疑似福祉に過ぎないという指摘もある。にもかかわらず、無視できない形で、人々の生活に影響を与え、存続してきたのは、当事者の様々な思惑が錯綜するからであろう。

　企業サイドの人事労務の側からすれば、ストレートに賃金という形で導入せずに、「間接的」な報酬で働くものの充足感を満たした。その結果、有形無形の、労働へのインセンティブを促した。一方で、働く側からすればサービスや施設の提供を受けることでの生活改善と結びついた。提供する企業の構成員であることが、利益を享受する根拠であり、そのことは企業への帰属意識を醸成したのは間違いない。この機能は、日本経済が右肩上がりの時代までは十分に果たすことが出来たが、その機能が、これからも果たしうるかという検討課題がある。

　ところで、本書のサブタイトルにもした「トヨタと地域社会」は、私のライフワークに影響を与えてきた。それは私がこれまでのこの企業とこの企業に影響を受けてきた地域社会（とりわけ西三河）と深い関わりの中で

生活してきたからである。

　日本のシステムの特徴を、主要な要因から分析する王道的な手法もあろう。だが私はあえて企業福祉という脇役的存在から日本的システムに迫ってみた。これが本書の神髄である。

　この企業福祉には大きな問題点が内包していた。同じ地域社会でもその恩恵を享受する人と、享受できない人との格差が歴然としてある。明らかに現代社会の1つの現象である「格差社会」を体現している。当事者の中にある漠然としたこうしたものへの是非は、結局は利益を受容する側からは、「それでかまわない」という声にかき消されてしまう。「共生」の視点が欠落すれば、利益享受されることへの「暗黙の了解」で、それから先の思考回路は止まってしまう。企業福祉の事例考察をするにあたって、トヨタという企業と西三河という地域社会は絶好の「教材」を提供してくれた。

　社会人研究者は、高尚な理論から現実に下りることよりも、現実の社会現象を正確に捉えて高次なものに向かっていくことにこそ意義がある。私自身が若い頃から関心があった日本の大企業の位置、それに影響を受けた地域社会、そこに住む人々の生活、さらには働くということ、それらを含めた人々の「希望と未来」などへの関心は今も消え失せてはいない。

　これまで私は個別のテーマの小論をいくつか書き上げてきた。本書はその小論をとりまとめたもので、私の研究人生の集大成を意味する。にもかかわらず、ずいぶんの時間を要した。しかも今見て、それが完成されたものであるかは甚だ心許ない。1つのことを体系化してまとめ上げることがこんなにも大変であるということを改めて思い知らされた。

　とはいえ本書では企業福祉の本質に、真摯に向き合ったつもりである。企業福祉と関わりながら過去から現在までの日本の姿に真摯に向き合うことで未来の課題も見えてくる。本書は学術的な色合いを失わせず、なおかつ読者の関心をそそるにはどうすればいいかということを念頭に書き上げてみた。読者諸氏の批判を願ってやまない。

　最後に、これまで私は多くの人と出会い、その存在は私の生き様に有形無形の影響を与えてきた。私は、立ち位置が違う「異見」こそ、目を開き耳を傾けることで発達や成長を促し、前に進むことが出来ることに気がつ

いた。本書の完成に直接間接に貢献された方々に、感謝の意を記して、まえがきとしたい。
　2019年初夏

　　　　　　　　　　　　　　　　　　　　　　　　　　櫻井善行

目　次

まえがき 1

序　章　企業福祉の鳥瞰 7

1　はじめに　7
2　現状認識　8
3　企業福祉の鳥瞰　14
4　本書での問題意識と研究課題　22
5　先行研究の到達点と課題　27
6　おわりに　29

第1章　企業福祉をめぐる先行研究 37

1　はじめに——企業福祉研究をめぐるスケッチ　37
2　1990年代以前の企業福祉研究　41
3　1990年代以降の企業福祉研究　45
4　個別研究課題から企業福祉研究へのアプローチの事例　49
5　近年の研究傾向　53
6　橘木俊昭理論にどう向き合うか　56
7　おわりに——「企業性善説」の検証　64

第2章　企業福祉の歴史的変遷 71

1　はじめに　71
2　公的福祉に先行した企業福祉　71
3　日本的労使関係と企業福祉の変容　77
4　多様化する企業福祉　80
5　カフェテリアプランとアウトソーシング　86
6　企業福祉を取り巻く環境変化——トヨタを事例に　87
7　おわりに　94

第3章　企業福祉と格差社会 …………………………… 101

1 はじめに　101
2 日本的労使関係と「格差社会」　103
3 「格差社会」と企業福祉　107
4 高齢社会と企業福祉　116
5 おわりに　121

第4章　企業の社会的責任と企業福祉 ………………… 129

1 はじめに　129
2 企業社会と企業の社会的責任（ＣＳＲ）　129
3 日本的経営と日本の企業　133
4 企業の社会的責任　135
5 「企業不祥事」とコンプライアンス　140
6 企業の社会貢献活動　143
7 おわりに　147

第5章　企業福祉と労使関係──トヨタの事例をふまえて…157

1 はじめに　157
2 日本の労働現場とトヨタ生産システム　160
3 トヨタ自動車堤工場過労死事件　164
4 働きがいのある職場を考える　169
5 働かせ方からみた企業の類型　173
6 トヨタにおける裁量労働の拡大　175
7 おわりに　176

第6章　企業福祉と企業内教育 …………………………… 181

1 はじめに　181

2 愛知・西三河の教育　183
  3「企業内教育・訓練」の検証　186
  4 技能連携教育の光と影　198
  5 おわりに　200

第7章　企業福祉と企業城下町 …………………………………… 207

  1 はじめに　207
  2 西三河地域の概要　210
  3 グローバル化の中でのトヨタと西三河　214
  4 　自動車産業の成熟化　221
  5 外国人労働者と多文化共生社会　222
  6 企業福祉と医療機関　224
  7 おわりに　226

終　章　企業と地域社会の創造的共生に向けて……… 237

  1 はじめに　237
  2 本研究の到達点　239
  3 本研究の今後の課題　240
  4 総括と展望　21世紀の創造的共生に向けて　243
  5 おわりに　247

あとがき ……………………………………………………………………… 251
参考文献一覧　254
図表一覧　265

序章　企業福祉の鳥瞰

1　はじめに

　本書の目的は、企業福祉を通して日本社会を捉え直し、その上で日本社会の課題を明らかにすることである。日本の社会経済システムは、「日本的企業システム」や「日本型構造」などと称せられるなど内外から注目を集めてきた。それが大きく揺らぐ、20世紀から21世紀にかけての変遷過程に焦点をあてたのが、本書である。

　本書では企業福祉を媒介に、トヨタ[1]という日本を代表する企業と、この企業集団の活動地域である西三河地域[2]の事例を中心に考察する。企業福祉を通した企業と地域の可視化によって、日本社会の特性に迫ろうとするものである。

　本書で扱う企業福祉とは、「企業が従業員に提供する賃金以外の給付とサービスの総体」と定義する。その中には、狭義と広義の両方の意味が含まれる。狭義の企業福祉としては、「法定外福利厚生」がある。広義の企業福祉としては、さらに「法定福利厚生」や「退職関連施策」が含まれる。「退職関連施策」は別物として扱う場合もあるが、企業福祉の実像を見えやすくするために、広義の企業福祉の範囲に含めるものとして扱う。なお「企業内教育」は、労働費用として扱うが、近接領域とみなし、企業福祉領域には含めてない。以上は基本的な定義として押さえておきたい。

　企業福祉の対象は、その企業に雇用される従業員（労働者）である。給付サービスを受けることは、対象者にとってベネフィットを受けることである。だがベネフィットを受けることが可能なのは、大企業での正規雇用の労働者に限定されてきた。ここに企業福祉の独特な意味がある。

　それを可能にしたのは、日本の大企業が保有してきた、一国の経済を凌駕する経済力である。その経済力を、一部の限られた層から、社会の構成

員全体により広く還元できる施策が求められている。これこそ、企業が本当の意味で社会貢献し、社会的責任を果たすことができるのではなかろうか。本書を貫いているのは、こうした問題意識と視点である。

アベグレン(3)(J. C. Abegglen)は、戦後の日本資本主義下における企業経営の特徴を「日本的経営」として捉えた。それには、①新規学卒から定年まで同じ職場に勤続する終身雇用制、②年功主義（学歴と勤続）による賃金（年功賃金制）と昇進（年功昇進制）、③企業別労働組合、をあげている。それに加えて、④福利厚生（「企業福祉」）施設の充実、もあげている。これら以外にも、「稟議（りんぎ）制度」、「部課制組織」、「総務部制」なども指摘される。いわゆる企業内のシステムの中でも、より経営管理の中枢内容に迫った意思決定や管理制度に関する特質についての指摘である。様々な場面で見られる、日本の企業の特色は、そうした日本的経営の中で浮かび上がらせることができると筆者は考えている。

本書では、福祉をはじめとした企業が関わる諸施策の特徴を、主にトヨタ自動車という企業に焦点を当てて考察する。それはこの企業が日本経済を牽引する代表的な企業であるとともに、そのシステムや施策を考察することで、日本社会の特性の理解の契機になると考えるからである。さらにこのトヨタ企業集団と深い関わりがある愛知県・西三河の地域社会が変容していく過程を考察してみたい。そのことで、「対立」と「憎悪」を中心に、不幸な歴史の繰り返しであった20世紀の時代への挽歌と、21世紀に向けた、「共生」と「協働」のための「21世紀的眼差し」に向かう可能性を見いだせるのではと筆者は考えている。

こうした企業内と企業外を結んだ考察によって、「企業と地域社会」の立体的・複眼的な姿が浮かび上がり、分析ができると考えるからである。確かに企業福祉は企業が担う制度や施策の一部でしかない。だがその一部であっても、その特徴を立体的・複眼的・多面的に考察することで、本質に迫ることは可能である。

2　現状認識

本書で取り扱う企業福祉は、日本の社会経済システムを側面から支えて

図表0-1　日本的システムの変遷

	戦前日本的システム	戦後日本的システム	新日本的システム
時代区分	戦前（～1945年）	戦後（1945～1990年代）	1990年代以降
市場	国内市場中心	加工輸出型	グローバリゼーション
労働組合	ノンユニオン	企業内組合	形骸化と新興企業でのノンユニオン
労使関係	疑似的労使関係	集団的労使関係	個別的労使関係
雇用慣行	一部の大企業のみ	終身雇用	流動化と非正規雇用の増加
賃金制	年功賃金	年功賃金＋日本型能力主義	成果主義の導入　生活給的要素の後退
労務管理	前近代的	日本的経営	新日本的経営
福利厚生（企業福祉）	一部の大企業のみで導入	大企業中心に先行導入	企業福祉の再編と選択型福利厚生の登場

筆者のイメージによる作成

図表0-2　社会福祉（社会保障）・企業福祉・家族福祉

	社会福祉（社会保障）	企業福祉	家族福祉
主体	国家　自治体	企業	家族（主に主婦）
対象	すべての国民	企業の従業員　家族　退職者	家庭内の弱者（未就学児・高齢者）　家族生活全般
性格①	公的福祉	私的福祉	私的福祉
性格②	集団的	個別的企業単位	個別的家族単位
理念	公平・公助	効率・共助・公平	扶助・孝行
目的①	国民生活安定	従業員生活安定・向上	家族生活安定
目的②	国民連帯・統合	構成員統合	家族構成の統合・絆
目的③	経済社会発展	生産性向上と企業発展	家の繁栄・存続
根拠	法律	労働協約・就業規則・任意	奉仕・義務・慣行
財源	保険料・税・運用収益	支払い能力	妻の家庭内無償労働
機能①	生存権保障	労働力確保・能力開発・動機付け	家族単位・規範の維持
機能②	非常時の生活水準低下の緩和	産業民主主義	夫の労働の後方支援
機能③	所得再配分	社会保障の代替・代行・補完	疑似福祉
機能④	ビルト・イン・スタビライザー	自助と社会保障の連結	共同体の維持
給付	基礎的ニーズ	基礎的ニーズの代替・補完・上乗せ	生存権確保
範囲	所得・医療・介護・育児・住宅・社会福祉	就労時の生活の質向上及び非常時の生活保障への準備	保育・介護ならびに家事労働全体

藤田至孝［1997］参考に筆者作成

きた。しかし現在その取りまく環境の大きな変化が進行中であり、その変化を中心とした現状認識について以下に触れることとする。

2－1「日本型福祉論」の登場と変容

日本において企業福祉は、生活保障の重要な一端を担ってきた。生活保障の日本的特徴は、「家族福祉」[(4)]、「地域福祉」、「企業福祉」にあるとする主張は、今に始まったことではなく、以前からみられる。高度成長期にすでに見られる。その独特な「福祉」に「日本型」を冠したのは、坂本二郎[1967]『日本型福祉国家の構想』である。また、福祉国家論に代わって登場した福祉社会論に「日本型」が付されたのは、村上泰亮他[1975]『生涯設計計画――日本型福祉社会のビジョン』においてである。

自由民主党が、「日本型福祉社会」の建設を中心課題に掲げ、『日本型福祉社会』を発刊したのは、1979年のことである。日本でも1970年代前半には、福祉国家を模索する時期もみられる。しかしその後、欧米福祉国家を克服すべき対象とみなし、「自立自助」を軸に、「家族福祉」と地域の相互扶助を重視する。さらに、日本的労使関係を支えてきた企業福祉を、公的福祉にもまして重視すべきであるとした。国家・社会が関わるべき事項を、それ以外のいわゆる「中間機関」に委ねようとした。

その背景には、高度成長をもたらし石油危機を2度にわたり欧米よりもいち早く克服した日本経済ならびに、その主役と目された「日本的経営」への強い自負がある。

日本社会とりわけ日本的経営は、もはや遅れた特殊なモデルではなく、むしろ欧米を超える普遍的なモデルとみなし、「日本型」を冠する動きも出てくる。「日本型福祉社会論」も、「日本型経営論」や「日本型労使関係論」などと軌を一にして登場したものとみられる。1980年代以降、日本社会が「企業社会」として形容されるのはこれ以降のことである。

アベグレン[1958]『日本の経営』に端を発する「日本的経営論」、さらには「日本型システム論」の多くは、戦後日本の社会や経営が達成した成果、いわば強みの側面に注目して展開されたものである。70年代から80年代にかけて内外の評価が絶頂期であった頃は、「日本型」として喧伝された。

図表０−３　日本型福祉社会と「企業福祉」「家族福祉」

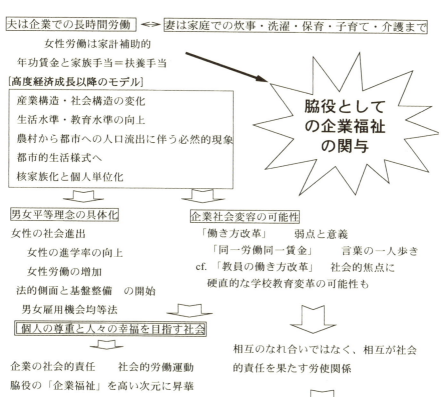

[筆者作成]

しかしその後、90年代に入ってバブル経済が崩壊し、それに続く「失われた10年(5)」といわれる長期の経済低迷の中で、日本企業とその経営への評価は失墜する。それに伴い、華やかな賛美論が支配的であった「日本的経営」のみならず「日本型経営」論も影をひそめ、今日に至っている。

しかし、「日本的＆日本型経営論」が華やかなりし時代にあっても、影の側面が語られることは少なくなかった。むしろ、「光と影」の両側面をどのように統合して捉え、再生への展望を提示するかが問われていた。

十名直喜［1993］『日本型フレキシビリティの構造』は、企業を軸とする日本型産業システムの全体像と核心を、「光と影」の両側面から浮かび上がらせ、その変革課題を提示した。そのアプローチは、影の側面が顕在化し深刻度を増している現代社会においてこそ、求められているといえよう。本書で扱う企業福祉アプローチにも、貴重な示唆を与えている。

2−2　企業福祉にみる「社会福祉」の日本型構造

戦後日本での企業福祉のあり方や位置も、日本経済や企業環境の変遷に伴い、大きく変容していく。その存続基盤も、21世紀の現在では揺らぎがみられる。しかし企業福祉は、日本社会において独特の役割を担い、日本の「社会福祉」に大きな特徴を刻印している。本書では、その「光と影」の両側面および変革課題を追求する。

ところで「日本型福祉」の特徴と課題は何であったか？その核心は公的福祉への依存を抑えるべく、日本企業の活力と同居家族の無償労働に、「福祉」を委ねてきたことである。だが現代日本では高度経済成長を契機として、産業構造の転換・高度化と都市化が進展することによって、社会構造も大きく変容する。三世代同居を前提とした日本型家族は、核家族化の進行と直系家族の衰退をもたらすようになった。その結果、あからさまに企業依存に傾斜するようになる。

都市部での住宅保障は、これまでは企業のカバーによる独身寮・社宅が中心であったが、現在では、「持ち家」へ誘導されていくことになる。一方では、家庭内では家事だけでなく介護・保育も家庭内の女性（主婦）の無償労働に任されてきた。そうしたことに対応する賃金および税制は、「男性

稼ぎ頭モデル」と称され、配偶者手当や扶養手当の給付が当然のこととされた。だが、現在はこうしたシステムこそが障壁として、大きな曲がり角に直面している。

　企業福祉は、企業と家族に委ねられた「福祉」を支える要としての位置にある。脇役であるはずの企業福祉が、日本型福祉では隠れた主役として積極的な役割を担うことになる。だが企業福祉の当事者たちは、こうした現実に真摯に向き合うことなく、一方的に受容してきた。

2-3　企業福祉が支える日本的な働き方と社会的矛盾の顕在化

　企業福祉は、日本的労使関係の対象と同じく、男子正規労働者の労働へのインセンティブを促すものであった。男子正規労働者は、夫であるとともに、企業の一員であり、一家の主でもあった。このシステムの下では、女性は従属の位置にあることから、家事は女性（主婦）の無償労働として機能してきた。「男は仕事、女は家庭」という性別役割分担が機能してきた。だがこのシステムは、もはや現在では限界があるといわざるを得ない。今では様々な点でひずみが露呈されるようになった。

　そのひずみとして、労働現場では、主役である男性の正規労働者の長時間労働が当然とされるようになる。「24時間働けますか」という異様なキャンペーンが張られ、朝早くから通勤電車に揺られ、夜遅くまで働く労働者の姿がメディアなどで話題になる。この頃から、「過労死・過労自死」が目につき、「KAROSHI」は国際用語として認知されるようになる。このことは、女性・非正規労働者(6)もまた「男性正社員」（低賃金）並みに働かされることを要請されるようになる。正規労働者と比較して、コストがかからず、景気の調節弁として活用可能な「非正規労働者」の役割が増大することになる。この非正規労働者が若者、とりわけ「新規学卒者」にまで拡大されるようになる。こうした「雇用の劣化」の進行は、当然の帰結として、非正規労働者の少ない報酬では伴侶を得ることは困難ゆえに、未婚層の増加を促した。

　現在進行形の未婚層の増大は、社会環境の変化や価値観の多様化もあるが、経済的理由によるところが大きい。これは直接の「少子高齢化社会」

につながっている。少子化は、現役世代の非生産的人口が減少して労働力不足が顕著になり、この先の未来社会が見えなくなる。しかもこの間露わになったのは、「格差拡大」であった。限られた富裕者と、圧倒的多数を占める「庶民」との格差はもちろんのこと、「中位」以下に位置する人々の階層分化が見られ、「最下層部分」での悲惨な実態も目にするようになる。

とりわけこの格差社会の進行で、「企業社会」のゆきづまりが顕在化していく。大企業の繁栄の裏に中小零細企業の淘汰が始まり、底辺部分の動揺がみられるようになり、正規労働者の激減に代表される雇用の劣化も明らかになった。若者の中に見られる「相対的貧困」は、正規労働者の減少と結びつき、「ブラック」企業的な働かせ方が目につく。社会的ルールそのものが存在しない職場が目につくようになる。正規労働者とともに非正規労働者の階層化が始まり、非正規労働者間の格差もまた深刻な問題となりつつある。

また「高齢社会」の進展は、社会の活力の低下、世代間格差、行政部分での財政圧迫による住民サービスの低下をもたらしていく。教育の劣化も深刻な問題である。学校間格差が語られるようになって久しいが、教育を受ける学生・生徒の知識の欠落、思考力の欠如、さらに劣等感と優越感という格差に基づく問題も見逃せない。「大人社会」の知性の欠如や文化の退廃も目につく。こうした社会の衰退は、特権エリートと庶民との階層間の軋轢や人間相互の不信とも結びつくようになる。「人間の発達と社会の進歩」という課題は深刻な危機的状況にある。

今こそ「ひとの絆」が必要であり、「共生」と「協働」の再生が問われるときはない。ひと・人間らしさは強さとともに、優しさも必要となってくる。個々の社会の担い手が、社会全体を包摂する視点が必要である。筆者はそこに偽善者ではない、真に社会貢献をする企業の積極的なコミットを期待したい。

3　企業福祉の鳥瞰

3-1　企業福祉とは何か

すでに触れたように、企業福祉とは「企業が従業員に提供する賃金以外の

サービス・給付・施設の総体」として捉える。営利をめざす企業と、人々の幸せをめざす福祉という一見関わりが弱い２つの用語が結合されたところに、企業福祉の独特な意味がある。一方、公的福祉としての「社会保障」は、すべての人々を対象として、生活上のリスクに対応する。企業福祉はかつても今も、「福利厚生」と同義語として使われることが多い。だが筆者は、幅広い施策やサービスを指すものとして、企業福祉という用語を使用している。この用語と同義の表現として、「企業内福祉」「企業内福利厚生」「福利厚生」「産業福祉」「従業員福祉」「フリンジベネフィット」「エンプロイベネフィット」などが使用されている。こうした用語のこだわりは、当事者（論者）の思いが強く反映されていることもあるが、各論文を読むと必ずしもすべてがそうではない。[7]

ところで企業の労働者への報酬・給付である労働費用を大別すると「賃金」と「非賃金」に区分される。その後者のかなりの部分が、企業福祉費用である「福利厚生費」と呼ばれるものである。これには現物支給、法定福利費、法定外福利費、教育訓練費、募集費、（退職金）などがある。これらは一括して「労働費用」と呼ばれるが、その中でも法定・法定外の福利厚生費に退職関連費用を加えると支払いの20％近くになる。しかもこの比率は産業によりかなりの幅がある。たとえば電気ガス業（エネルギー）では29％弱であり、サービス業では15％弱であり、率でいえば実に倍近い格差がある。また企業規模間では、それ以上の格差がある。[8]

その福利厚生費のうちの約半分は、強制的徴収の法定福利費で、次に退職関連費用が占めている。法定福利費には、社会保険料としての公的医療保険、公的年金、雇用保険、労働者災害保険、介護保険の事業主負担分などがある。非法定（法定外）福利費には、大企業では住居関連費用への支払いが現在でも50％をこえ、食事補助、健康診断への補助など企業が任意でおこなう様々な生活支援制度がある。

[図表０－４]は、法定外福利費の範囲を、厚生労働省と日本経団連の定義によって項目を図表化したものである。両者の立ち位置が異なるため、相違点が見られるが、いずれにしろ企業福祉が幅広い範囲に対応している事実に気づかされる。[9]

序章　企業福祉の鳥瞰

図表0－4　厚生労働省と日本経団連の法定外福利費などの範囲
太字は集計数値ある項目点線以下は付帯調査あるいは関連調査項目

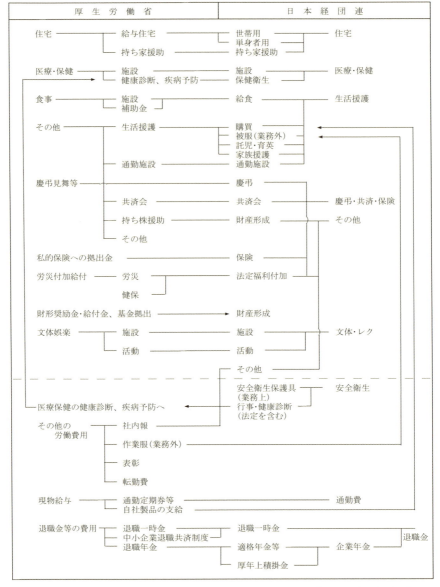

労務研究所［2004］『福利厚生費部会報告書』から

ところで企業側がもっとも福利厚生制度に期待するのは、従業員の企業への「長期定着」だという。さらに「勤労意欲向上」や「労使関係の安定」などもあげられる。また企業側の回答に、「企業の社会的責任」という項目も上位に入っている。これには企業が企業福祉を利用して企業の広告塔として企業外へのメッセージをしたいとの思惑が見え隠れするからである。

　企業福祉の基本は、これまでは費用面では「法定外福利厚生費」を中心とした施設・サービスを指してきた。これは狭義の企業福祉ともいわれ、企業の自由裁量の余地があり、サービスや給付内容面では企業ごとにかなりの差違が見られる。日本経団連によれば、「法定外福利厚生」には、[図表０－４]にも記した範囲が含まれる(10)。

　一方、広義の企業福祉とは、企業の裁量余地がない「法定福利厚生」や、企業間や雇用形態間で大きな差違が見られる「退職関連施策」なども含める場合が多い。企業福祉は、「法定外福利厚生」の範囲に含まれない施策・サービスも加えた総体と見なすべきだと筆者は考えている。企業福祉一般からみれば、法定外・法定の区分は、強制力のあるなしや財政費用的な論点からは当然にも差異も課題もあるが、両者には本質的な差異はないと見るべきである。

　企業福祉において、「住宅関連＝居住支援」施策費用的には大きな比重を占めている。勤労者への供給住宅数が決定的に不足していた時期には、社宅・独身寮が中心的な役割を果たした。住宅建設が困難な都市部では、賃貸住宅における家賃補助などが主たるものであった。だが高度経済成長期以降には、「持ち家支援」施策にシフトが移されている。これら居住支援施策としての労働費用は、法定外福利厚生費の中でかなりの部分を占めてきた。これも全体としては生活関連の一部と見なせる。近年日本では、「持ち家」が人生でのステータスだともてはやされ、その施策への誘導とリンクして企業福祉もその影響は免れないようになった。この点については、公的支援の側も融資制度や住宅控除などが中心で、積極的な支援というよりもあからさまな持ち家への誘導策が行われてきた(11)。「終身雇用」に見合った労働力の確保として、企業は、労働者を企業につなぎ止めるための投資を惜しまなかった。

「退職関連施策」は、「福利厚生」から独立した項目として扱うべきだという主張もある。「賃金の後払い説」へのこだわりからだろう。だが筆者は広義の企業福祉として位置づけた方が、費用面でも役割でも企業が担う施策としての企業福祉の全体像が見えやすくなると考えている。退職後というのは、基本的に老後生活を意味するが、居住支援と同様、退職一時金や企業年金など費用面での支援がかなりの比重を占めていることも無視できない。

　またある時期まで有効で需要があった施策・サービスが、その後はニーズがなくなり淘汰される施策も珍しくない。その多くは、社会と企業福祉を取り巻く環境変化により、企業サイドの意向よりも、従業員側がニーズから離れる事例である。たとえば企業が自前で建設・運営してきた企業内保養所などは、もはや「風前の灯火」である。現在では利用者が激減して運営そのものが高コストになり、多くは廃止に追い込まれている。また多くの従業員にとって、企業の「創立○○年記念品」の「グッズ」などは、世代を通して「無用の長物」になっている。このように企業福祉は、時代の変化に対応出来ないメニューは淘汰されていく。

　一方最近では、「健康」や「子育て」や「自己啓発」に関わる項目が、従業員が希望する新たなニーズとして指摘されている。最近ではこれらの関連施策を、一部の企業では選択型福利厚生＝「カフェテリアプラン[12]」のメニュー項目の中に繰り入れる事例も目につく。

　総じて企業福祉は、企業が提供してきた「福祉」施策だが、対象は限定的であっても、特定の企業に雇用される労働者には過剰な給付・サービスがある。そのことが、同じ労働者の中でも、階層内格差をもたらし、現代日本の企業社会の中で独特な位置を占めてきた。

3－2　日本における企業と福祉の関わりの歴史

　企業福祉の日本における成り立ちを考察すると、部分的には近代以前（江戸時代後期）の商家の雇用慣行にも類似性が見いだせる。だが日本での企業福祉は、内容的にも性格的にも、産業革命の勃興による近代工業の分野で成立したとされる。だから江戸時代の慣行が必ずしも日本資本主義の成

立期へと連続してはいない。なお日本資本主義勃興期に登場した鉱山、繊維、紡績、鉄鋼、セメント、造船、などの産業分野では、企業福祉の特徴的な事例が見られる。

企業福祉の施設やサービスは、特に大企業では、外から見ると豊富で立派に見えるのは確かである。だが異なった視点から見れば、公的制度としての「日本的福祉」(社会保障)の不十分さをカバーしていたことを示している。また医療保障や退職後の所得や生活保障など、現在まで継続している分野もある。この点についての詳細は次章以降で触れることにする。

3-3　諸外国での特徴

「福祉」と「企業」の関わりは、資本主義が成立して以降、各国で展開されてきたが、その様相は各国での歴史、風土、体制などで差違がある。企業がどうして福祉に関わるようになったかは、その国の歴史と施策と切り離せない。ここでは、いくつかの代表的な国の「企業」と「福祉」の関わり、企業福祉の実態を考察する。対象とするのは、主に欧米の主要な国の企業福祉で、その特徴をあきらかにする。そうすることで、企業福祉の日本的特質も明らかにできると考える。

A　イギリス

世界で最初に産業革命が起きたイギリスは、労働問題・社会問題も最初に出現した国でもある。19世紀前半には貧困、失業、疾病、傷害、老齢などが社会問題として意識され、その解決方法が模索されていく。これらの問題解決は、「個人の努力」では限界があり、イギリスでは、19世紀前半以来、労働者が資本家(使用者)と国家との緊張関係を経て、自らの労働条件の改善と地位改善・生活向上をめざしてきた。

その結果、多くの犠牲の上に国家・資本からの譲歩を勝ち取り、1870年代には労働組合が公認されていく。階級としての労働者階級による「われらとやつら」の関係が長く続くことになる。国家の社会政策よりも、互助組織としての労働組合が社会の表舞台にあり[13]、自分たちの伝統にこだわり、生活部門への国家の介入を長く拒否してきた歴史がある。

序章　企業福祉の鳥瞰　　*19*

だからすべての国民を対象とした体系的な社会保障の登場は、第二次世界大戦中のベバリッジ報告（1942）を契機としてである。後にイギリスでは、幾度かの労働党政権の実現もあり、医療費用は「全額国庫負担」でまかなわれるようになる。しかし一方では、公的年金は民営化されようとしている。イギリスはアメリカほどの弱肉強食ではないが、アングロサクソン型の福祉国家であり、ヨーロッパの他の大陸国家よりも自助傾向は強い。

　EUのような地域経済統合は、分かち合いのために、国境を越えて「ひと」、「もの」、「資本」の移動を可能にした。それ自体、悪いことではない。だが、イギリスに限らずヨーロッパでは、不法移民の大量流入などを理由に、最近は地域経済統合を拒否する排外主義的傾向もみられる。大陸諸国とは地域経済統合への思いの差異も見られ、イギリス国民はEUからの離脱を選択した。今なお迷走中である。

B　ドイツ

　ドイツでは、近代的統一国家が成立する以前の、19世紀前半からプロイセンなどを中心に鉄鋼、鉄道、軍需産業が発達していた。代表的企業であるクルップ社では、1836年に労働者の疾病保険とともに疾病金庫が設けられている。それまでは企業が関わらない労働者の自主的な互助組織はあったが、これは労働者側の自主的共済に企業も拠出金を提供することを意味した。いわばドイツにおける企業福祉の原型である。その後ビスマルク時代には、国策としての社会保険中心の社会保障制度が大きく前進したが、その前提として、企業内部での福祉制度があったことは否めない。

　当時のドイツはイギリスに追いつくことが大きな課題であったために、工業化を進めるためにも、労働者の働く環境整備のために福祉制度を必要とした。また当時、労働者に影響を持ちつつあった社会主義に対抗する意味もあった。実際にビスマルクは社会主義者鎮圧法で社会主義運動を厳しく取り締まっていく。その一方で、労働者の歓心をそそるために社会保険制度を導入した経緯がある。ドイツでは企業が福祉の提供者として積極的な役割を果たしていく。

　現在のドイツの社会保険をベースにした社会保障水準は、他の西欧諸国

に見劣りするものではない。一方産業別労働組合の発言力も未だに強く、ドイツ金属産業労働組合（IGメタル）(14)などの産業別交渉によって企業横断型の福利厚生が実施されている。その点では企業内にとどまる日本との違いがみられるが、現在のドイツの福祉水準をもたらしたのは、ビスマルク時代に原点を見いだせる。

C　アメリカ

　先進資本主義国の中では歴史が比較的浅いアメリカでは、産業革命の進行は、1830年代以降である。合衆国が世界から独立が認められた18世紀後半当時、合衆国内では市場も国家統一も未成熟であった。合衆国経済の本格的発展は、南北戦争を経て、フロンティアが消滅した1890年代以降である。そして第一次世界大戦での特需とヨーロッパの戦後復興支援を契機として、アメリカは世界第一の経済大国に躍り出た。たかだか100年前のことであるが、この時期アメリカではフォードに見られるように、大量生産・大量消費を基軸とした大企業の発展がみられるようになった。

　アメリカの「大企業労働者」の多くは、これまで手厚い企業福祉によって生活領域をカバーされてきた。実際に労働者の現役時代には医療費給付がなされ、退職後は企業年金が手厚く給付されている。一方「大企業労働者」以外は、貧弱な公的福祉を前提とした対応が必要とされてきた。いわば現在まで「自助努力」と「自己責任」の世界が続いている。また大企業の「レガシー・コスト」(15)は、労働者間の格差の拡大と、企業経営を大きく圧迫してきた事実がある。リーマンショック前後のアメリカ大企業の揺らぎは、その影響が大きいといわれる。

　現在のアメリカの姿からは想像もできないが、アメリカの「福祉」の歴史において、企業が決定的な役割を演じてきた時期がある。第二次世界大戦前のアメリカでは、長期雇用など労使協調が基本となっていた。だが現在の日本の大企業が提供してきたよりも優れた社宅、病院、食堂、スポーツ、文化施設などの企業福祉が提供されていたし、企業年金も導入されていた。

　もともとアメリカが国家の介入をきらう国民性と、社会主義運動と結び

序章　企業福祉の鳥瞰

つく労働組合への警戒心が国家や企業にあったことの裏返しであろう。もちろんそれは大企業の雇用労働者と他の国民各層との格差をもたらしてきたのはいうまでもない。

D　北欧型福祉国家と企業福祉

スウェーデンに代表される北欧型福祉国家の起源は1930年代にさかのぼる。この体制について、一部のマルクス主義の側からは「科学的社会主義」の「途中下車」として、革命の防波堤としての役割をはたしてきたという批判があった。それによれば「社会民主主義」や「福祉国家」は、人々を惑わすものとして扱われてきた。⁽¹⁶⁾

しかし実際の北欧型福祉国家は、雇用・年金・医療・教育・保育のどれをとっても、現代日本ではその水準に届かない内容をもっている。たとえばスウェーデンを例にとれば、福祉への企業の関わりはあっても、日本のように、労働者を企業内に閉じ込めるものではない。スウェーデンでは、日本のように、企業が福祉に関わることによる見返りは基本的にはない。だから企業からすれば、これらの国は居づらく、企業負担に耐えかね、実際に脱出する動きもある。

この国の福祉は財政面では、「高福祉」の代償として、国民と企業からの税と社会保険料負担から成り立っている。「高福祉高負担」ともいわれる。しかしそのもとでの国民生活は、どの点でも、十分な見返りがあるという事実は見ておく必要がある。

4　本書での問題意識と研究課題

こうした現代社会での企業と福祉の特徴を直視して、課題を明らかにしなければならない。

本書で扱う企業福祉論には、「福祉論」「企業論」「地域社会論」の3つの視点から考察する。第1に「福祉論」の視点は、生活向上への貢献、報酬供与、サービス提供、安心・安全の確保である。福祉は人々の幸せを意味することであり、生活保障のあり方で企業がコミットする意味を論じた。第2に「企業論」の視点は、従業員の企業への定着、スキルアップ、生産

活動への貢献と企業イメージの向上がある。企業が賃金とは異なる形で労働費用を費やすのは、企業の発展のために労働者に働いてもらいたいからである。第3に「地域社会論」の視点は、地域社会の住民福祉と企業福祉との関係と、「企業城下町」がこれまで果たしてきた役割についての考察である。企業福祉の存在が、地域福祉の前進を妨げてきたという指摘の検証にもなる。

本書では、上記3つの側面からアプローチすることによって、企業福祉を複眼的立体的多面的に考察する。

4−1　問題意識

筆者は、日本の企業福祉をめぐる問題点として、①格差の問題、②公的福祉後退の問題、③企業性善説への幻想の問題、の3点を指摘する。

A　格差の問題

最大の問題は、企業福祉が格差をもたらすことである。企業福祉が企業間や雇用形態間での給付・サービスの格差をもたらしてきたという問題は、多くの人が指摘するところである。この格差には、①従業員が雇用されている企業規模を中心とした企業間格差、②正規雇用労働者を中心とした雇用形態間格差、③根強い性別格差　④世代間格差があり、最近では、⑤高齢者間の格差も目につくようになった。

これらの格差は、労働者国民各層が受けてきた現役時代での格差が、ベースをなしているが、現役リタイア後もそのまま格差が存続し広がり、顕在化していることに注目すべきである。筆者はそれを「労労格差」から「老老格差」へのシフトととらえる。人の生涯にわたって、格差がそのまま引き継がれることは尋常ではない。この状態がこのまま続くと、社会そのものが不安定で劣化したものになる。国民各階層の中でも、低位に位置づけられる人々の、仕事へのインセンティブへの影響や、上位者へのねたみとして表れる。現代日本では社会各階層間の分断と人々の絆や連帯感の喪失をもたらす状況が様々な場面で出現している。

B　公的福祉の後退という問題

　企業福祉の存在が公的福祉の役割を後退させ、行政の責任回避を正当化させてきたという指摘は、社会政策研究者を中心として繰り返し主張されている。企業福祉の存在は、ある時期においては、遅れた分野に公的福祉に先行して、企業福祉施策が行われることがあった。その後その分野に法制化など公的福祉の制度化が実現するような先駆をなしたケースもある。

　しかし全体としては、企業福祉の存在が公的福祉の発達を遅らせ、国や自治体の取り組みを弱めることになったのは事実である。こうした問題点にみられるように、企業以外の家族など中間組織にも依存してきたのが、「日本型福祉」と呼ばれた日本の福祉の特徴であった。企業福祉の存在が、明らかに国の役割・責任を回避させた事実は否定できない。

　現代は、かつてのアダム・スミスの時代の「夜警国家」のごとく、国家は国防と治安さえまかなえばそれでよしとする時代ではない。国家が担うべき役割も、レッセフェールの時代ではない。様々な分野に国家・行政が関わらなくてはいけない。その反作用として、「行財政のスリム化」という施策も登場する。しかし、人々の安心や安全、いのちに関わるような施策まで自己責任では、余りにも無責任である。企業福祉の存在は、特定の階層に限れば優れているように見えるから、国家や公的福祉が果たさなければならない役割を後退させることになった。

C　「企業性善説」への幻想という問題

　企業福祉は、企業が従業員への給付・サービスをすることで、側面からだが、個別企業の労働者（従業員）の生活向上に貢献してきた。それ故、少なからぬ人々に、企業への過度な依存と期待と美化を生み出し、「企業性善説」への幻想を振りまいてきた。企業はかくも社会のために貢献しているという錯覚である。立体的・複眼的・多面的な視点を欠けば、こうした見方も成り立つ。

　しかし企業は基本的には営利企業である。企業がおこなう様々な施策は、企業戦略に基づくものである。そこには必ず利潤獲得という目的があり、

それに基づいて展開されている。企業福祉に限らず、企業が行うメセナやフィランソロピーなどの「社会貢献活動」についても、その現象面に目を奪われことはよくある。企業が受益者に「疑似的福祉」を提供することが、企業の姿勢を過大に評価することになる事例がある点は否定できない。

企業の活動は社会的に意味があり、価値あるものでなければならない。しかし一方では企業の本質は利潤追求が第一の目的である事実は否定できない。だから企業活動は、絶えず社会の側からチェックされなければ、利潤獲得に傾斜し、暴走することがあっても不思議ではない。今なお「企業不祥事」が繰り返されているところに、企業の本質が示されている。

企業福祉はその「出自」から、従業員への恩恵的な施策をしてきた。しかしそのことだけで、企業の社会的責任や社会的役割を果たしているとはいえない。人々の過度の企業活動への期待と「企業性善説」への幻想を取り払うことこそ必要である。

4－2　研究課題

以上の問題意識を踏まえて、以下の研究課題の解明を本書でめざした。

A　企業福祉を通して日本の社会経済システムの特徴と課題を提示

企業福祉は、日本の社会経済システムの中でサブシステム・脇役として存在してきた。日本的労使関係の中でも、主要な側面から取り上げられることは少ない。処遇面でも賃金と比較すると、全労働費用の20％程度である。

しかし企業福祉を通してでも、大企業本位の市場経済の不安定性と増幅する各種のリスクや、不透明で不公正な各種の経済取引など、日本の経済システムに内在する問題点が明らかにされてきた。日本の社会経済システムが「制度疲労」ともいえる事態にあるなか、企業福祉をどのような方向に舵取りをすれば、21世紀システムへの活路に向けて切り開いていくことができるかが問われている。

B　企業福祉の「光」と「影」にみる諸問題と諸課題を提起

企業福祉はその企業の従業員の生活向上に側面から支える役割を果たし

てきた。企業福祉で提供するのは、大きな給付やサービスではない。その点では、範囲も費用も限られたものだが、それらの施策はそれなりに「従業員」(労働者)の満足感を充足させるものである。さらに企業の構成員としての自覚と企業帰属意識に取り込んでいく役割を果たした。この点は企業福祉の光の部分にあたる。積極的に企業の一員として労働に関わり、生産性の向上に寄与し、企業発展に貢献するという意味においてという前提がある。

しかし企業福祉には、さまざまな階層にまたがる格差が内包されている。そして、格差を伴う企業福祉が、労使関係や働き方、階層間格差や地域社会における状況などに、どのような負の影響をもたらしてきたのかが問われている。それらをふまえて、格差をどのように是正していくかが問われてくるのである。

格差の是正は、企業のみならず地域や国上げての取り組みが求められよう。それは私たち労働者・国民の姿勢もまた問われてくる。これまでのような企業任せ、従業員任せでは、永遠に「格差」は存続していくといわざるを得ない。私たちも能動的な関わりが必要となる。この「影」に当たる部分の諸問題・諸課題の解決こそ、本書のめざすところである。

C 「二者択一的選択」を超えた21世紀福祉像の提起

本書では、日本社会が抱えている問題を受け止め、その解決のための施策を提起する。20世紀の日本型構造の限界が明らかになった現在、これまでのしがらみや既得権益だけで、日本社会を守り、発展させていくことは不可能である。21世紀の福祉像は、これからの未来社会を構築していくという視点から斬新な発想で示さなければならない。

これまでよく見られたのが、単純な「白か黒か」という問いかけであった。1990年代まで続いた「冷戦体制」の時代にはよく見られた。たとえば「大きな政府」か「小さな政府」という論議がある。「高福祉・高負担」か「低福祉・低負担」という問いかけもそうである。だが、現在の日本や世界が抱えている問題の解決は、従来型「二者択一」だけでは困難であろう。

今や、そうした「二者択一型選択」を超えた施策と制度とは何かが問わ

れている。本書では、そうした点からの未来社会のスケッチを提起する。それは未来社会の「オルタナティブ」の追求とも重なる。

D　企業福祉と「社会福祉」をつなげるために

企業福祉を、狭い企業内の施策から、高い次元に転嫁・昇華させるには、「働き方モデル」も問われてくる。労働者が当たり前の労働をして、当たり前の報酬を得て、当たり前の生活をすることが可能な制度と社会が必要となる。そのためには、企業福祉は労働者の意識を麻痺させる「餌」や「毒まんじゅう」であってはならない。企業福祉を媒介として、受けるべき利益はその企業に関係する労働者（従業員）に限定されるのではなく、すべての人々の「しあわせ」をめざさなければならない。

現代日本では、財源問題も重要事項だが、それ以上に高齢人口の増加（＝高齢社会への移行）という未体験ゾーンの予測困難な問題に突入する。社会のシフトも単なる「ものづくり」から、「ひと」「もの」「まち」が有機性を持った施策が必要とされる。(17) 実際にそうした動きの萌芽は見られるが、十分ではない。将来を見通したきめの細かい施策が必要とされる。

そのためには、これまで企業内レベルの次元での企業福祉を、働く人のための環境の創造的担い手へと進化させるべきである。企業福祉を高い段階に「昇華」させていくことである。それは今までベネフィットを受容してきた人々の発想の転換も必要となる。場合によっては「痛み」を伴うこともあるかも知れない。その段階では、もはや企業福祉ではなくなるであろう。企業福祉を、企業から「企業市民」へ、協働的な地域づくりへの触媒として発展させることが必要となる。そのための政策的提起も求められている。

5　先行研究の到達点と課題

5−1　先行研究の到達点
A　企業福祉の変遷に着目

企業福祉そのものは、日本的労使関係の一部とみなされてきた。しかし、全体として小さい扱いにとどまり、社会政策研究の中でも、他の近接領域と

比較して軽く扱われてきた。企業福祉＝福利厚生についての研究は、1960年前後から労働問題研究者の文献で散見するが、いずれも入り口での議論でしかなかった。しかし、高度経済成長の時代を経て1970年代前半頃から、企業福祉を意識した研究が目につくようになり、日本経済の変遷・発展に見合った形で展開された。

B　日本型企業福祉論の登場

日本でも、1970年代初頭までは西欧型福祉国家建設をめざす動きがみられ、国民皆年金制度が始まった1973年は、「福祉元年」と呼ばれた。しかし、第1次石油危機の発生と高度経済成長の終焉とともに挫折する。その後に登場したのが、「日本型福祉社会」論である。その影響を受けながら、1980年代から1990年代初めにかけて、日本型企業福祉論が展開されていく。1980年代には、社会政策学会の議論でもそうした影響を受けた時期がある。それは公的部分のフォローを削減して、企業や家族などにカバーしてもらうという発想である。1980年代までの企業福祉研究は、企業福祉擁護による、企業福祉研究が主流であった。

C　日本的労使関係の動揺と福利厚生の新たな模索

1990年代半ばになると、日本の企業システムさらには日本的労使関係が大きく動揺する中、従来維持されてきたシステムの「制度疲労」も目立つようになる。これはグローバリゼーションという外圧と「日本的システム」の制度疲労の、両方の側面があろう。日本的労使関係の「三種の神器」の構成要素である「終身雇用制」や「年功賃金」が揺らぎ、「企業別労働組合」そのものの存在基盤も見失われる[18]。集団的労使関係が見えにくくなり、個別化を基本とした対応が目につくようになる。

企業福祉もそうした動向の影響を受けるが、1990年代はじめには、「官主導」（厚生省：当時）で、「アメリカ型」選択型福利厚生の研究が始まる。その進化が、「日本型カフェテリアプラン」であり、1995年には一部の産業・企業での導入が始まる。日経連が1995年に発表した、労働者を3つの階層に区分する『新時代の日本的経営』は、上記の動向と連動したものと

みなせる。21世紀になると、福利厚生を運営会社に外部委託したり、自企業が設立・運営するアウトソーシングが一般化する。この時期の研究動向は、カフェテリアプラン化も含めて、「個別化」と「選択化」をベースとした新たな動向への模索であり、現在に至っている。実際に、従来の「企業年金」が行き詰まり、少なからぬ厚生年金基金は解散し、「確定給付型」から「確定拠出型」への移行が、主流となった。

5-2 課　題

　企業福祉研究は、上記にみられるように、脈々として現在までつながっている。日本の企業福祉研究の特徴を見ると以下6点に整理できる。
　第1は、企業福祉の置かれている位置を確認し向き合う本格的な研究は少なく、多くの労働問題研究者にみられるように、入り口での批判に終始していた。
　第2は、企業福祉を存続する側からの研究は、実務的な傾向に流される事例が多かった。
　第3は、企業福祉が既得権益として定着してきた階層からは、受益者擁護論とその維持と拡大をめざす動向が目についた。
　第4は、21世紀以降、日本企業の「財政基盤」の弱体化による「総額人件費管理」を理由とした企業福祉施策の内容の縮小・削減論が、一般的となった。
　第5は、企業福祉の弱点である「格差」の是正をどうしていくかの視点が欠落していた。
　第6は、企業福祉撤退論も見られるようになったが、その方向性として、浮いた財源の活用方法が明らかにはされなかった。
　本書では、日本の企業福祉論の以上の特徴をふまえて、問題点の解決と新たな視点による政策的な提起をしていきたい。

6　おわりに

　企業福祉は、従業員の生活のサポートする側面と、従業員をいかに働かすかという課題の、両側面を兼ね備えたものであった。これは過去から現

在まで基本的には変化していない。いわば人事労務と福祉の両側面である。この2つの側面を統一して捉えることが重要である。とはいっても役割は場面によって異なっている。また企業福祉は本来的な施策や報酬からすると、「サブシステム」「付加給付」「補完的」でしかないことも押さえておく必要がある。

　企業福祉は、個別企業が供給元であり、その企業と雇用関係にある従業員（この場合は管理職も含め）を対象に、提供される施設やサービスの総体がある。これを企業の経営目標を達成するための労務管理の視点からすれば、労働者にとって基本的な労働条件ではない。だが企業は、経営上の必要性に応じて、従業員（労働者）を対象に、経済生活や心身の安定を維持するための施策として行っている。だから労務管理の一手段であっても、これが維持されている間は、結果として企業内の「労使双方」に利益をもたらす制度となる。

　ところで労働基準法上では、「福利厚生」と賃金との棲み分けをしている[19]。また企業福祉とはいえ、民間だけでなく公務員等も対象とするため「福利厚生」という用語の使用が一般的で妥当であるという主張も一理ある。だが担い手が企業あるいは事業者であることから、役割・性格は「公的福祉」とは異なるのはいうまでもない。「公的福祉」はすべての人が対象であり、普遍的な性格を持つが、企業福祉は対象が企業の構成員（従業員ならびに家族さらにOB）であり、限定的である。給付される者と給付されない者がいるのは必然である。不公平だという主張があっても、この事実は明快である。

　企業が企業福祉の担い手であることから、基本的には給与以上に企業の裁量によって給付・サービスされる内容には伸縮の幅がみられる。その結果、給付・サービス内容では、所属する企業の産業分野や経営規模、雇用形態などの特性によって著しい差異がみられる。一般的には企業規模でいうと中小零細企業よりも大企業の方が、雇用形態でいうと非正規労働者よりも正規労働者の方が、より分厚く中身が充実した給付やサービスの恩恵を受けている。その点でも企業福祉は「疑似福祉」ではあっても、賃金とは異なる[20]ものとして存在してきた。

企業福祉は、日本型構造・日本的システムの中では付随的・サブシステムであった。にもかかわらず、様々な局面で日本型構造・日本的システムと密接に関わり深い影響を与えてきた。それはなぜなのか。また企業福祉を21世紀に活かす道はあるのか。そうした問いかけが、本書のベースをなしている。

　以上を踏まえて、本書では、「企業福祉の日本的特徴と課題」という表題で、これまで紹介した課題に取り組む。序章では、企業福祉の鳥瞰を試みたが、第1章では、企業福祉をめぐる先行研究の検証と課題、第2章では、企業福祉の歴史的変遷、第3章では、企業福祉と格差社会、第4章では、企業の社会的責任と企業福祉、第5章では、企業福祉と労使関係──トヨタの事例をふまえて、第6章では、企業福祉と企業内教育、第7章では、企業福祉と企業城下町、終章では、企業と地域社会による創造的共生に向けて、について扱う。

　以上の考察を、主にトヨタと西三河の事例から企業福祉を通じて行うことで、日本社会の特徴を可視化してみたい。

　　〈注〉
　(1)　本書では、基本的にトヨタ自動車だけを指す場合は「トヨタ自動車」、トヨタ企業集団総体を指す場合は「トヨタ」と表現する。必要に応じて企業名も使用する。
　(2)　西三河地域は愛知県の東部に位置し、地理的には南北に流れる矢作川をはさんで、北は長野県・岐阜県に隣接する山岳地帯から南は三河湾に至る広大な平野が中心にある。高度経済成長期に、自動車産業とともに地域社会が、農業地域から準工業地域に大きく変貌した。その代表的な都市が豊田市と刈谷市であった。詳細は第7章で触れることとする。
　(3)　アベグレン（James Christian Abegglen（1926 ─ ））は米国の経営・社会学者。元・米ボストン・コンサルティング・グループ日本法人代表取締役及び副社長、上智大学外国語学部教授。ウィスコンシン州生まれ。シカゴ、ハーバード両大学で学び、社会心理学で博士号を取得。専門は産業社会学で、経営コンサルタントとしても活躍。マサチューセッツ工科大学で教えた後、1965年からは米ボストン・コンサルティング・グル

ープ日本法人代表取締役、副社長を歴任した。著書『日本の経営』[1958] では日本の終身雇用制を積極的に評価し、内外ともに評判が高かった。ほかに『日本の経営から何を学ぶか』[1974] などがある。日外アソシエーツ『20世紀西洋人名事典』[1995] より

(4)「家族福祉」という概念は、必ずしも学問的に統一した規範がある訳ではない。「家族福祉」という場合、主に家族の構成員（主婦）が、家族の構成員全体に働きかけ生活を援助しようとする行為をいう。その主体は自ずと、主婦の無償労働によって、家族生活の基本を支える家事と家庭内弱者である子どもの保育や高齢者の介護などを担うという限定的な「福祉」となる。これが長く日本では機能してきたが、日本が一家の長たる夫の家庭の外での長時間労働があり、それを日本型家族制度としての直系家族が戦後のある時期まで維持してきたからである。だが日本社会は高度経済成長が進行していく過程で、農村から都市への人口流出とともに、日本型家族制度が変容し、都市部では核家族が一般化し、家族福祉そのものが機能しなくなった。女性の社会進出とともに、保育や介護などの従来の家族福祉の対象が「社会福祉」への対象へと転換せざるを得なくなったのはそうした事情があった。こうして「家族福祉」は同じ私的福祉である企業福祉以上に現代社会においては役割が小さくなっていくことになる。

(5)「失われた10年」の語源は、1982年メキシコ債務危機を契機に、1980年代を通して継続したラテンアメリカ諸国の経済危機が由来だが、日本の場合はバブル経済崩壊後の1990年代初頭から2002年前後までを「失われた10年」と称す場合が多い。日本はその後も順調な景気回復が見られず「失われた20年」と称されることもある。現象面だけにとらわれることが多いが、1990年代以降の日本経済が、日本的システムの動揺・変容とともに、「右肩上がりの成長に依拠する」時代ではなくなったことだけは、認識する必要がある。

(6)「非正規労働者」をひとくくりで表現するのは難しい。有期雇用と無期雇用があり、短時間勤務とフルタイム勤務があり、また直接雇用と間接雇用がある。これに呼称として、契約社員や期限付き職員や非常勤職員やパート・アルバイトなどがあり、多種多様である。また現在では、雇用関係が曖昧で労働者性が法的には認知されていない請負や一人親方や家内労働なども、広義の非正規労働者の範囲に入れることもある。

(7) たとえば企業福祉研究の代表的な論客である藤田至孝氏や西久保浩二氏も、企業福祉を取り巻く環境変化に対応した形だと意識しているとは思われるが、「産業福祉」企業福祉「企業内福祉」「福利厚生」と、各場面で異なった表現を用いている。これらの用語使用については、各自が便宜的に使用している部分もあるようにも見える。

(8) 「厚生労働省就労条件基本調査」をはじめとした各種調査では、企業規模別格差についてはよく指摘されるが、産業別格差の指摘は少ない。この点については山内直人［1995］参照

(9) 労務研究所［2004］『福利厚生部会報告書』によるものである。この表では数量的な比較はできないが、日本経団連の場合は加入企業が主に製造業を中心に日本を代表する大企業に傾斜しているのに対して、厚生労働者の調査は、大企業から中小企業（従業員100人以下の事業所までは含まれていない）に至る幅広い労働者を対象としている。

(10) 〔図表0－4〕参照。企業福祉の項目は、幅広く存在するが、内容的には社会環境の変化に対応して、淘汰されるもの、新たに創設されるものもある。本文でも紹介しているが、保養所や記念品グッズは廃止されている事例が多いが、一方健康や保育・子育てに関わる項目は新たに新設されている。

(11) 平山洋介『住宅政策のどこが問題か』光文社,［2009］の指摘も重要である。これまで「質の高い公共賃貸住宅」という発想は日本ではなかった。社宅から一気に持ち家に移行することは、国の施策として誘導の意味ももちろんあるが、「企業社会」における、その人の勝ち組としての1つのステータスを意味した。「一億総中流」という発想は、国民のプライドをくすぐるには、「一国一城の主」として「我が家」を所有することは、十分であった。

(12) 石田英夫「アメリカの選択型福利厚生制度」［1995］『日本労働研究雑誌』12月号には「カフェテリアプランは，アメリカの高騰する医療費を背景として，税法による優遇措置を契機として普及した福利厚生の選択制である。近年では免税範囲にこだわらず、多様な福祉ニーズをみたす新しいタイプのフレックスプランが生まれている。」と紹介している。ただし、日本の場合は税制も異なり、医療保険制度も公的社会保険が未成熟なアメリカとは、同じ「選択型福利厚生」であってもかなり違ったものになっている。

⒀　イギリス型労働組合はフェビアン協会が示すように、協調主義的労働運動の典型であった。イギリス型労働組合の主流は、経済闘争が中心であっても、日本の多くの大企業労働組合のように、あからさまな企業の代弁者のような行動をすることはなかった。

⒁　ドイツ金属産業労働組合（IG メタル）の正式名称は Industriegewerkschaft Metall である。この組織は、第二次世界大戦後の 1949 年に設立された。長年にわたり、労働組合の組織対象は、鉱業を超えた産業近代的な自動車製造および鉄鋼生産を含む製造業および工業生産、機械工、印刷業を含まれてきた。現在では、産業構造の変化を反映して、電気および他の形式の工学、情報システムなどの多くのホワイトカラー部門も含む、より広範な、非金属青年労働者が対象とされるようになった。ただし、世界の流れとして労働組合の組織率は減少は、この組織も現在では例外ではない。

⒂　「レガシーコスト」（legacy cost）のレガシーとは「遺産」のことをいう。これにコスト（負担）がつくと、過去のしがらみから生じる負担、すなわち「負の遺産」という意味になる。狭義には、企業が支払わざるを得ない退職者に対する年金や医療費などを指しており、これが企業経営の財源を圧迫しているということで、アメリカでは深刻な大企業の問題とされている。

⒃　マルクス主義に依拠しない西ヨーロッパ社会主義諸政党は、みずからの思想を共産主義と区別する意味で「社会民主主義」と自称した。したがってこの意味では、議会を通じて漸次的に社会主義を達成しようとするイギリスのフェビアニズムが出発点とされる。その後 20 世紀初頭にドイツ社会民主党内におけるベルンシュタイン流の修正主義的社会主義やカウツキー流の非レーニン的マルクス主義にいたるまでの幅広く存在する。後にはプロレタリア独裁や暴力革命によらないで議会制民主主義に立脚しつつ社会主義を実現しようとする、非マルクス主義的社会主義をこの名称で呼ぶようになった。日本の場合は、ヨーロッパとはその点での事情がかなり違う。

⒄　十名直喜［2017］『現代産業論』水曜社、参照。

⒅　日本的労使関係の「三種の神器」も企業福祉も、その対象は「民間大企業の男子正規雇用労働者」であった。その前提として、男性が一家の大黒柱として働き、生活に必要な家計を確保した。「男は仕事、女は家

事」という性別役割分担が明白であったため、男性中心の企業社会においては、家庭を顧みることなく、過労死も厭わず長時間労働にも関わらず働いた。そのカバーとして専業主婦の存在が、無償労働として家事をまかなってきた。こうしたシステムの基本は、高度経済成長期まで存続した。しかし1990年代以降の日本的システムの変容は、非正規労働者や女性労働者の増大をもたらし、近年は新しい労働力にも目を向け意識されるようになった。

(19)　支給されるものが労働の対償となるかどうかは、給付の性質・内容に照らし個別的に判断されるが、(1)任意的恩恵的給付（結婚手当等）、(2)福利厚生給付（生活資金、教育資金等の貸付け、福利の増進のため定期的に行われる金銭給付、住宅貸与等）、(3)企業設備・業務費（作業服、作業用品代、出張旅費、社用交際費等）、の概念にあたるものは賃金ではないとされている。ただし、任意的恩恵的給付であっても、予め就業規則、労働協約、労働契約等で支給条件が明確なものは賃金とみなされる【昭22.9.13発基17号】

(20)　本書では企業福祉は非賃金と見なして取り扱っている。しかし、報酬の一部というとらえ方から、間接賃金、あるいは賃金の後払いという考えも根強くある。筆者が企業福祉を非賃金というとらえ方をするのは、生活給的要素が見られても、対象者へは一律支給であり、賃金のように職能的・成果主義的なインセンティブは反映しにくいからである。

第1章　企業福祉をめぐる先行研究

1　はじめに―企業福祉研究をめぐるスケッチ

　1990年代以降になると、戦後日本の経済発展を支えてきた様々な諸制度の転換が迫られるようになった。高度成長期に確立された「日本型」や「日本的システム」と呼ばれる構造は、それまでは日本の社会環境に適合し、1980年代までは厳しい国際環境の中でも競争力を発揮してきた。だがバブル崩壊とともに、大きな曲がり角に直面した。雇用慣行も賃金制度も、企業福祉も無縁ではなかった。本章では、企業福祉研究の概観を、戦後を中心に綴ることとする。

　日本の労働問題・社会政策研究の中で、企業福祉研究は脇役であり続けた。賃金、労働時間、労働組合などのテーマは、多くの優れた先行業績を輩出するが、企業福祉研究は、1970年代まで本格的な研究が見られなかった。だが脇役であっても、企業福祉が人事・労務管理的機能を中心に日本の労使関係を底辺から支えてきた役割は否定できない。

　日本の資本主義の成立期において、恩恵的な「福利厚生」が、鉱山や紡績工場などからはじまり、近接産業での普及もみられた。その後1920年代には、重工業の大企業において、年功賃金や長期雇用慣行とともに、福利厚生施策が積極的に導入された。大企業内での労働力移動が激しかった「渡り職工」を、企業につなぎ止めるために、年功賃金や長期雇用慣行とともに、福利厚生施策が積極的に導入された。

　日本での戦後の社会政策・労働問題研究でも、先行研究をみると、企業福祉＝福利厚生総体への視点ではなく、日本的労使関係の一部として考察する傾向が一般的であった。たとえば大河内一男は、福利厚生を「労働者の肉体的精神的定着性を増大強化」「賃銀以外の付加的給付」として「個々の企業の内部に封鎖」「生涯雇用の系列」と言及している。氏原正治郎［1970］

図表1−1 「企業福祉」研究と近接領域

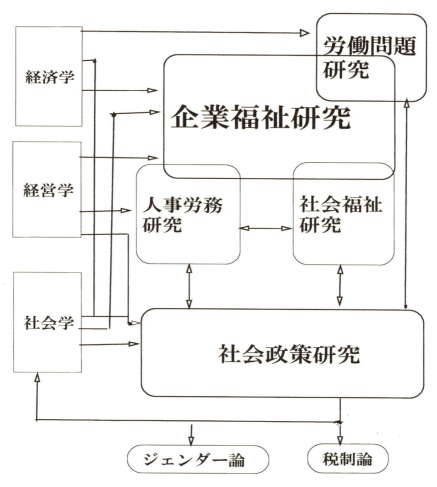

　日本の「企業福祉」研究は、独自に展開された先行研究そのものは決して多くはない。むしろ経済学、経営学、社会学の分野から、「企業福祉」にアプローチする研究が圧的に多い。しかもその多くは、豊富な事例の検証によるものではなく、入口での批評に留まっている。

［筆者作成］

は、「福利施設的給与は、従業員の企業への従属化、労働者の懐柔には、かっこうの物質的基礎」とみなし、「企業的立場における労働力に対する配慮」「労働者が従業員として第一次的に存在するところの物質的精神的支柱」であるとした。隅谷三喜男［1976］も、「企業内福利厚生施設は、日本においては、明治末期以降、低賃金をカバーし、家族主義的な労使関係を基礎づけるものとして大企業を中心に発展し、従業員の企業への定着性をまし、労働能率を向上させる機能をもつもの」と位置づけている。

　これら先行研究はいずれも、企業福祉を労務管理的施策の一部分と位置づけた。それは、日本における社会保障・社会福祉の体系が未確立の時代に、企業福祉が社会保障に先行する形で様々な代行的施策をおこなってきたことと無関係ではない。企業福祉は、様々な点で労務管理的機能を果たし、高度成長期までは量的な拡大は見られたが、本質的な変化はみられなかった。

　高度経済成長の行方に陰りが見えてきた1970年代前半には、社会政策研究の側から西村豁通［1973］の研究がみられる。そこでは企業福祉を労働者福祉の一部と認めながらも、その恣意的な役割を直視し、公的福祉や労働者の自主的福祉活動とは明確に区分している。だが、こうした視点からの研究は姿を消していく。その大きな転換点としては、1975年が1つの節目のように思える。それは、従来の「異議申し立て」「抵抗型」労働運動から「協調主義的」労働運動や社会構造への転換、と軌を一にすると見るべきであろう。それは後に出てくる「日本型企業福祉」を積極的に受容する労働組合の存在と無関係ではない。

　これまで企業福祉研究は、社会政策研究の領域外からの考察・研究が目につき、現在に至っている。社会政策研究の側からすれば、企業福祉は貧弱な社会政策のアンチテーゼとして存在価値があったという考えが底流にある。むしろ関心事は、労働者福祉論でいえば、協同組合論や非営利セクター、あるいは福祉国家論を基盤にした社会保障論への関心が一般的であった。社会政策研究の領域外からの企業福祉研究は、生活保障における、公的機関以外の企業に限らず中間機関の役割を強調する研究が広がり、新たな研究分野として開拓されるようになった。

以上が、本格的な企業福祉研究が登場するまでの前史といえよう。
　現在の企業福祉研究の主流は、社会の変化とともに役割・性格も変化して、社会保障の一部として補完の役割を果たしているという立場である。それは、かつては「福利厚生」という用語が一般的であったが、現在では企業福祉、あるいは企業内福祉という用語の使用の変化にも表れているという指摘である。その検証も、課題となる。[2]
　また当初から企業福祉には警戒感をもって対応してきた労働組合にも、変化が見られる。近年では潮流に関係なく、企業内交渉で獲得した企業福祉施策を、積極的な成果として自画自賛する傾向が目につく。賃上げ闘争の行き詰まりから、賃上げを満たし得ない部分を、縮小されてはいるが、現物給付などの企業福祉的な内容の成果で補う動きがみられる。労働費用面では、「フリンジ」な位置にあった企業福祉が、場面によっては重要な役割を果たすに至っている。日本の労使関係の動向としての、底流でのこの認識も必要である。
　企業は現在では「総額人件費管理」という発想から、企業福祉を賃金とパッケージでとらえるようになる。あらゆる面でのコスト削減という立場からスクラップ・アンド・ビルドを提起している。たとえば、企業運営の保養所の閉鎖や外部委託化などがその典型的事例である。その面での労務管理的機能の量的後退は事実であるが、総額人件費管理・賃金とのパッケージが強調されているのは、労務管理的役割の継続とみるべきである。労使関係からみた企業福祉は、労働条件の補完をなし、社会政策からみた企業福祉は社会保障の補完をしてきた。現在の企業福祉は、「スクラップ・アンド・ビルド」されながらも、労働現場と関わる様々な制度を側面から支える補完的役割を果たしている。
　こうした認識に立ち、まず1990年代以前の先行研究を足がかりに、社会経済の変化と企業福祉研究の変遷について取り扱うこととする。1990年代は、バブル崩壊以後の1995年の日経連『新時代の「日本的経営」』を中心に、社会の変化ならびに企業福祉の変化の特徴と企業福祉研究の動向についてとりあげる。最後に、最近における企業福祉研究の特徴を考察することにより、研究の着眼点の変化とそれらを通して社会政策的な視点はどう

なったのかということも検討する。

2　1990年代以前の企業福祉研究

2-1　総合社会政策と企業福祉研究

　日本の企業福祉研究の出発点は、1970年代前半であった。佐口卓［1972］、西村豁通［1973］がその先駆的業績であるが、これらは社会政策研究の側からで、企業福祉擁護論からは距離をおいていた。この時代には、日本も一度は西欧型福祉国家を指向した。だが日本経済は、第1次石油危機による高度経済成長の終焉と、先進国でのスタグフレーションの進行による国家財政の危機に襲われた。その結果、政策的な福祉国家論が後退を余儀なくされた事情の考慮も必要である。

　代わって登場するのが「日本型福祉社会」構想である。のちに伊藤健市［1991］は、「日本型福祉社会」とは、「北欧の経験を反面教師」とし「新しい社会福祉」という概念で「①社会保障の整備、②家庭・地域・企業の役割、③総合的福祉のあり方」を紹介している。本来は国家が負担すべき福祉を企業・家族・地域に転嫁させようとした点が大きな特徴である。

　さらにOECD（経済協力開発機構）の総合社会政策論も「日本型福祉社会」に大きな影響を与えている。藤田至孝［1988］[3]は、OECDが提唱し、先進工業国の社会政策の理論と実際の方向に大きな影響を持つに至ったのは、「総合社会政策」であり、社会政策主体の総合化は、「福祉国家から福祉社会へ」のスローガンになったと指摘する。国にのみ依存する福祉から、「企業、労働組合、地域社会、ボランティア、個人（自助）が主体となる福祉」を奨励することが特徴である。OECD報告書でも、日本の職域における福祉政策が高く評価されている。

　このようにOECDなどは、福祉の主体を公的機関に限らず、企業等の中間機関の役割を積極的に認めたところに、その特徴がある。それは日本の過去の「伝統」を現代的に再編成して、中間機関としての家族、企業、地域に役割を積極的に果たさせるものであった。政策面での公的福祉の役割を重視する「福祉国家論」の後退を十分に補うものであった。藤田至孝［1977］は、ILOの「産業福祉」という用語を使用して、中間機関としての

企業の役割を積極的評価している。「日本型福祉社会論」は、企業福祉にその役割を見いだそうとした。

　政府や財界は、日本では西欧型福祉国家の実現には困難が伴うという判断をした。こうした立場から、自助や中間機関に積極的な役割を持たせる総合社会政策のもとで、日本型福祉社会の構想を持つようになる。この時期における社会政策学会での論議は、こうした事情を反映している(4)。1980年代初頭にすでに、公的福祉の可能性を考察する研究と中間機関から自助まで含めた役割分担論と社会政策のあり方に大きな分岐が生じていた。以下、この時期の学会での特徴的な報告を紹介する。

　桐木逸朗［1983］は、資本主義経済社会における「福祉」を主体的別類型化した。それは、①親族、②隣人・友人・知人、③地域のボランティア組織、④各種事業団体、⑤企業・企業福祉団体、⑥労働組合・労働者組織、⑦国・地方自治体、である。特にその中での企業の積極的な役割を強調した。桐木は、福利厚生費を企業的賃金の中の「集団賃金」として位置づけ、企業福祉の役割を積極的に認めた。一方では、日本の民間大企業労働組合が企業福祉を積極的に「総合福祉」施策を紹介し、労使共同の様々な企業福祉施策の可能性について言及している。桐木は、この時期に現在の企業福祉の原点となる施策を紹介し、その役割を積極的に認めている。

　浪江巌［1988］は、総合社会政策の特徴として、福祉における国家責任が狭く、企業、地域社会、家庭などの中間組織や個人への役割や責任の分担に求めた。総じて、国家が福祉の役割と責任の分担の再編成・総合化をすすめる点にあると指摘する。その中で企業福祉は、企業を福祉の政策主体として位置づけ、その福祉機能（企業福祉）に国家の限定された福祉機能（公的福祉）を補充する役割を求めた。全体として、他の政策主体の福祉機能と整合化あるいは総合化するという考え方を示した。総合社会政策は、公的福祉の抑制・縮減とともに、社会システムの統合機能の強化を目的とし、企業という中間組織の役割を重視した。役割分担論として企業福祉と経営参加を通じてその促進を図ろうとしていることを指摘し、労務管理論から果たす役割についての考察をおこなっている(5)。

2－2 「日本型企業福祉」の周辺

　この動きは1980年代半ば以降になるとさらに大きくなる。この時期、日本型福祉社会構想の中での企業福祉の役割を積極的に認めるべきだとより強い主張がされるようになる。第2次石油危機の混乱からいち早く抜け出たのが日本であり、その中で重要な役割を果たしたのが、日本企業の労働者への働かせ方であった。この時期、「日本型経営」論が台頭しているのも無関係ではない。たとえば、1980年代においても住宅関連を中心とした生活援護的な企業福祉施策は重要であり、結果的にはソフトな労務管理の役割を果たしている。社会経済国民会議編『日本型企業福祉』［1984］は、この前提に立ち、日本的経営のあり方を企業福祉の問題を中心に考えた。ここでは社会経済国民会議（議長大河内一男）の福祉政策問題特別委員会での福祉問題をめぐる論議によって生まれた、積極的な「企業福祉論」が展開されている。

　丸尾直美［1984］は、「企業内福祉は社会保障の貧困な時代には社会保障に代わる機能もある程度果たしたが、今や新たな観点からその役割が見直」され、「公的福祉政策の限界」により「生涯福祉の一環として、公的福祉政策との総合化」の必要性を説いている。日本的労使関係の長所を活かすものとして企業福祉があり、大企業と中小企業の格差を中心とした企業内福祉の二重構造の緩和にも触れ、労働者の参加型解決を唱えている。丸尾は、企業福祉の新理念と原則として以下の2つをあげている。

　(1)公的社会保障を補完し、これと有機的に連携し、総合化されることで、勤労者の老後、傷病、失業時など生活保障の役割を果たすと同時に、勤労生活の質（QWL）の改善に役立つことを基本目的とする。

　(2)企業の生産性の向上と国民経済の発展に寄与することとした。

　一方、藤田至孝［1984］は、「今日では企業福祉は、社会保障や勤労者財産形成援助制度などの公的福祉政策を補完することで、企業レベルにおいて労働者の生涯にわたる総合福祉を、労使の共同計画、運用により、推進しよう、との理念の方向づけ」と企業福祉の役割を強調した。

　桐木逸朗［1984］は、生涯福祉ビジョンで重視される労働者財産形成援

助制や財形制度の目的と企業福祉との関係に注目した。そして、企業福祉活性化をめざす共済会制度の体質改善の動向など、労使共同による労働者福祉事業の可能性を中心に述べている。「日本型企業社会」を考察すると、この時期に、従来の労務管理的な福利厚生に代わり、新たな人間本位の企業福祉が登場したとする。現在の企業福祉研究の原型が登場している。

1980年代初頭には、労使関係論からは、小池和男［1981］は、企業福祉を国際比較から日本の特徴の考察と企業規模格差が大きい実態を指摘し、企業福祉を支える基本的要因が長期雇用慣行であると仮説を立てた。まだ格差が大きな問題にはならなかったこの時期、格差是正のために企業間連合体の企業福祉を唱えている。労使関係論からの数少ない貴重な研究業績である。

この時期を特徴づけるものとして、世界的な新自由主義の流れがある[6]。その背景の中で日本においても、第二次臨時行政調査会がスタートした[7]。これは、公共事業体の民営化を柱としたもので、従来の日本の社会政策からすれば、逆流そのものであった。企業が「社会保障」の補完を容認すれば、政府からすれば企業福祉はありがたい存在であった。企業福祉は、日本的経営の一部として、社会保障を大きな意味で補完する役割を継続することになる。1980年代を通して日本社会の中で、企業福祉は大きな役割を果たし、「生涯総合福祉施策」の登場の準備をする。それは「今後の福祉は、社会保障を中心とする公的福祉、企業福祉、本人自助の三階建てによって構築される」ことを理念とする。

そのなかで「企業福祉は社会保障を補完するとともに、経営効率と働きがいの源泉としての機能」を果たしている。1980年代後半の動向である企業中心社会の栄華を反映したものとして、企業福祉があった。「日本型福祉社会」という貧弱な社会政策を、結果として支えたのが、企業福祉であった。だが、大企業に雇用される正規の労働者とそれ以外の労働者との格差を前提としたものであった。だが当時は格差からの視点での企業福祉の考察は限られていた。

3　1990年代以降の企業福祉研究

3－1　『「企業内福祉」と社会保障』の関係を考察した藤田至孝

　1990年代後半で目を引くのは、藤田至孝・塩野谷祐一編［1997］『「企業内福祉」と社会保障』である。社会保障論や労働経済学など各分野の研究者や実務者などによる本格的多面的研究である。本節では、本書の各研究者のアプローチや問題意識や政策提言の共通理解を中心に、第1章『「企業内福祉」と社会保障の一般的関係』ならびに終章『成熟社会における企業内福祉と社会保障』から、藤田至孝による論点を以下に整理する。

　それによれば、第一に、企業福祉の全体像を鳥瞰するために、社会保障との関係を歴史的に考察している。日本での社会保障制度が未発達の時代に、企業福祉が先駆的役割を果たし、戦後も各種施策での社会保障制度の充実にともない、現在はほぼ社会保障制度を補完していると位置づけている。日本の企業福祉が、導入当初の企業福祉の施策が、現在も社会保障代行機関として役割を果たしている事例をあげている。住宅政策を代行してきた社宅の存在や、厚生年金基金や健康保険組合などの社会保険と企業内福祉の調整の中で生まれてきた事例などである。今後の社会の変化・発展は、企業福祉の機能、性格にさらに影響を与えるとみる。

　第二に、企業福祉の機能は、労務管理の側面からは生産性の向上を図る手段であると理解する。その機能が労働市場、財・サービス市場、資本市場や社会保障制度の整備と密接に関連し、現在では現役の労働者のみならず退職者や家族も含んだ生涯福祉として影響を与えた。運営には労働組合も参加し、多くの場合、労使の合意が必要とされる点も重要である。

　第三に、企業福祉が労働者の生活保障を側面から支えてきた積極面を評価しつつ、企業福祉が企業規模間、労働者間に大きな格差をもたらしていることを指摘する。社会保険料や納税での優遇制度など、社会的不公正を是正する指摘からの問題指摘や、企業に労働者をつなぎとめた結果、「会社人間」を育成している点がある。その中でも、効率性と公平という観点から、課税の中立性、企業規模間格差の是正での限界を強調している。

　第四に、労務管理としての企業内福祉は、企業サイドからは効率性の追

求であり、公共政策からは、公平性確保を前提とした社会保障の代行効果への期待である。それは効率性と公平の二面性に問題点が集約されているとする。

第五に、藤田は、「大きな流れとしては高齢化による財政の圧迫により社会保障はますます多くの社会保障の代行、補完機能を企業内福祉に求めるであろう」とする。「労働は企業で、福祉は居住地域で家族・隣人とともに」との役割分担を強調する。企業福祉は、役割分担を明確にし、社会保障の範囲に属さないニーズに対応し、基礎的給付の補完の役割が今後も増大することを指摘する。

藤田らの共同研究による本書は、企業福祉をとりまく環境の変化と新たな動向の、現段階における研究の主流をなしている。藤田らの研究は、企業福祉研究でのこれまでの到達点として評価できる。

3－2 桐木逸朗の『変化する企業福祉システム』

桐木逸朗は、これまで福利厚生についての研究を、現場や実務分野とも関わりながら業績を積み重ねてきた。『変化する企業福祉システム』［1998］では企業福祉のこれからについて、とりまく環境変化を前提として、以下の三点の積極的な提案をしている。

第一に福利厚生と税制問題では、福利厚生給付の場合は「現物非課税・現金課税」の処理が多いことを指摘、福利厚生施策についての税制面での改正を提起している。

第二に共済会方式の効果と課題をあげ、福利厚生をとりまく環境の急激な変化と、「生涯総合福祉プラン」に基づく福利厚生施策の改廃・新設の動きを主張する。そして労働組合からの合意の事例をあげ、21世紀に向けての「労使協同」による福利厚生（＝企業福祉）の再構築の必要性を主張している。

第三に、カフェテリアプランのねらいを明らかにした。それは、福利厚生施策の総費用を抑制し、多様化する従業員の家族構成等の違いに基づく福利厚生項目の選択を可能にする途であると積極的な評価を与えている。またアウトソーシングやスクラップ・アンド・ビルドについても、企業福

祉がめざすべき1つの方策として必要性を唱えている。

さらに桐木は、福利厚生の再構築として以下の10点あげている。それは、①福利厚生プラン（ビジョン）の策定、②福利厚生施策のスクラップ・アンド・ビルド推進による法定外福利費の活性化促進、③福利厚生の生涯総合福祉への転換促進、④福利厚生推進機関の総合的調整機能の重視、⑤福利厚生の広域化の促進、⑥自己責任原則の徹底、⑦福利厚生施策展開のための財源の見直し、⑧企業福祉の基本原則の確認、⑨共済制度の拡大・革新化の促進、⑩生涯教育の充実と社会奉仕の重視、である。

桐木の主張には、「福祉国家」建設論の後退と「日本型福祉社会」建設が日本の重要課題であるという、1980年代以降の1つの流れを前提にしている。桐木の福利厚生論の特徴をなすものとして、社会保障との関係では国家や社会の役割が小さく扱われており、小さくなった政府を前提とした総合福祉施策の中で「福利厚生」が再編されることになる。供給される主体である労働者や労使関係のあり方も、かつては抵抗していた労働組合の中でも、物わかりがよくなった部分が多くなり、共同化が進めやすい環境になったという、労使関係の変化の指摘がされている。桐木の主張は、企業福祉積極的擁護論によるものであるのは明確である。

桐木は、筆者がこのあと検討する橘木俊詔の「福利厚生費の賃金化」に厳しい批判をしている。企業福祉の役割を積極的に評価してきた桐木からすれば、福利厚生の解体は認められないからである。

3-3 西久保浩二の「戦略的福利厚生」

西久保浩二の企業福祉論は、『日本型福利厚生の再構築』[1998] で体系的に展開されている。その構成は、以下の内容である[8]。

第Ⅰ部「日本型福利厚生の現状と変化」では、法定外福利厚生を中心に福利厚生施策の成立と、日本型雇用における機能や効果の分析がされている。

第Ⅱ部「現在の福利厚生をめぐる諸問題」では、費用増、企業規模間格差、ニーズの多様化、労働市場における流動性への影響、課税における社会的不平等などをあげている。

第Ⅲ部「将来展望」では、経済構造変化の背景から変革要請と再構築に向けた動きとの事例研究をあげながら将来展望を描いている。

　従来の企業福祉の研究では、福利厚生の分析を主として法定外福利厚生に重点を置き、日経連あるいは労働省（当時）での労働費用における非賃金部分をいくつかの類型に分類して、その特徴をとらえてきた。だが、西久保はそれをいくつかの因子に分類し、その属性を明らかにした。それは、①優れた人材採用と定着および活用の「採用・定着性目的因子」、②従業員の生活安定・社会保障補充などの「社会性因子」、③企業への帰属心・忠誠心育成等の「労務性因子」、④他社との差別化・会社のイメージアップ等の「競争性因子」、⑤他社との横並びとしての「横並び因子」である。そこから日本型福利厚生が日本型雇用の維持にどのような関係をもつかを因子分析によって量的に明らかにした。

　また企業福利厚生をめぐる近年の社会の諸変化として、①高齢化、②流動化、③国際化、④成熟化、⑤情報化をあげる。特に①高齢化、②流動化が日本の企業システムの変化を促し、雇用・報酬システムとともに企業福利厚生も変化せざるをえないことに注目し、供給側の変化と需要側の変化をあげている。供給側の変化では、企業の財政的圧迫をあげ、①法定福利費負担の増大、②退職金支払い負担の増大があり、供給主体の複合化では、①労働組合、②共済会、③中小企業勤労者福祉サービスセンター、④健康保険組合をあげ、「従業員負担方式」の有効性もあげている。

　西久保は最後のまとめで「グランドデザイン」として、福利厚生制度の中にある、「福祉的」な要素と「労務管理的」な要素の分離を図ろうとしている。

　1つは「高齢化対応を中心とする勤労者間での相互扶助システムとしての福利厚生制度の領域を明確」にすることである。

　もう1つは、経済構造変化を睨みながら、より創造的な経営組織づくりという領域を確立することである。それは「定着性」ではなく「創造性」にターゲットを移した制度体系になる。したがって福利厚生は、「相互扶助システム」と「創造性支援システム」の2つの領域に明確に区分され、それぞれの相互補完が理想とされる。

西久保は、こうして「戦略的福利厚生」[9]というカテゴリーを提起し、企業が福利厚生活用による積極的企業経営を提起している。西久保〔2013〕では西久保［2005］よりもより踏み込んだ企業戦略を、人事労務的視点からの提起をする。西久保の研究は、企業福祉の国際比較の観点や、福祉社会論や福祉国家論や社会政策論についての言及は少ない弱点がある。また受益者であった従業員の負担増につながるという指摘もされる。しかし、企業福祉の領域についてほぼ網羅し、従来の研究成果を踏まえて、新たな研究領域に踏み込んでいるところに西久保企業福祉論の特徴をみいだすことができる。

4　個別研究課題から企業福祉研究へのアプローチの事例

4－1　橘木俊詔の福利厚生の賃金化論

橘木俊詔［1994］『ライフサイクルと所得保障』は、所得保障の担い手を公的保障か私的保障か、企業保障の3つに分類する。この3者の役割を明確にする必要性とともに、この3者には特有の価値と限界があることも指摘している。「企業保障に関していえば、労働者の労働に対する給付は賃金であるが、福利厚生費や非賃金所得の大部分は、その賃金支払いの肩代わりのという側面が強く」、「本来ならば賃金として受け取ってよい分を、企業は福利厚生費として支払っている」という。「企業保障とみなされる福利厚生費は、企業自ら生みだした保障ではなく、賃金プラス福利厚生費の総計が、労働に対する企業の給付」という前提に立っている。

また、①非法定福利厚生費の支払い状況には、企業規模間格差がありすぎ、企業も法人上の優遇をうけている。②非賃金支払いよりも、賃金として支払った方が、使い途に関して労働者に選択の幅を拡げることができ、③非法定福利厚生費の受給によって、労働移動に不必要な影響力を持つことがあることをあげている。

さらに橘木［1998］『企業福祉から撤退し福利厚生費を賃金で支払うべき』では、「非賃金支払いの賃金化と、必要性のなくなった法定外福利厚生費の削減ないし撤退、さらに退職金支払いの賃金化を選択することがあってよい」という。

橘木は、従来日本で福利厚生費用を企業が支出してきた理由を以下の6点あげている。それは①春闘方式の横並び意識から、福利厚生で企業は差をつけようとした。②長期雇用下での福利厚生費の投資と回収。③税制面による福利厚生への優遇。④戦後から高度成長期までの不十分な社会保障制度の代替。⑤当時においては企業の住宅施策が意義があったこと。⑥当時（とりわけ高度経済成長期まで）において企業による文化・体育・娯楽施設・施策が有効であったという。

　しかし、これらは経済環境の変化により次第に福利厚生の意味の希薄化と有効性を失ったとするのが、橘木の説である。その根拠とは、①これまでの生活援助的色彩の強く労務管理的役割をもった福利厚生施策の歴史的使命の終焉、②企業間格差の大きい企業福祉をこれ以上節税などのメリットで大企業に恩恵を与える意味がない。③日本の賃金決定方式が春闘などの影響もあり横並び傾向が強くそれを補完するために福利厚生が存在していたが、これからは業績、支払い能力によって堂々と賃金で差をつけるべきである。④日本での社会保障制度が整備されたことにより、労働者は従来の企業内福利厚生よりも賃金化に魅力を感じるようになったと、パナソニック社の退職金選択前払い制度を事例として説明している。(10)

　この論文では橘木は意識的に「企業内福祉」と「社会保障」との関係について論じている訳ではないが、それでも「小さな政府」と「大きな政府」との関係、「福祉国家」と「非福祉国家」との関係については論じている。また橘木は、企業の福利厚生に関わる費用をたとえば税として社会保障費に還元して、国民全体に公平に分配せよと主張してはいない。

　橘木の福利厚生費の賃金化による横並びの否定では、新たな企業間格差をもたらすのではという指摘もある。各方面で格差について言及している橘木の主張との整合性や、横並びの否定を多くの労働者が本当に支持するのかという点の検証も必要である。また、労働費用すべてを賃金化すれば、実務的にはすっきりするかもしれない。しかし、そうなれば賃金の性格も変質せざるをえないであろう。橘木の主張の検証はより深める必要があり、別項でさらに検証することにする。この点については、さらに掘り下げて本章第5節で展開する。

4－2　山内直人のフリンジ・ベネフィット論

　山内直人は企業福祉をフリンジ・ベネフィットとしてとらえる。社宅を事例に非課税特権による転職抑制効果を、「フリンジ・ベネフィット課税の再検討——会社人間解放への処方箋」[1994](11)で展開している。そこでは、現金支給ではない労働者への分配としての「フリンジ・ベネフィット」が、従業員の転職抑制効果と個人の企業への依存関係を強めている。その結果、会社人間化を促進し、現物給付の拡大が本当に従業員にとって望ましいかという問題意識から出発している。

　山内はフリンジ・ベネフィット化の現状分析を、労働費用からはじめ、その中でも社宅提供の機会費用（市場家賃と実際の家賃との差）の分析をする。低利の社内融資の機会費用（市場金利と実際の金利との差）を世間相場との乖離を中心に分析をしている。また企業交際費もフリンジ・ベネフィットとしてとらえ、損金算入可能経費として申告する誘因があるのではと仮説をたてている。退職一時金・企業年金の事例も、制度的には年金化がすすんでいる。しかし、一時金が選択されているのは、企業年金化が法人税で有利になる反面、従業員からすれば所得税制の面で一時金を選択した方が有利である点を指摘している。

　こうした上で、勤労者が解放されるのための税制改革をあげている。それはフリンジ・ベネフィット課税の現状と問題点が、現物給付課税の原則、社内融資と住宅、退職一時金に対する課税、企業年金に対する課税などにあるとみる。その結論として、以下3点をあげている。①退職所得課税の見直し、②企業年金の転職抑制効果の緩和、③フリンジ・ベネフィット課税の強化（個人所得税におけるフリンジ・ベネフィット課税強化、社宅供給促進的な土地税制の見直し、交際費課税の強化）であり、その浮いた分を所得減税で勤労者に還元することを唱えている。

　山内の主張は、課税の強化につながる。その点では、既得権益に守られてきた人からすれば抵抗は予想される。だが税のあり方からすれば、将来展望としては貴重な提起である。フリンジ・ベネフィット＝企業福祉の表に出にくい利害について考察し、言及している点に意義がある。

4-3 猪木武徳の「福利厚生の国際比較」

　企業福祉の国際比較の研究については、先行研究もみられるが、本格的なものは少ない。それは、「企業内福祉」項目の対象が、日本と諸外国ではかなり違いがみられ、実際の比較研究には様々な困難がともなうからである。またその国の現在の社会保障制度や歴史的・社会的条件の差違があるため、労働費用や福利厚生の国際比較が困難とされる。たとえば、休日・休暇手当という発想が日本にはない事例だけで、お国柄の違いが理解できる。猪木武徳は、現金給与支払い以外の労働費用を福利厚生費とみる。その存在理由に、①企業・労働者双方にとっての節税効果、②現金ではなく、福利厚生の形で支払う方が、労働者にとって価値が大きい「規模の効果」が生まれることをあげている。その前提に立ち、猪木は「福利厚生」の国際比較を試みている。

　猪木の「福利厚生の国際比較に向けて」[1995]は企業福祉関係の研究で、よく参照・引用に引き合いに出される論文である。この論文は企業福祉の本格的な国際比較を試みたものではないが、全労働費用に占める非賃金費用の割合の国際比較［1986］にもとづき各国の特徴あげ、その中で日本の福利厚生の特徴を浮かび上がらせている。それは、日本では法定外福利厚生費の企業規模間格差が大きく、住宅に関する費用が福利厚生費の中で大きく、規模間格差を生みだしていることを指摘している。

　猪木論文では主要な課題として、①福利厚生費の割合が高いと、その中の可変的部分を調整し労働費用を動かすことで、企業は不況になると福利厚生費の削減と労働時間（特に所定外）の短縮をおこない、②福利厚生費の高まりは、所得水準上昇による所得効果によって、労働時間の短縮と補完的な関係にあることを検証している。

　すなわち、①については福利厚生費が全報酬に占める割合が高ければ、短期の不況時には解雇などに訴えることなく、労働時間（とくに超過勤務など）を短くすることで主に対処する動きとなる。②については、福利厚生費の割合が高いところで、労働時間の短縮も進むという効果を生みだしている。いわば「福利厚生」が景気の調節弁としての役割を果たしている

ことを計量的に証明しようとしたものであり興味深い。

また「雇い主の費用」と「労働者にとっての価値」として、①所得水準が高まれば、フリンジへの選好が強まり、②企業内の労働者全体に同一のフリンジ・ベネフィットのプランを供与することは、ベネフィット率の乖離を生む原因となり、③労働者にとっての限界価値は、他の条件にして一定とすれば、雇い主のフリンジの限界費用に等しいように設定されねばならないとされる。

また猪木は、ＥＣの「労働費用調査」（Survey of Labor Costs 1988）やアメリカの分析からみた日本の福利厚生（企業福祉）の特色として、以下の点を指摘する。①前述した不就労手当が日本には存在しない。②病気休暇が一般的に制度化されていない。③住宅関連費用に傾斜。④福利厚生のカバーされている労働者群が、企業や職種や規模によって異なっていることをあげている。

さらに、規模別だけではなく産業別での福利厚生費支出割合の比較への考察もおこなっているが、これも貴重である。ここでは一般論として、財生産型産業の方がサービス生産型産業よりも福利厚生の割合が高いことを指摘している。

猪木の結論は「企業内福利の水準の高まりや対象者の範囲が広くなると、従業員の定着度が高まる傾向がでる。しかし他方、従業員のうちで勤続年数の長い（すなわち定着度の高い）労働者が、勤続年数に応じた福利厚生を要求した結果、労働者の定着度と企業内福利厚生費の水準との間に正の相関が生じたという逆の因果関係もある」。「ここでは福利厚生の充実→定着度の高まりという方向だけでなく、定着度の高まり→福利厚生の充実という同時性が存在」するとみる。

猪木論文は企業内福利厚生全般にわたるものではない。だが企業内福利厚生の国際比較への意欲的な試みと、時間外労働とともに福利厚生が果たす「調整弁的機能」について論及したことに、大きな意義がある。

5　近年の研究傾向

以上の先行研究以外にも特筆すべき事例をあげておく。

産業福祉の概念によって企業福祉にアプローチしようとする試みは、川村匡由［1998］『産業福祉論』や平野泰朗・花田昌宣［1999］「労働力再生産における産業的福祉の役割——日本における企業主義的レギュラシオン仮説の検討に向けて——」によってなされている。社会政策研究者は、1970年代から1980年代にかけて、企業福祉を「総合社会政策」や「生涯総合福祉」の一部としてとらえることもみられた。社会政策の意義から言及してきた時期もあったが、最近では社会政策研究の立場からの研究をあまり目にしない。[14]

　伊藤健市、「総額人件費管理と企業『福祉』の解体」（『経済』1999年12月号）は、現在の企業福祉の大きな流れとしてある「カフェテリアプラン」と確定拠出型企業年金の導入の動きは、従来積み上げられてきた企業福祉の成果を崩していくものであると指摘する。カフェテリアプランや確定拠出型年金は「生涯総合福祉」に到る過程で確立された、労働者とその家族を雇用期間中だけではなく生涯にわたって企業が保障するという理念の否定を意味すると指摘する。現段階の企業福祉の動向を考察すると確かにそのような動きがみられる。その動きは企業福祉そのものを全面解体するものではないにしても、その規模や役割は縮小されようとしているのは確かである。こうした動向と考察を踏まえていくと、21世紀における企業福祉がどのような方向をめざすのかという考察の足がかりになる。とはいっても最近は伊藤健市の企業福祉研究への言及は寡聞なのか聞かない。

　近年では駒村康平他［2016］は、就業形態、社会保険制度の量的・質的変化が企業福祉に与える影響を考察する。「1990年代前半から始まった日本型雇用慣行の後退により、社会保障制度と企業福祉の双方の役割を担い日本型雇用慣行を補完強化する機能を果たしてきた厚生年金基金、健康保険組合といった企業別社会保険代行組織は大きく後退し、その性格も変化しつつある。企業年金は、従来の上乗せ給付の性格から公的年金の補完機能を期待され、また健康保険組合は、労働者の生活習慣病予防機能が期待されつつある。加えて従来、住宅が中心であった企業福祉は縮小されつつあり、またその中心は仕事と育児、介護の両立といったワーク・ライフ・バランスに関連した分野に向かいつつある」とする。社会保険と企業福祉

との関わりに本格的に向き合った論文である。

　森田慎二郎［2015］は、福利厚生の原点を求めて先駆者たちの足跡を追い、明治の産業勃興期から昭和前期までが描かれている。地道な資料収集ときめの細かい探求によって、日本の福利厚生＝企業福祉の生成から発展過程についての成り立ちを事例によって明らかにしている(15)。

　本章では企業福祉研究をめぐる近年の動向についての代表的な研究者の主張するところをみた。企業福祉そのものを考察の対象としてきた研究者の場合、企業福祉の意義と存続を前提としたうえで、「『企業福祉』をとりまく環境は変わった」のだから「新しい時代にふさわしいものに再編すべきである」というものが主流である。一方、企業福祉を個々の専門の研究分野からアプローチをし、分析をしてきた研究者の場合、企業福祉へのこだわりはあまり見られない。役割に対する積極的な評価とともに、企業福祉とは異なったものへの置き換えも容易に主張している（賃金化など）。

　これら先行研究について考察して気がつくのは以下の3点である。

　第一に、公的福祉や社会保障と企業福祉の関係については、研究者間で位置づけに違いがあるように思える。それは、生活保障における国家、企業や家族や地域、個人の役割分担をどうするかの視点での差違ともつながっているように思える。背景にある市場原理との関わりについても福祉国家論や福祉社会論ともあわせて、生活保障のあり方についても今後深めていく課題であろう。

　第二に、労使関係の中での企業福祉位置づけについては、多くの場合、現代日本の労使関係の現状にもとづいた言及であった。日本の労働組合は、戦後のある時期まで、企業福祉に懐疑的な態度をとった時期がある(16)。しかし、それがどのような背景から受け入れる立場にかわっていったかについての研究は、今回とりあげた研究者以外にはあまりみられない。今後十分に深めていくべき研究課題に考える。

　第三に、国際比較の視点ではすでに示したように、猪木論文以外に、鈴木宏昌［1998］以外はみられなかった。イギリスやアメリカなどの個別国家の企業福祉論については散見するが、指標の比較などの困難さはあっても、今後深めていくべき課題であろう(17)。

第四に、企業福祉の将来展望については、多くの研究者の場合、現在の企業福祉をめぐる環境変化を理由に、大きな転換点に直面しているという共通理解がみられる。そのもっとも大きな要因が、財源問題である。ただ今後の方向性の柱としての具体的な提案である「カフェテリアプラン」と「確定拠出型年金」の導入の評価には、研究者間でも様々な意見がある。

　第五に、多くの研究者が指摘している格差の存在についてである。これまでの多くの研究が対象としていた企業規模間格差に限らず、様々な格差の存在を指摘している。とりわけ企業福祉の恩恵を受けることができる労働者は均質ではなく、産業間や企業間や雇用形態など様々な属性をもっている。その点での比較考察の視点がこれからはより必要であろう。

6　橘木俊昭理論にどう向き合うか

6－1　橘木俊昭の企業福祉撤退論

　これまでみてきたように企業福祉は、企業が任意に給付するサービス・施設であり、その恩恵を受けるものからすれば拒む何も理由はない。社宅に代表される住宅保障、労働者のいのちと健康に関わる労働安全衛生施策（予防ならびに結果への給付）、退職年金や一時金などの高齢者に対する施策、生活に関わる様々な支援・給付等など、企業が従業員に施す施策は、どれをとっても従業員からすれば貴重なものである。もっとも供給する側と供給される側との駆け引きは当然存在する。だが供給する側からも企業福祉の存在そのものへの頭ごなしの否定はなかった。狭い発想の経営者ならいざ知らず、ささやかな施しが生産性の向上や労使関係の安定に繋がればそれを頭から否定することはない。従来の企業福祉研究も、その評価に幅はあるものの、その存在を肯定することを前提として論ずることが基本とされてきた。

　企業経営の立場からは、現在の厳しい財政状況を理由に施策やサービスを縮小することを、計量的データを根拠に提起し実施する。一方では財源論は無視した形で、企業福祉の縮小は従業員や家族の生活を脅かすものだと、現在の改革方向（縮小や廃止）を非難する立場もある。企業福祉研究は、様々立場からのアプローチがある。社会政策の側からは社会保障とは

性格が異なることもあり、企業福祉の内容の不十分さや「格差」の問題を指摘してきた。労務管理論の側からは、労働者を企業につなぎ止め、長期雇用を前提とした労使関係の安定と生産性に寄与するものとして評価してきた。これらも企業福祉の存在を否定している訳ではない。労働者の賃上げを、大企業など恵まれた処遇の格差をシェアして、中小零細企業や非正規労働者など恵まれない層に再分配を主張する立場もある。これまで利益を享受してきた層から非難されるのは目に見えている。企業福祉の縮小や撤退を主張しても同様である。だが橘木俊昭は、企業福祉の縮小や撤退をためらいもなく主張する。以下、この主張の検証をする。

橘木は1990年代から現在まで、そうした主張を繰り返してきた。そのこともあり、これまで企業福祉を実務面で関わりながら研究してきた桐木逸郎とは、何度となく論争をしてきた。その論争自身は外部から観察すると「空中戦」の域を出なかったが、それでも一貫して「企業の福祉からの撤退」を主張する橘木の姿勢には揺るぎないものを見いだせる。本節では、企業福祉を媒介として、日本社会のこれまでの性格と特徴づけを行い、あわせて未来社会への展望を考察していくことをめざすが、橘木の主張の検証は避けて通れないと考えている。

日本の生活保障は自助をベースに、近代以前は家族や地域共同体に依存してきた。だが資本主義の発展とともに、近代以降は企業への依存に大きくシフトを移してきた。この間の企業福祉の存在は、従業員の生活向上に貢献してきた。事の善し悪しは別として、その事実は認めなければならない。その上で、現代社会では企業福祉が歴史的使命を終えたということになるならば、その後のオルタナティブはどこに見いだせるのかということは興味深いところである。

橘木の「企業福祉撤退論」は、『日本の経済格差　所得と資産から考える』［1998］で、その主張の原点を見いだすことが出来る。1990年代後半は、日本経済の土台と「日本的経営」が行き詰まり、日本的労使関係が変容して、企業福祉もその影響を受けつつあった時期であった。一部の新興企業でカフェテリアプランの導入が始まったのは、奇しくも「新時代の日本的経営」（日経連）が公表された1995年である。日本でのカフェテリア

プランは、それを契機に製造業大企業の一部でも導入が検討されている時期で、企業福祉の再編期であったことが確認できよう。その後、金子能宏との共著である『企業福祉の制度改革——多様な働き方へ向けて（経済政策分析シリーズ）』(2003) では、「企業の福祉からの撤退論」をより具体的で体系的な主張をしている。その著書では企業福祉撤退論だけでなく、人々が安心して暮らすための社会を実現、女性労働のあり方や退職後の生活保障などのあり方を論じている。さまざまな視点から今後の企業福祉のあり方を論じ、企業の活力維持と多様な働き方の実現との両立や企業福祉再構築のための視座を、国際比較や実証分析に基づき提示する。

「なぜ、いま、企業福祉なのか」という問題提起から、「第1部 企業は福祉にどこまで関与すべきか」では大胆に企業は福祉からの撤退があってもよいと主張する。具体的には企業別社会保険代行機関の可能性と限界を中心に社会保障改革に言及している。「第2部 女性労働を支援する制度設計」では、育児期のキャリア形成という視点から、育児休業法と女性労働などを論じている。「第3部 企業年金のあり方」では、確定給付年金と確定拠出年金の望ましい組み合わせや、日本の年金基金によるコーポレート・ガバナンス活動の可能性を論じている。

橘木の主張が最も理解しやすいのは、『企業福祉の終焉 - 格差の時代にどう対応すべきか』(中公新書：2005) である。この書は、橘木の単著で新書のメリットを最大限に生かした記述がなされている。日本の企業が、退職金、社宅、企業年金、医療保険や公的年金等への社会保険料負担など、従業員にさまざまな福祉を提供してきた事実を指摘している。だが一方では従業員が所属する企業の規模や働くものの雇用形態（正社員と非正社員）による企業福祉の格差が歴然としており、国民からは企業福祉の存在が人々の間の格差と分断をもたらし国民の不平等感を高めている事実にも着目する。その上で、「企業が福祉から撤退してよい」と主張し、企業福祉に代わり国民全員が充実した福祉を享受するための方策を提言する。橘木俊昭理論を検証するには格好の材料を提供しており、次にその検証をすることとする。

6－2 『企業福祉の終焉』の内容

まず『企業福祉の終焉』の内容を、以下目次から紹介する。
第1章 企業福祉はなぜ発展したか
第2章 企業福祉の現状
第3章 企業福祉は役立っているか
第4章 これからの企業福祉
第5章 企業が撤退した後の福祉社会

　第1章では、企業福祉を、先進資本主義国や日本での事例を考察し、その歩みを追いかけ、歴史的背景を考察している。日本の場合、①社宅や寮など住宅施策と退職一時金に傾斜し、②大企業に集中し中小企業（零細は当然だが）ではほとんど見られなかったと指摘している。日本の大企業は、①良好な労働力の確保、②長期雇用のメリットを生かす、③充実した労使関係などや「人事労務管理」上の目的のため、④企業が福祉にコミットしてきた　と主張する。

　本書で、橘木は企業内教育訓練施設 と「養成工制度」についてもわざわざ触れている。[18] 養成工制度は、企業の負担によって若年労働力を企業内教育・訓練で養成してきた制度であるが、現在では限られた大企業の事例でしか見いだせない。この制度は企業の生産性向上への寄与や労使関係安定のための従業員のスキルアップと「子飼いの従業員」の育成に大きな役割を果たしてきた。企業内教育は、人事労務制度の側から企業福祉の領域外という主張が根強く、実際に多くの研究者は企業内教育・訓練を企業福祉とは別のものとして扱っている。しかし、橘木のように広義の企業福祉に含まれるという考えも一理ある。

　第2章では、企業が従業員にどのように何を提供してきたかを、様々な切り口から論じている。とりわけ「非賃金支払い」としての企業福祉の必然性としてアメリカにおける事例から以下の点をあげている。①個人所得税制の優遇措置、②保険などへの団体加入による費用節約、③労働者の企業間移動を阻止、④労働組合の意向と要求である。これらに、⑤企業福祉、を扱うことによる法人所得税制の優遇措置、⑥労働力の年齢構成変化、⑦

所得の増加、も加えられている

第3章では、企業福祉の現状をふまえ、その効果について検討している。企業が企業福祉を導入した根拠として、①長期雇用の確保による従業員の企業への定着率を保つ、②従業員への仕事への意欲を高め、生産性を高める等、と言われてきた。橘木はこうした主張に対して、優れた企業福祉施策の企業は、確かに定着率は高い事実は認めつつも、生産性の向上については留保している。企業福祉は、長期雇用を前提とした制度だったが、現在は必ずしも長期雇用にこだわらない従業員も存在する。そうした従業員からすれば、企業福祉への評価は必ずしも高くはない。したがって企業福祉制度は役割を終えたという主張もあながち的外れではない。

その上で、近年の従業員ニーズの高さから、どの項目が勤労意欲や生産性の向上に寄与しているかを検証している。それは、①企業は従業員の技能・資格を高める事で生産性向上を期待するが、従業員は必ずしもそうではなく、②労使とも最も重要な項目は健康の維持管理であった。その結果、企業福祉は環境変化により、歴史的な使命を終えつつあるとする。

第4章では、労働者福祉施策としての企業福祉は、縮小から終焉への道を主張しその根拠を説明している。企業福祉は、社会保障制度が未成熟であった時代には、補完・代行し先駆的な役割を果たしたように歴史的な意義がある。社会保険として最初に導入されたのが、労災保険と医療保険であり、年金制度がその後に登場したことは、企業福祉の性格を示している。労使折半の理由も述べている。その上で、福祉の提供主体として、①本人、②家族、③国家（公共部門）、の相互補完関係を考慮した必要性を説いている。その際、企業の特質と変容についても触れ、共同体主義よりも普遍主義を、さらに橘木流の「福祉国家」への道を提起する。さらに「福祉国家批判」への反論を加えて、最後は「企業は福祉から撤退」してもよい、という結論に導いている。

第5章ではこれまでの橘木の企業福祉観の総決算である。たとえばベネッセコーポレーションでの企業内託児所の例をあげている。ある企業で成功した事例が別の企業でも成功するかどうかは一概にそうではないと主張し、「ユニバーサル」なサービスへの移行の必然性を明らかにしている。近

年一部の大企業で目につく「カフェテリアプラン」や「アウトソーシング」も、1つの方策として認めるが、積極的な位置づけはしていない。

新しい時代の福祉での社会・経済は、グローバリゼーションの下で従来型家族の解体と超高齢社会への移行である。多様な労働力が社会の担い手となり、企業が直接福祉に関わること自体が時代遅れになる。企業福祉の中心であった「法定外福利厚生」については、①企業の内部留保に回す、②企業の設備投資に回す、③従業員の賃金支払いに回す、という選択肢を与えている。いずれにしろ橘木は、従来の社会保障財源が主として「社会保険料収入」であったのに対して、「租税収入」中心の制度に転換することを主張する。橘木は、社会保障や社会福祉の施策の充実で、普遍主義による運営を可能にさせ、国民全体の利益と企業による経済活力強化が、「福祉国家」への移行が可能とされる。

6－3　論点整理

橘木の主張の論点は明快である。「企業は福祉から撤退」して、その浮いた財源を「企業の経済活動」に回す方が、社会経済の発展にとっても望ましいとする。その結果、企業福祉がもたらした格差での「不公平感」も薄まり、より理想とされる福祉社会に近づくとされる。

橘木の主張には、企業福祉の恩恵を受けている既得権益受給層からは拒否反応が予想される。一方では企業福祉に関わってきた企業内の担当者からも反発があるかもしれない。しかし、企業福祉のもつ不平等な性格に正面から向き合った主張はこれまであまりない。その点では橘木の主張の意義は否定できない。

実際に企業福祉の供給は、基本的に企業の任意であり、当初から企業間格差を前提としたものである。したがって人々の生活保障を企業福祉に依存することは、ただでさえ格差がみられる諸階層の経済的状況をさらに拡大していくことを意味する。

そして橘木は生活保障の対象として、企業に代わって「福祉国家」を対置する。「福祉国家」そのものの評価は結構だが、本書を通して伝わってくる「福祉国家」のイメージが不明確である。橘木の「福祉国家」の認識

は、各国の政府や公共団体がいかに福祉に関与したかという数量的な指標だけで、高位・中位・低位の「福祉国家」と「非福祉国家」とに区分している点である。その評価は一面的といわざるを得ない。そもそも北欧諸国に代表される「福祉国家」とは、一般的には労働者や国民の要求を背景に、労働組合を中心とした社会運動の圧力による政策要求を福祉国家指向政党（広い意味では新自由主義を受容しない政党）の政府によって政策実現がされてきた経緯がある。この事実の前提から福祉国家を論ずる必要がある。もちろん橘木からすれば、この点については専門領域の範囲外であるからそこまで要求するのは酷かもしれない。しかし、「福祉国家」は自動的にできた訳ではない。その担い手について明らかにすべきである。

また労働組合の記述についても、曖昧である。労働組合の多様な傾向を無視して十把一絡げに扱っている。労働組合には組織形態だけでなく、かつての冷戦時代の反映やイデオロギー的対立もあれば、個々の組合の置かれている環境によって、戦闘的とか穏健という区分もされる。国の施策とも深い関わりがある。たとえばグローバリゼーションを受け入れる労働組合もあればそうではない労働組合もある。

日本では労働三権は労働者に与えられた基本的な権利であるが、この労働三権の中の団体交渉権や争議権を最初から認めない労働組合すら日本では存在する[19]。労働者からすれば規制緩和や新自由主義的施策を遂行することは労働者の保護の解除につながるが、それらに寛容な労働組合もある。橘木の主張はそうした労働組合内部の微妙な、あるいはあからさまな温度差を無視している。これも立脚点が異なるからやむを得ないといえばそれまでだが、労働組合の性格的差違が、企業福祉への評価や関わり方も異なることは重要である。

「ネオマルクス主義」への解釈と評価も、正確さを欠いている。近年の論壇では、精彩を欠いた正統派マルクス主義に代わり「ネオマルクス主義」が登場した経緯がある。しかしマルクス主義とネオマルクス主義を混同して評価をしているように思える。違った立場の思想を扱う場合には、正確な評価と紹介が必要である。ネオマルクス主義を紹介するなら、現在ではレギュラシオン理論やピケティ理論の紹介も必要となろう。マルクス主義

の中で、「ネオマルクス主義」だけを取り上げたのでは不十分であるという反発も生まれるかもしれない。

　企業福祉と社会保障制度は、密接な関係がある。日本の医療保険制度は1980年代以降、幾度となく制度が変えられ、受益者負担が増大している。たとえば医療保険（健康保険）被保険者は、当初は初診料だけで済んでいた。自治体によっては、高齢者の医療費は無償であった時期もあった。ところが保険料の財政悪化によって、1割負担から現在は3割負担になり、後期高齢者であってもそれ相応の負担をせざるをえないようになる。受益者である国民からすれば、制度の改悪が徐々になされている。こうした施策は、高齢者の中でも「下層」といわれる人々を直撃している。にもかかわらず、そうした層からの反撃は見られない。年金や医療制度の改悪に異議申し立てをする高齢者は上層の恵まれた人で、下層の人はそうした制度や政策への異議申し立てではなく、身近の優遇された人々や安定した人々（公務員など）への妬みとして表現する。階層化や格差拡大、その延長上の「ポピュリズム」[20]の出現に企業福祉の存在は手を貸しているといわざるをえない。

　アメリカの企業福祉への考察も弱さを感じる。アメリカが政治的にも経済的にも世界のリーダーに躍り出るのは、第一次世界大戦の特需と戦後ヨーロッパ社会の復興援助を契機としている。他のヨーロッパ諸国と比較し歴史が浅いこの国は、開拓精神や独立心が旺盛な国民性もあって、扶助や協同などの連帯精神よりも自助努力に重きを置いてきた。そうした国民性は、たとえば1910年代から始まったフォードでの高賃金・高福祉の処遇などは労働者からは容易に受け入れられている[21]。アメリカの大企業での雇用労働者は、充実した豊かな企業福祉を享受することが出来た。

　こうした流れは、1930年代のニューディールの時期を除いて現在まで続いている。2009年1月からのオバマ政権時代に導入された医療保険であるオバマケアの中身は、北欧型福祉国家の医療保障の水準どころか、日本の医療保障の水準にもはるかに及ばない[22]。そのオバマケアですら、現在のトランプ政権のアメリカでは廃止しようとする動きがある。この国では弱肉強食が基本とされ、低位の福祉をカバーしてきたのは、一部の大企業の労

働者を対象とした企業福祉であり、多くの国民諸階層は「自助努力」による生活困難を乗り切らなければならなかった。

　だからアメリカでは、格差社会というよりも「貧困大国」そのものであった。強者で豊なものにとっては潤うことができても、弱者で貧者にとっては絶望の社会であるのがアメリカである。企業福祉はそうした社会形成に大きな役割を果たした。実際にアメリカでは米国民の3分の1は貧困層か貧困層予備軍であり、アメリカのトップ1％の高額所得者は、1975年から2007年の間に税収所得の伸び全体の47％を占めるようになる。アメリカモデルは強者には理想だが、弱者を始め多くの人々には理想とはなり得ない。

7　おわりに──「企業性善説」の検証

　今一度橘木に登場していただこう。橘木は「福祉に回した企業費用」を企業の経済活動に回すことで、経済活動が活発になり、企業と社会の発展につながり、それが回り回って国民労働者にも利益が還元されるという。しかしこれは、「企業性善説」に基づいた「トリクルダウン理論」の変形ではなかろうか。確かに橘木は、「企業性善説」や「トリクルダウン」という表現はどこでもしていない。だがこれまで企業福祉に任せていた労働費用を企業の経済活動に回せば、本当に企業活動は活発化するだろうか。研究開発や設備投資やあるいは従業員の賃上げに回す、あるいは社会貢献活動に即結びつく、などと考えられるだろうか。それは善意に考えれば、ありうるだろう。しかし、現代社会でどうして企業が不祥事を起こすかという負の現実を直視しなくてはいけない。

　企業の本性は、利益のための活動が最大であるところにある。その活動をチェックする機能がなければ、好ましからざる方向に行っても不思議ではない。「忖度」や「口利き」だけでなく、贈収賄などは常に話題となる事例である。粉飾決算や不正データや偽装表示や不良品隠しなどは、日常茶飯事である。確かに企業活動の多くは、可視化されているところでは、「不祥事撲滅」「コンプライアンス」と叫びはする。

　だがそれによって、公正でまともな企業運営がなされる保障はない。企

業にそのままお任せすれば、企業福祉の労働費用を企業のまともな経済活動に費やし、最後は従業員に還元されるという願望は、絵に描いた餅でしかない。橘木の「企業は福祉からの撤退」という主張は、労働コストの削減からすれば、現在の企業経営者の多くからは拍手で迎えられるだろう。法定福利厚生費に代表される労働費用の重石から解放されて身軽になるからである。アダム・スミスがいった、企業の経済活動は「神によって自由に導かれる」時代と、市場原理と弱肉強食が一般的な現代社会とでは決定的に異なる。現段階での橘木の主張は、企業サイドからはおいしい部分をつまみ食いにされる恐れがある。

とはいっても、橘木の主張は傾聴に値する部分がある。というのも、橘木は企業福祉に依存してきたこれまでの疑似福祉政策の問題点を指摘し、企業は福祉からの撤退を大胆に主張したからである。企業福祉がもたらす格差が看過できないと考え、その是正のための政策提案をしていることだけは確かである。

だがこの点での問題提起は良いとしても、福祉に回していた費用を企業にバックさせる方向は、本当に働くものや社会にとって果たして望ましいかということが問われてくる。橘木の主張を超えた方策を追求すべきと考える。橘木の主張は、従来の常識をひっくり返したところに、意義を認めることが出来る。だが、結局は現代日本の企業が抱えている問題点についての異議はほとんどされていない。必要なのはそこから「企業社会」を克服していく高い水準の意識であり、政策提起である。

企業の自由な経済活動のために費やすのとは別の方策もあり得るだろう。それは、これから迎える「超高齢社会」への基盤整備の対応のための費用転換である。高齢者対策は当然だが、それに限ったものではない。現代世界と人類が抱えている様々な問題への対応も、また含まれよう。それは、社会保険料の事業主負担の大小というレベルではない。租税ならびに所得の再分配のへの転換になるだろう。橘木も租税の必要を説くが、それはどこからかということが明確ではなく、「累進所得税」でしかない。生存権所得としての「ベーシックインカム」[24]も日本では人気がないが、これとて部分的導入への検討も必要となろう。現代世界は、日本に限らず様々

第1章 企業福祉の先行研究

な課題をかかえている。それらには地球環境・資源エネルギー・食糧・人口・戦争と平和の問題まで様々である。そこで生きている人が、安心して平和に生きていくためには、「共生」というキーワードが必要であり、そのとき家族や共同体や企業に依存した生活から、公正で能動的で自立した生活をめざす社会を形成していくための契機となる。とはいっても橘木の提起は貴重である。

近年の企業福祉研究動向で、あえて橘木の諸説の検討に力を注いだのは、近年、現代社会の劣化と向き合った論考が少ないからである。その意味でも、企業福祉のオルタナティブの具体化が求められている。

〈注〉
(1) 高度経済成長期の前半から後半にかけての日本の労働組合運動は、従来の対決型・異議申し立て型運動に代わって協調主義的労働運動が主導権を握っていく過程だと筆者は理解している。その時期が1960年の三井三池争議から1975年のスト権ストまでと捉えている。軸足が民間大企業から官公労型運動に移行していく時期であり、異議申し立ての運動が、民間大企業での足場を喪失していく時期であった。
(2) 同一人物が用語の使用を変えているのは、論者の主張に揺らぎがあるのではなく、そのときそのときの重点の置き方を反映していると筆者は考えている。
(3) 藤田至孝の論考は、人事労務から企業福祉研究にアプローチした典型的な事例であるが、1970年代から1980年代にかけて、とりわけ「総合社会政策」が登場してきた中で、豊富な事例による企業福祉擁護の主張は卓越したものがあった。
(4) 企業福祉について論議が活発に行われたのは、1981年11月第63回大会での「総合社会政策と労働福祉」であった。だが、この大会以後社会政策学会では企業福祉をテーマとした大会は開かれていない。
(5) 浪江巖「総合社会政策のなかの企業福祉と労使関係」『社会政策学会誌』第Ⅵ集「総合社会政策と労働福祉」啓文社、1983年。労務管理論的な側からの代表的な主張である。
(6) 新自由主義は1970年代に先進国を襲ったスタグフレーションを契機に、それまでの大きな政府論から、市場原理と規制緩和による小さな政

府を目指す施策として登場した。もちろん「新自由主義」の定義にはそれだけにとどまらないが、この考え方の基本には、「福祉にはむだ」があり、その見直しのうえで企業福祉はそれなりの役割を果たしてきた。

⑺　1981年3月、鈴木善幸内閣は、経団連（当時）の名誉会長土光俊夫を会長にして、第二次臨時行政調査会を設置した。大平内閣の一般消費税導入の失敗（総選挙での敗北）を踏まえて「増税なき財政再建」へと、舵を切るようになった。

⑻　『日本労働研究機構雑誌』1995年12月号に掲載された論文が、西久保の企業福祉研究論文の最初であると筆者は見ている。その後、進化して、現在に到達している。

⑼　「戦略型福利厚生論」について西久保は以下の著書で主張している。『戦略的福利厚生――経営的効果とその戦略貢献性の検証』2005年、生産性労働情報センター。『戦略的福利厚生の新展開――人材投資としての福利厚生、その本質と管理』社会経済生産性本部、2013。『介護クライシス 日本企業は人材喪失リスクにいかに備えるか』2015年、旬報社。これらは、いずれも企業福祉＝福利厚生を活用して、積極的に企業経営・企業戦略に役だ立てようとするものである。

⑽　「退職金前払い制度」は寡聞にしてか、筆者はパナソニックの事例以外、聞かない。

⑾　山内の主張は、現在では1つの流れだが、1990年代初頭ではまだ話題としては少なかった「新しい働き方、新しい雇用形態」を大胆に追及したものとして興味深い。

⑿　福利厚生の国際比較は、本文でもあるように各国の風土、歴史、制度の差異からデータ的な優劣をするのは困難である。ただその国がどういう人に目を向けているかは、資料からも明らかにできる。

⒀　猪木武徳（1995）「企業内福利厚生の国際比較に向けて」猪木武徳・樋口美雄編『日本の雇用システムと労働市場』日本経済新聞社。

⒁　実際に21世紀になってからの企業福祉研究は、武川正吾［2000］以降、限られたものになっている。これは、企業福祉を取り巻く環境が成熟して、新たな方向が確立していないことの表れであろう。「家族福祉」がエピソードとなりつつある現在、企業福祉がどのような道をすすむかというのは興味深いところである。

⒂　森田慎二郎［2014］は、原典資料の精密な調査による福利厚生の原点

を求めて先駆者たちの足跡を明治の産業勃興期から昭和前期までを描かれたもので、類書はみられない。

⒃　企業福祉について労働組合が批判的な立場になるのは、賃金などのように労働条件として可視化されたものではなく、取り引き材料として利用され、大局的な見地からすれば、運動と組織の前身には寄与しないという筋論があった。だが現在では、組織率が20％を切り、団体行動も有効に反撃できずに、後退している中で、企業福祉の成果を積極的に持ち上げるようになった。

⒄　ロバート・フィッツジェラルド［2001］『イギリス企業福祉論――イギリスの労務管理と企業内福利給付』（白桃書房）はイギリス企業福祉論の代表的なものである。伊藤健市［1990］『アメリカ企業福祉論――20世紀初頭生成期の分析』（ミネルヴァ書房）は、これよりも古くなるが労作である。

⒅　橘木［2005］（27頁～）では、企業内訓練並びに養成工について触れている。

⒆　日本の労働組合は協調主義的な潮流の中でも、争議権はおろか団体交渉権を否定する労働組合があるということも重要事項である。周知のようにトヨタ自動車労働組合は、1962年のいわゆる「労使共同宣言」で争議自体を否定している。さらにトヨタの労使では、団体交渉ではなく「労使協議会」という機関で労使間相互の主張をすりあわせている。労働三権の中で残るのは、ユニオンショップによって自動的に労働組合員になる「団結権」だけである。

⒇　日本型ポピュリズムの起源は、最近見られる、地方自治体での出現に関心がいきがちだが、1960年代に始まる無党派層の支持を得て実現した革新自治体にまでさかのぼるとみえてくる部分がある。大衆の要求は、時として健全であり「人間の発達と社会の発展」に見合うものもあれば、屈折して社会進歩に反する場合もあり得る。キャッチアップの時期と、成熟社会での階層化と国民意識の分化が現在では著しいが、ポピュリズムの起源は「大衆社会現象」が出現した時期から見ていくべきである。

㉑　栗木安延『アメリカ自動車産業の労使関係――フォーディズムの歴史的考察』（社会評論社、1997年）には、アメリカのフォード社を中心とした人事労務制度が詳しく記述されている。

㉒　確かに「無保険」よりは、あるほうがいいというものの、アメリカの

医療制度が医療資本を支えるために存在している。この結果「医療費破綻」などの悲惨な事例も見られ、アメリカ社会の階層分化と格差拡大は深刻である。
(23) 「The Huffington Post News」サイトより。
　ここでは、アメリカの「スーパーリッチ」が世界の所得格差を拡大させる 0.1％の最富裕層が世界の富を独占していることを紹介している。
https://www.huffingtonpost.jp/2014/05/03/super-rich_n_5260898.html
(24) 「ベーシックインカム」の具体的導入事例は世界でもまだみられないが、少なからぬ国や為政者も関心があり、実験は始まっている。全面的な導入の是非は別としても、生存権所得として人々の生活水準の底上げにはそれなりに意義があると筆者は考えている。

第2章　企業福祉の歴史的変遷

1　はじめに

　本章では、日本での企業福祉の歴史的変遷を、時代区分をしながら考察し、日本型諸相を明らかにする。1990年代以降になると、他の諸制度・慣行とともに企業福祉が転換点に直面し、新たな方向を模索する。それが企業福祉の縮小・再編、賃金化、カフェテリアプラン（選択化）の導入であった。本章ではそうした流れを、トヨタ自動車の事例を中心に企業福祉を取り巻く状況について考察する。

2　公的福祉に先行した企業福祉

2-1　初期の「福利厚生」

　日本における産業革命は、イギリスに130年も遅れ、日清戦争前後の1890年代からだとされる。当時の産業の中心は製糸・紡績・織物に代表される繊維産業と鉱山であった。繊維産業は機械制工業によって生糸と綿糸の輸出を牽引した。日本での初期の「福利厚生」＝企業福祉の登場は、この産業革命の時期と重なり合う。日本では1880年代に政府から払い下げを受けた鉱山にはじまり、造船所、軍備拡張をめざす工廠などもみられ、日露戦争を契機に1900年代には重工業の発展もみられるようになった。鉱業ではすでに明治以前から相互互助組織である「友子」[1]制度が存続していた。しかも職種の性格から安全衛生への配慮は経営者も関心事であった。だから鉱山分野では早い段階から企業福祉が登場した。

　こうして日本の工業化は、後発国として発展したドイツ（プロイセン）やイタリアよりも遅れてスタートしていく。ただし資本の原始的蓄積は江戸時代後半からみられ、労働力も農村からの「出稼ぎ型」[2]が主流とはいえ、階級としての労働者が出現し、その後の日本資本主義の急速な発展の条件

図表2-1　生活保障の変遷

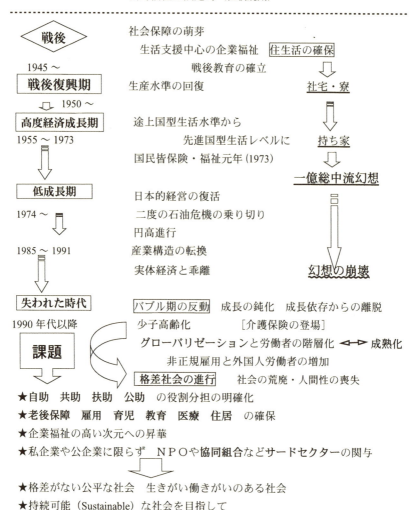

筆者作成

は整っていた。

　その前提の上で、1894年に始まる日清戦争と、1904年に始まる日露戦争は日本の経済発展の大きな契機となった。実際にこの２つの戦争を経て、繊維紡績などの軽工業から、軍需に依存したものの、日露戦争後には鉄鋼や造船や化学等の重化学工業も成長していく。繊維分野での鐘紡や「クラボウ」、三菱造船所をはじめとした造船業、三菱、小坂、日立、三井などによる鉱山開発、八幡、釜石での製鉄、また各地の工廠などがあり、20世紀になると重工業の比率も高まりつつあった。資本主義の成立は、資本家に雇用される一群の労働者階級を生み出した。労働者階級の登場は、賃労働と資本の関係の成立を意味した。当時の日本の労働者の処遇は、他の資本主義諸国以上に劣悪なものであった。労働者の権利そのものが確立してなかった。また当時の労働者間の常用雇用と臨時工との格差をはじめ、大企業と中小零細企業との格差も歴然としていた。

　この時代は、低賃金・長時間労働に加え、非衛生的で安全に配慮しない労働環境が労働者を苦しめた。劣悪な環境への組織的な異議申し立ては、当然労働組合運動と結びつくはずだが、この時代の労働組合運動は資本や政府だけでなく、労働者自身にも認知されなかった。時として自然発生的な異議申し立てはあったが、多くは散発で歴史の表舞台に出ることは少なかった。[3]

　日本で最初に企業福祉＝福利厚生が導入されたのが、鉱山部門が最初だとされる。この労働現場では、労働者のいのちと健康がもっとも脅かされているが故に、重視すべき部門であった。この現場で働く労働者にとって、日々の労働が危険と隣り合わせであり、労働安全衛生問題に関わる福利厚生施設や制度の導入を促した。その後、紡績　紡織　などの繊維工業での導入が始まり、19世紀末には重工業の企業にも広がりをみせるようになる。この時期の企業福祉＝福利厚生は、先行した特定の産業・企業での労働者の賃金とは異なった形での「処遇」を図ることで、労働者を企業につなぎ止めようとする意図を見いだせる。19世紀末から20世紀初頭において、まだ世界でも「社会保障」が確立していなかった。

2－2　大正期から昭和前期

　第一次世界大戦を経た大正から昭和になると様相は異なった。日本では資本主義が確立して、軍需依存とはいえ、軽工業から造船・鉄鋼・工匠分野など重工業の発展の道が開かれた。のちに日本経済を牽引する基幹産業がこの時期に登場した。数こそ少ないが、基幹産業の大企業正規雇用労働者が登場した意味は大きい。

　たとえば当時の大企業である造船や鉄鋼の現場では、労働者の主力はたたき上げの優れた技能を有する職工・熟練労働者が中心である。まだ終身雇用≒長期雇用が完全には確立されていなかった時期で、職人たちは処遇に不満な場合は、よりよい処遇を求めて新たな職場に移行する傾向が強かった。彼らは「渡り職工」といわれた。

　「昭和」に移行すると、軍靴の足音が鳴り響き、経済の需要は民需から軍需へと移行し、戦費調達のための施策に置き換えられていく。健康保険法の制定に続き、第二次世界大戦中には厚生年金法が制定された。これらは不十分ながらも社会保障の一環として社会保険制度が確立していくとともに、もう一方では「戦争遂行」を側面から支えていく役割も果たした。

　戦前はまだ企業福祉が特定の産業・大企業の労働者のもので、労働者の一般的な施策ではなかった。だがすでに、現在の企業福祉の原型が形成され、戦後企業福祉が発展していくための下準備が整えられていたことを意味する。

2－3　敗戦から高度経済成長まで

　第二次世界大戦後、廃墟から日本経済はめざましい発展を成し遂げた。敗戦直後の廃墟の混乱期から、朝鮮戦争の「特需」を契機に一気に復興を実現する。日本経済は、1955年以降、「高度経済成長」といわれる年平均10％を超える長い持続的な経済成長が実現する。この結果、日本は高度経済成長初期にはまだ「中進国」水準だった経済力が、1970年代初頭には、世界でも西ドイツ（当時）を追い越し世界の経済大国に成長した。その中で、国際競争力を身につけた日本の企業も巨大化し、高度経済成長に大き

く貢献した。

ところで日本では敗戦直後の人々の生活はけっして十分ではなく、衣食住の確保もままならなかった。低い国民生活の水準をレベルアップするのに国家が十分に果たせなかった時代に企業がカバーしたことは十分な意味があった。それ以上にまだ家族の役割も大きかった。社宅などの居住保障に限らず、食糧供給をはじめ生活物資支援などの様々な生活援助施策もまたそれなりの意味があった。いわゆる「福祉元年以前」の時代である。未確立の社会保障に先行もしくは補完する形で企業福祉が存在した。キャッチアップ型施策が中心で、国民生活と福祉の関係は、この時期の高等学校進学率の推移を見れば明らかである(4)。

2－4 高度経済成長から現在まで

戦後、高度経済成長を終えた低成長・安定成長の時代を経て、現在の日本は資本主義の成熟期であるともいう。1980年代後半には、「バブル」という一過性の繁栄の時期もあったが、その後は「失われた10年」を経て、成長に依拠した過去の時代の栄光にすがることはもはや出来なくなった。そこには、事実としての労働者国民生活の変化・向上がある。高度経済成長が始まった1950年代半ばと終焉期の1970年代前半のGDPには大きな違いがある。実際に各家庭での家電製品やマイカーの普及や持ち家比率の増加など、生活様式が様変わりした。高度経済成長は、農村から都市へと人々の移動を促し、雇用される人を増加させ、当初はまだ少数だった女性の社会進出もみられるようになる。進学率も上昇し、「受験戦争」なるものも生まれた。家庭電器製品や乗用車など耐久消費財の普及で、人々の暮らしは大きく変わっていった。その結果、産業構造の高度化、経済のソフト化・サービス化が進んでいく(5)。高度経済成長は、農村から都市へと人々の移動を促していくことになる。

成長が「マイナス」や「ゼロ」では社会経済の発展にとっては不都合だが、過去の右肩上がりの成長に依存する時代とは日本社会は大きく異なってきたという認識が必要である。成長依存への見直しは不可欠となった。またグローバリゼーション(6)が始まる1990年代には、これまで日本の発展

をさせてきた日本的システムが動揺し、新しいシステムを模索するようになった。とりわけ日本的労使関係の「三種の神器」（終身雇用、年功賃金、企業別組合）の動揺・再編は、1990年代から21世紀初頭にかけて顕著になった。こうした時代的変遷を捉えた上で、企業福祉を取り巻く環境の変化も見なければならない。

　その結果、日本的労使関係と連動した企業福祉も重大な転機に直面し大きな変化をもたらした。1990年代当時、現状維持の企業も見られたが、多くの企業では以下の対応策を検討した。それは①縮小・廃止を基本とした再編、②企業福祉の賃金化、③選択型福利厚生の導入（カフェテリアプラン化）、というものであった。ほとんどの企業では、①の方法を模索し、可能なところから実施した。少数の特定の大企業では、③のカフェテリアプランを導入したが、全体としては少数に留まっている。②の賃金化の導入は試みたのは限定的であり皆無に近い(7)。

　現在の「日本型福祉」（社会保障）を支える主要部分は、「社会保険」である。社会保険は、私的保険と異なり強制加入が原則である。加入者が保険料を納付して、そのリスクに対して支給する。もちろん企業福祉単独の施策で国の貧弱な福祉をカバーする事例も見られたが、費用面の多くは社会保険を媒介として、「日本的福祉」（社会保障）の代行機能と補完機能の役割を果たしてきた。費用負担でいうならば、社会保険料の労使折半はいうに及ばず、場合によってはかなりの付加給付を企業の任意で提供してきた事例がある。まだ労働組合の力が強かった時代は、いわゆる「7：3」闘争なるものが行われたという(8)。社会保険には「事業主負担」という外からは見えにくい機能がある。ここから保険加入者間での保険料の格差が生み出される。今また一部の為政者が「子ども保険」なるもので公的教育費の捻出を考えているようだが、社会保険に依存した制度が存続する以上、出てくる論議である。

　一方広義の企業福祉には、法定外福利厚生に、法定福利厚生や退職関連施策が加わる。法定福利厚生は、健康保険、厚生年金保険、雇用保険、労働者災害補償保険など各種社会保険料の事業主負担分で、その実施が法的に義務づけられ、強制力がある。本来、法定福利厚生費は、社会保障制度

の範疇という主張もあるが、人事・労務管理的機能をもつことから「福利厚生」として位置づけられている。

3　日本的労使関係と企業福祉の変容

　日本的労使関係の「三種の神器」とは、終身雇用制と年功賃金と企業別組合のことである。この制度・慣行は1つの定説にまとまっているわけでもない。J・アベグレンが『日本の経営』(1958)で指摘したように、戦後高度経済成長期に確立した労使慣行と捉えてよい。これらはお互いに関連しながら成り立っていた。それに加え、企業福祉＝企業内福利厚生制度も日本的労使関係の重要な構成要因とされた。

　この「三種の神器」に企業福祉を加えた制度・慣行は、経済成長が右肩上がりであることを前提として、維持存続してきた。いわば経済成長のおこぼれで維持されてきた。長期雇用を柱とする終身雇用制は、労働者と家族生活への最低限の安心感を与え、年功賃金は労働者の定期昇給とベアを保障し、毎年の収入増をもたらした。実際に高度経済成長期には日本の労働者の賃金水準は大きく上昇した。賃金上昇は、人々にとって消費生活をはじめ未来への希望につなげる役割を果たした。その延長上にマイホームへの昇華があった。「企業内組合」はそうした労働者たちの生活防衛のために貢献した。春期生活改善闘争といわれた「春闘」は、当時の労働組合のナショナルセンターである総評などが大きな役割を果たした。だがこの「三種の神器」の恩恵を受けるのは民間大企業の男子労働者であり、企業福祉も同様であった。

　戦後日本の企業福祉の変遷を見ると、①戦後復興期、②高度経済成長期前期、③高度経済成長期後期、④低成長・安定成長期、⑤バブル期、⑥「失われた10年以降」、に再度区分してみると、各時代の特徴も浮かび上がってくる。

　①の時代は、日本社会の敗戦による廃墟とその復興の中で、人々は生きていくのが精一杯の時代であった。国民の生活水準も賃金もまだ低い段階で、しかも公的福祉も整備されていない時代で、食糧などの生活援助こそ求めるものであった。この時代の企業福祉は、「衣食住」に関わる部分にお

図表2－2　福利厚生等項目別内訳　2015年度

項　　目				金額(円)	対前年度	備考
現金給与総額				570,739	1.2	
福利厚生費				110,627	2.1	
	法定福利費			85,165	2	
		健康保健・介護保険		31,177	1.5	
		厚生年金保険		46,441	2.3	
		雇用保険・労災保険		6,728	2	
		児童手当拠出金		794	0.6	
		その他		25	0	
	法定外福利費			25,462	2.3	
		住宅関連		12,509	1.9	
			住宅	11,895	1.3	
			持家援助	614	15.6	
		医療・健康		2,922	1.1	
			医療保健施設など運営	1,886	△3.4	
			ヘルスケアサポート	1,036	10.6	
		ライフサポート		6,139	4.8	
			給食	1,861	3.3	
			購買・ショッピング	393	8.6	
			被服	507	19.9	
			保険	1,104	0.6	
			介護	19	5.6	
			育児関連	387	11.2	
			家族支援	243	△6.2	
			財産形成	983	3.9	
			通勤バス・駐車場	496	7.4	
			その他	146	2.1	
		慶弔関係		632	3.4	
			慶弔金	577	0	
			法定超付加給付	55	61.8	
		文化・体育・レクレーション		1,941	△0.1	
			施設・運営	777	△6.4	
			活動への補助	1,164	4.7	
		共済会		272	△2.5	
		福利厚生代行サービス		169	△3.8	
		その他		747	4.5	
通勤手当、通勤費				9,169	△5.7	
退職金				56,514	2.3	
	退職一時金			25,450	13.2	
	退職年金			31,064	△5.2	

（従業員1人1ヶ月当たり、全産業）

参考		
カフェテリアプラン消化ポイント総額	4,549	

「日本経団連第60回福利厚生調査結果」（2016・12より）2015年度データ

いて、積極的重要な役割を果たしていく。たとえば住居の問題は、かつての納屋制度のような古い住居制度ではなく、企業が提供する社宅・寄宿舎が重要な役割を果たしていく。もちろん社宅や寄宿舎は戦前から存続してきたが、昔からあった労働者居住地区の文化的改編の役割を果たした。それでも社宅に居住することができない労働者とその家族の多くは、風呂もトイレもない長屋や集合住宅に居住した。こうした生活様式は、1964年の「第一次東京オリンピック」まで続いた。

②の時代は、1955年から始まるが、この年に住宅公団（当時、現独立行政法人都市整備機構）がスタートしている。それまでの賃貸住居は、風呂やトイレも共用のところが多かったが、住宅公団が提供する2DKや3DKなどの文化的集合住宅の居住者は「団地族」と呼ばれ、多くの勤労者の憧憬の的となる。公団住宅の当時の家賃が月収の3分の1程度で、労働者の中でも中層以上の人たちが居住していた。居住支援としての企業福祉も、国民の生活水準の上昇に比例して、企業間格差はみられたが、社会保障の上乗せとしての役割を果たすようになった。(9)

その後「総合持ち家」施策が始まったが、持ち家制度に企業が注目した背景には、⑴福利厚生施策に自己責任原則を導入、⑵従業員側に資産形成への期待があった。「大型融資つき持ち家制度の登場」などは当時の労働者の増加する収入と中流意識をくすぐるに十分であった。この時期は民間大企業の労働組合が競って福祉ビジョンを制定した。これらは労働者を企業につなぎ止めることに大きく貢献した。(10)

③④⑤の時代は量的な差異はあったが、成長への依存が続いた。日本的労使関係の揺らぎが明らかになるのは、経済の右肩上がりの終焉を意味するバブル崩壊が始まる1990年代からである。

終身雇用制も年功賃金も日本経済の成長と繁栄を前提で、企業の発展が前提とされていた。その意味では、企業福祉も同様であった。そして企業内組合はその役割を側面から支えた。これは労働組合の潮流に関係なく進行していた。だから日本的労使関係が揺らぐ1990年代以降、企業福祉もまた大きな転機に直面する。

［図表2－2］は、福利厚生費の項目別内訳である。費用は、特定の品目

を除くとたいしたことではないが、幅広い項目に対応していることに気づかされる。

4　多様化する企業福祉

4－1　縮小・廃止の傾向

　1990年代になり、バブル経済崩壊以降、「総額人件費管理」の視点から、企業福祉項目の中から、従業員のニーズを満たさない項目を中心に縮小・廃止が見られるようになった。これは日本の企業の一般的な傾向であった。
　企業の体力に余裕があるときには、企業は従業員に対して賃金という形の報酬ではなく、外からは見えにくいフリンジな形で従業員に給付した。それは時として特別給付金という大判振る舞いや賞与の支給率のアップなどで済ましてきた。もちろん業績が好調の場合は賃金への反映もみられたが、多くは労働条件としては付加的な支給をしてきた。
　したがって企業が業績不振になれば、それまでの企業福祉での給付も当然不可能となる。経済成長が望めず、業績も低迷すれば、手をつけやすいのは主要な労働条件である賃金よりも、企業福祉であるのは明白である。そこから総額人件費管理の観点から企業福祉の縮小・廃止論が登場する。実際に多くの企業では、企業福祉そのものの廃止には至らなかったものの、必要性が余り感じられないもの、従業員に不評なものなどを中心に廃止している。これが企業福祉のスクラップ・アンド・ビルドである。その結果、現在では総じて企業福祉そのものがコンパクトになった。

4－2　賃金化の場合

　企業福祉に限らず退職金も含めて、「賃金の後払い」という考えは根強くあるため、企業福祉の賃金化という主張も一部では見られた。企業福祉や退職金への税制などの優遇措置がある以上、簡単には賃金化に踏み切れない事情があった。ただし、退職金については、1998年松下電器（パナソニック）が選択型で退職金の前払い制度を導入したことで話題になった。この制度は入社時に社員が将来の退職金の支払いを退職時に受け取らない場合は、退職時に支給される総額を毎月の賃金に上乗せして支給するもので

ある。前払い退職金はそれを選択した従業員にとって、支給総額は増加するが、企業にとっては、毎年支払うことで将来の多額の債務から逃れられ、社員にとっては将来もらえないかもしれないという不安が解消されるというメリットがあった。当初は若手の社員でも賃金化を求める声が多かったようだが、近年は後払いを選択する事例の方が多いという。

　トヨタ自動車の場合も、企業福祉の再編の過程で賃金化が検討された。「福利厚生」制度そのものを廃止して、その原資を現金として給付するという考えも検討した。しかしこれも、現行の福利厚生での税制優遇の代替措置をどのようにするのかの意見も出た。結局は、会社はこれまで「福利厚生」の施策をメッセージとして供給しているのであり、「現金化」ではそのメッセージを表現できないという結論になった。

　企業福祉を廃止して現金化・賃金化するという施策は、説得力があるように見えるが、企業福祉が人事労務制度としての役割を果たしている限り、企業がそうした施策の導入にはためらいがあろう。実際に労働者から見ても、賃金に上乗せされていても、見えにくい現実もある。現代日本でこうした制度を導入できるのは、従来の日本的経営とはかけ離れた施策が可能な外資系や新興企業でしかないであろう。実際に日本の企業では、この施策はほとんど導入が見られなかった。[11]

4－3　選択化の事例（日本型カフェテリアプランの登場）

　カフェテリアプランについて、石田英夫（1995）によれば、「1978年の米国の内国歳入法」によって規定された福利厚生の選択制の名称で、近年ではより広い意味内容で「選択的福利厚生制度」（Flexible Benefits Plan）という言葉が使用されている[12]。

　この点については　このアメリカ型カフェテリアプランを参考にした日本での先駆的事例は、1995年のベネッセにはじまる（同年長岡京市でも導入）。その後も一部の外資系企業や新興企業での導入が始まったが、際だった広がりはみられなかった。だが2000年頃から一部の製造業の基幹産業でも導入が見られるようになった[13]。

　この制度（カフェテリアプラン）の日本での導入事例の考察は、日本的

図表2-3 従業員1人1ヶ月当たりの福利厚生費の推移

項目回数	年度	現金給与総額(円)D	法定福利費A	法定外福利費B	合計	退職金(円)C	A+B+C	福利厚生費の対現金給与総額比率
1回	1955	23,967	1,463	1,762	3,225			13.5%
2回	1956	26,926	1,600	2,043	3,643			13.5%
3回	1957	28,674	1,705	2,159	3,864			13.5%
4回	1958	29,444	1,692	2,218	3,910			13.3%
5回	1959	33,178	1,772	2,325	4,097	1,723	5,820	12.3%
6回	1960	35,041	1,842	2,386	4,228	1,642	5,870	12.1%
7回	1961	37,038	1,908	2,457	4,365	1,642	6,007	11.8%
8回	1963	43,531	2,188	2,794	4,982	3,108	8,090	11.4%
9回	1964	45,862	2,356	3,224	5,580	2,534	8,114	12.2%
10回	1965	49,273	2,897	3,300	6,197	2,814	9,011	12.6%
11回	1966	55,431	3,382	3,665	7,047	2,838	9,885	12.7%
12回	1967	66,038	3,798	4,127	7,925	3,397	11,322	12.6%
13回	1968	69,855	4,207	4,359	8,566	3,076	11,642	12.3%
14回	1969	82,406	4,836	4,978	9,814	3,520	13,334	11.9%
15回	1970	96,417	5,604	5,555	11,159	4,104	15,263	11.6%
16回	1971	107,971	6,473	6,259	12,732	4,346	17,078	11.8%
17回	1972	125,042	7,435	7,297	14,732	5,090	19,822	11.8%
18回	1973	152,413	9,031	8,865	17,896	6,395	24,291	11.7%
19回	1974	196,557	12,687	10,691	23,378	9,223	32,601	11.9%
20回	1975	218,877	14,897	12,198	27,095	11,306	38,401	12.4%
21回	1976	241,964	17,854	13,640	31,494	12,182	43,676	13.0%
22回	1977	262,601	20,397	13,888	34,285	15,131	49,416	13.1%
23回	1978	281,331	22,620	15,257	37,877	20,438	58,315	13.5%
24回	1979	297,512	23,488	15,692	39,180	18,837	58,017	13.2%
25回	1980	320,575	26,375	17,582	43,957	18,298	62,255	13.7%
26回	1981	340,045	29,632	18,017	47,649	19,483	67,132	14.0%
27回	1982	357,213	31,106	18,569	49,675	21,115	70,790	13.9%
28回	1983	371,493	32,296	19,416	51,712	25,784	77,496	13.9%

回	年							
29回	1984	389,641	33,844	20,181	54,025	26,792	80,817	14.0%
30回	1985	398,630	36,420	20,377	56,797	32,296	89,093	14.2%
31回	1986	415,488	38,536	20,290	58,826	32,651	91,477	14.2%
32回	1987	422,568	38,917	20,795	59,712	35,837	95,549	14.1%
33回	1988	437,933	40,045	21,733	61,778	33,174	94,952	14.1%
34回	1989	466,769	43,739	23,527	67,266	37,562	104,828	14.4%
35回	1990	482,592	48,600	25,882	74,482	36,466	110,948	15.4%
36回	1991	492,587	49,865	27,226	77,091	42,786	119,877	15.7%
37回	1992	501,188	50,782	28,348	79,130	36,866	115,996	15.8%
38回	1993	500,983	50,998	28,545	79,543	38,171	117,714	15.9%
39回	1994	513,412	53,291	28,878	82,169	42,908	125,077	16.0%
40回	1995	525,651	58,679	29,495	88,174	45,341	133,515	16.8%
41回	1996	542,368	61,233	29,756	90,989	48,288	139,277	16.8%
42回	1997	541,209	62,896	28,932	91,828	56,745	148,573	17.0%
43回	1998	546,116	63,162	28,413	91,575	63,341	154,916	16.8%
44回	1999	548,191	63,763	28,425	92,188	72,775	164,963	16.8%
45回	2000	550,802	65,423	27,780	93,203	69,256	162,459	16.9%
46回	2001	562,098	68,482	27,401	95,883	80,495	176,378	17.1%
47回	2002	558,494	68,552	28,203	96,755	87,283	184,038	17.3%
48回	2003	565,935	72,853	27,958	100,811	92,037	192,848	17.8%
49回	2004	578,054	74,106	28,266	102,372	80,499	182,871	17.7%
50回	2005	583,386	75,436	28,286	103,722	81,685	185,407	17.8%
51回	2006	587,658	76,437	28,350	104,787	76,606	181,393	17.8%
52回	2007	586,008	75,936	27,998	103,934	71,551	175,485	17.8%
53回	2008	572,781	75,621	27,690	103,311	65,839	169,150	18.0%
54回	2009	533,379	71,480	25,960	97,440	67,006	164,446	18.3%
55回	2010	541,866	74,493	25,583	100,076	70,183	170,259	18.5%
56回	2011	546,246	77,744	25,554	103,298	65,000	168,298	18.9%
57回	2012	549,308	78,948	25,296	104,244	63,335	167,579	19.0%
58回	2013	551,441	81,258	25,007	106,265	58,377	164,642	19.3%
59回	2014	563,942	83,500	24,889	108,389	55,266	163,655	19.2%
60回	2015	570,739	85,165	25,462	110,627	55,514	166,141	19.4%

日本経団連　「第60回福利厚生調査結果」2015より

第2章　企業福祉の歴史的変遷

経営が模索している方向性の1つとして取り上げても無駄ではない。以下このの制度が日本に導入される契機について触れることとする。

　第一は、選択型福利厚生が登場する最大の根拠は、企業への財源的圧迫への福利厚生の再編がある。企業の労働費用の中で、法定福利費を中心としたコスト増に対して、企業からは総額人件費管理による企業福祉のスクラップ＆ビルドが登場している。

　第二は、従業員のニーズの多様化による、従来型福利厚生の形骸化の検証である。たとえば、費用部分でかなり費やしている社宅・寮などの住宅関連費用の問い直しも必要である。高度成長期やバブル期には、若年層の採用と定着の促進を図るため、寮・社宅や余暇施設、あるいは住宅取得支援といった法定外福利費への投資を強める傾向が見られた。だが最近は、過去に大量採用した従業員が高齢化し、併せて社会全体の高齢化に伴う負担増が顕著である。保養所や生活物資援助などが本当に必要な施策かどうかの検討も必要であり、最近の社会変動によって、新たな給付・サービスの必要だという点である[14]。事実従来型福利厚生のニーズは減少し、廃止や縮小の先取りの事例も多々ある。

　第三は、これまで企業福祉＝福利厚生の受け入れを労働者側は必ずしも肯定的でなかったが、最近では労働者の側が積極的に受容するようになった根拠も明らかにしたい。確かにカフェテリアプランに限れば、まだ労働組合での評価も分かれるが、受け止め方の違いを前提に、受容の根拠を明らかにする必要があろう[15]。

　この場合、労働組合の受容と個別の労働者もしくは労働者一般の受容との差異についての考察も必要である。それは、最近の労働組合の方針あるいは役員クラスの意識と労働者一般との乖離を考察する必要があるからである。事業所の属性についての考察も必要である。また企業形態が、公共セクターなのか、非営利セクターなのか、民間企業なのかということでの導入の差異も考察する必要がある。　企業規模での差異が、導入に与えている影響についても考察も必要である。

　大企業ほど企業福祉施策の導入が充実し、小規模になるほど、内容が貧弱になるのは企業福祉の一般的傾向である。これが、カフェテリアプラン

の導入と相関関係があるかの検討も必要である。労働者の属性により、カフェテリアプランの導入の可能性があるかの検討である。

1990年代以降の雇用労働者をめぐる様々な社会問題は、その是非はさておくとしても、男子の正規雇用労働者を、新規学卒から定年退職まで雇用する前提とはしない労務管理施策の導入は、各企業でも一般的になった。

[図表2－3]は福利厚生費を、法定外、法定さらに退職関連費用に区分しながらその変遷をデータ化したものである。もっとも古いデータが、高度経済成長が始まる1955年のものであるから、日本の戦後のかなりの時期を網羅している。当初は法定外福利費のほうが法定福利費を上回っていたが、高度経済成長後半になるとその比率は逆転していく。さらに近年は企業の裁量余地がある法定外福利厚生費は停滞もしくは削減の傾向があるが、強制力が伴う法定福利費は増加の一途である。退職関連費用も企業負担の割合は現在も大きいが、これも一時期に比較するとかなり減少している。しかし福利厚生費の対現金給与総額比率は当初は15％未満であったが、現在は20％近くになろうとしている。労働費用総額で、企業福祉は、もはや「フリンジ」ではなくなっている。

また企業福祉をとりまく環境も大きく変化している。日本経済全体をとりまく様々な環境変化も以下の点をあげることができる。

(1) 国際会計基準の変更による企業福祉の合理化・効率化の必要

現状のままでは、我が国の企業の多くがディスクロージャーに対応できず、国際競争にも立ち向かえない現実に直面した。

(2) 労働力流動化の進行とその対応の必要

長期雇用が形骸化し、企業のリストラによる労働者の広域移動や転職が一般的になる。パート労働などの不安定就業者が増加し、終身雇用制の骨格であった新規学卒者ならびに若年労働力の大量の不安定労働者群への組み入れがみられ、人材派遣業も恒常化した。

(3) 生活環境の変化と従業員ニーズの多様化による新たな給付項目の必要

家族生活や職業生活が大きく変化している。特に家族生活の変化は、従来家族の無償労働によって支えられてきた看護、介護、保育のニーズが出現している。職業生活の変化やライフスタイルそのものの変化は余暇利用

や休暇のニーズも大きく変化している。新しいレジャーや自己啓発メニューもまた必要となっている。

(4) 退職金一時金・企業年金の見直しをめぐる論議

企業年金の財源圧迫は厚生年金基金の解散や健康保険組合の解散の事例すら生み出している。確定給付型企業年金の継続の困難をもたらし、退職一時金制度の「改革」が必要とされるにいたった。こうしたことも企業福祉のスクラップ＆ビルドを促してきた背景でもある。

5　カフェテリアプランとアウトソーシング

爆発的ではないが、カフェテリアプラン導入企業は増加している[16]。企業はこの新たな制度を導入する理由として、従業員福祉の向上や選択権の拡大などをいうが、本音はコスト管理である。そのため、制度設計、サービスメニューの提供、ポイント管理などの業務をカフェテリアプラン代行業者に依頼する事例も増えている[17]。

カフェテリアプランの代行料金は、独自開発の福利厚生メニュー料金と実際にカフェテリアプランを運営するための諸費用から成り立っている。両方のコストは、1人あたり年間6600円～14400円である。他に、入会金を必要とする代行業者が多い。これら、代行業者に共通しているのは、①制度設計から予約受付、ポイント管理などの一切の業務を受託している、②代行会社が独自に開発した福利厚生クラブのメニュー（30種）をベースに、契約企業固有の福利厚生制度を組み込んでいる。この福利厚生クラブには、健康・法律・税金などの無料相談、施設利用料金の割引、優待料金の適用などの会員特典がついている

カフェテリアプランの導入は、福利厚生制度の外注（アウトソーシング）化を加速化した。大企業では、「社員食堂」62.7％、「保養所」33.2％、「独身寮」23.2％の外注化比率が高い。外注化の問題点では「コスト増」がトップを占めている。アウトソーシング企業の側の意図は別として、カフェテリアプランの導入が福利厚生の外注化を促しているのは事実である。

一部に根強くある「外注化」そのものに機械的に反発するのではなく、外注化の是非の論議とその問題点の是正にウエイトをおいた対応である[18]。企

図表2-4　福利厚生代行会社

企業名	イーウェル	JTBベネフィット	ベネフィット・ワン	リロクラブ	リゾートソリューション	ジェーシービー
名称	WELBOX	えらべる倶楽部	ベネフィット・ステーション	福利厚生倶楽部	ライフサポート倶楽部	JCBカフェテリアプラン
設立年	2000年10月	2000年2月	1996年3月	1967年3月		1961年3月
参入年月	2000年10月	2000年10月	1996年3月	1993年9月	1999年	2003年12月
資本金	3億5千万円	3億円	14億2700万円	1億円	3,948,088,000円	
従業員数（正規）	138名	112名	529名	215名	106名	2,855名
（非正規）	138名	149名	324名	395名	（グループ1,657名）	
契約団体民間	893	870	4,043	7,850	1,840	
同官公庁		84	207	50	60	
（カフェテリア民間）	346	81	249	135	180	16（含む官公庁）
（同官公庁）		16	27	20	7	
契約会員民間	162万人	168.3万人	177万人	211万人	227万人	
同官公庁		80.9万人	82万人	12万人	18万人	
（カフェテリア民間）	66万人	10.9万人	43.3万人	15万人	22万人	23.5万人
同官公庁		15.4万人	4.7万人	3.7万人	2,000人	
備考	東急不動産と豊通システムコム株主				前身はミサワリゾート	JCBカードを利用したカフェテリアプラン

旬刊『福利厚生』第2009号：09.4.28　を参考に筆者作成

業サイドの一方的施策にならないために、労働組合の果たすべき役割がある。以下、企業福祉を取り巻く環境変化の実態を、トヨタ自動車を中心とした事例で考察することにする。

6　企業福祉を取り巻く環境変化——トヨタを事例に

6-1　「ウェルチョイス」（選択型福利厚生）導入の含意

　選択型福利厚生ウェルチョイスがトヨタ自動車で導入された2000年前後には、自動車産業の同業他社での導入もされている。三菱自動車、マツダ、富士重工などである。だが一方では、ホンダや日産では導入の気配は

現在までない。またトヨタ関連企業においても、デンソーや、アイシン精機、トヨタ車体、豊田工機（現ジェイテクト）でも導入されている。

トヨタ自動車の「労使」には、企業福祉には社会環境の変化により従来型施策の中で役割・位置づけが大きく低下してきたものがあると指摘する。また受益する側に大きな偏りが生み出されているという共通認識があった。新制度の実現のために、まず財政基盤である原資の確保の必要があった。そのために、社会環境の変化と生活水準のレベルアップに伴い、必要度が低下したものや、受益の偏りが著しく不公平感が充満する企業福祉施策を整理する。以下の8つの制度がそれであり、改廃して、新制度の導入のための原資を確保することとした。

それは、①食事関係の補助・手当の廃止、②寮費負担割合の見直し（入寮者とそれ以外の者との受益の偏り、入寮希望者の減少）、③会社直営保養所運営見直し（位置づけの低下）、④ワーキングウエア補助の廃止、⑤スマイルプラン（持ち家のリフォーム資金等の積立制度）の適用要件の見直し、⑥退職金の結婚加算の廃止、⑦ゆう・とりっぷ（永年勤続旅行）の廃止（会社側のコスト削減による要請）、⑧在勤手当（東京・大阪勤務者への手当）の廃止、であった。

これらの中で、①②③④は新制度（選択型福利厚生）の中の選択（セレクト）メニューとして新たに設けられている。このスクラップ＆ビルドにより、59億円の原資が生み出されたという。

こうして、トヨタの選択型福利厚生は、「ウエルチョイス」と命名され、2000年7月より導入されることになった。この「ウエルチョイス」のメニュー構成は、目玉の「選択メニュー」は「セレクトメニュー」と呼び、40種のメニューがあり、従業員個人の選択に委ねられる。それぞれの資格要件を満たせば利用が一律可能な「基礎メニュー」である「コアメニュー」54種とで成り立っている。トヨタのウェルチョイスもまた、日本型カフェテリアプランと同じく、従来型企業福祉である「基礎メニュー」を残し、新たに「選択メニュー」を導入しているところにその特徴がある。

「介護サービス利用費補助」は、利用実績に対する補助の50％の上限はなく、「介護積立」「旅行積立」に積み立てられたポイントを使用する場合

も、利用実績に対する補助の50％の上限はなく、「フィットネスクラブ利用費補助」は、1ポイントあたり1000円分の割引利用券を発行している。

性別では、男性（特に独身）は給食補助、女性は積立メニューの選択が多い。年齢別では、年齢が上がるにつれて、定年後プラン、持株会、介護積立へのポイント使用数が増加する傾向にあったという。これは世代による「ライフスタイル」や「ライフプラン」についての価値観の差違によるものだと考えられる。

こうしてトヨタ自動車における選択型福利厚生であるウェルチョイスは導入して19年が経過するが、定着したのは確かであろう。ただ重要なのは、トヨタ自動車は選択型福利厚生だけでなく、この後も矢継ぎ早に新たな施策を導入している。

6－2　ポイント制退職金の導入

トヨタ自動車では2004年10月1日より、新たな退職金制度として「ポイント制退職金」を導入した。日本の退職金制度は、他の日本的労使関係とともに、これまで日本独特なシステムの1つとして役割を果たしてきた。退職金は、労働者の現役引退後において、公的年金（厚生年金）とともに暗黙の期待があった。これまでは退職金一時金が「退職後の生活原資の一部」として機能してきた。だが今後は公的年金制度の「改訂」にともない、支給開始年齢引き上げや給付内容の削減が具体的に進行する。当事者や家族からすればその期待と重要性が高まるのは明らかである。

そもそもトヨタ自動車の従来の退職金制度は、他の日本の民間大企業の退職金制度と同様に、勤続年数に比例した年功的色彩が色濃く反映されていた。だから、仕事への貢献度は別として、勤続年数によって支給額が決定されていた。1947（昭和22）年の制定以来、マイナーな改訂のみで、大きな改訂はなかった。だがトヨタにおいても、退職金には、「頑張りや成果の反映」というインセンティブ的な要素が十分ではないという指摘と問題意識が当事者の中には従来からあった。こうして賃金と同じく、退職金でも差をつけるべきであるという主張がされるようになる。

そうした中で、会社と労組では、2003年の「処遇制度検討委員会」を開

始して以来、現行の退職金制度についての議論を積み重ね、新しい退職金制度のあり方の枠組みを検討してきた。その議論の結果登場した新たな退職金制度は、「安心感を保ちながらも、頑張った人に対し、しっかりと報いることを方向とした。トヨタで働く一人一人の意欲・活力を高める」という基本的な考えにもとづいて設計されることになる。

これまでのトヨタの退職金制度は、職能資格別に定めた金額を毎年積み上げる「退職金基礎」がある。それに勤続年数を重ねて「支給係数」を掛け合わせることで、退職金額を算出してきた。したがって、この制度では、勤続年数が多いほど支給金額は多くなる。個々人の属性や仕事や企業への貢献度は、従来の制度ではあまり反映させてない支給内容であるという指摘が従来からあったのも事実である。[19]

6－3　確定拠出年金の導入

日本の企業年金は、厚生年金基金や適格年金などによって当初の利息が退職後まで適用される確定給付型企業年金が主流であった。企業年金は、経済が右肩上がりで成長していた時代にはさほどの問題は起きなかった。だが、成長が鈍化し、金融機関も淘汰される時代になり、中央銀行がゼロ金利やマイナス金利を実施する時代になった。こうした状況の中で、従来モデルの5.5％金利を適用するのは、不可能になった。

ここから日本型401K[20]といわれる、アメリカから始まった確定拠出型年金（DC）制度が、日本でも見られるようになる。トヨタ自動車における確定拠出型企業年金の導入は、2002年7月からである。それまでのトヨタ自動車における退職者への給付制度は、退職一時金と厚生年金基金で構成してきたが、退職一時金の4分の1を確定拠出年金に移行した。トヨタではこれに至るまでに、1997年から3年間の、特例掛金・特別掛金の拠出による積立不足の解消に続き、2000年4月には積立不足の防止のために、予定利率ならびに給付利率を従来の5・5％から4・5％に引き下げている。これで、年金給付額は月額で平均14,000円、率にすると年金額全体の5％の削減となる。また、終身部分の保証期間は15年から20年に延長されるなど、企業年金の給付設計そのもの見直しを図り、2002年4月には、厚生年

金基金の代行部分は返上され、加算部分のみを取り扱うことになる。

　この中身は、退職一時金の4分の1（退職金全体の8分の1）を確定拠出年金に移行することにしている。こうしてトヨタでの退職金の体系は、厚生年金基金（加算部分）、退職一時金、確定拠出型企業年金の三位一体の体系になった。掛金は、個人の資格等級ごとに定める「定額のDC基礎給×一定率」で算出し、法定の掛金の上限は18,000円であるが、それ以内の班長クラスでは5,000円、課長クラス13,000円、部長クラス17,000円で設定されている。

　運用商品は、4種類のインデックス投資信託とMMF、法定の元本確保商品を加えた6種7本で構成され、分かりやすく分散投資しやすいシンプルな商品構成である。給付額は、多くの企業の割引率採用の3％を用い、定期預金程度の運用成績を収めれば、60歳時点で400万円になるよう、これまでの水準維持を配慮している。

　このトヨタのDCの運営管理体制は、制度設計・導入コンサルタントは、三井アセット信託銀行に、運営管理業務（運用商品の選定・支持）はトヨタ自動車が、運営管理業務（商品情報の提供など）は野村ディーシー・プランニングが、資産管理期間は三井アセット信託銀行が、従業員教育はトヨタ自動車がおこなうこととしている。興味深いのは、すべて外部委託化するのではなく、要所は会社としても担っている点である。これはいかにも企業福祉的でトヨタ的である。

6－4　「つなぎ年金」の導入

　公的年金制度の改定によって、これまでの60歳支給から順次支給年齢を繰り下げ、65歳支給になる。その結果少なからぬ企業では、60歳定年から65歳支給までの年金無支給期間を生み出すに至る。定年延長がされない限り、最長5年間は収入がない状態が続くことになる。この状態は退職者と家族にとっては深刻な問題である[21]。

　この対応は、退職者が継続任用されるか、新たな職に就くのか、私的つなぎ年金に加入するか、退職一時金を食いつぶしながら、年金支給開始年齢を待つ以外ない。

トヨタの労使が着目したのは、年金無支給期間への対応をどうするかであり、公的年金が無支給期間への給付として発案されたのが「つなぎ年金」である。
　この制度の目的は　①公的年金縮小に対応した60歳台前半の所得確保、②社員の自助努力、自己責任による資産形成のサポートをあげている。とりわけ、公的年金制度の改定により支給開始年齢が段階的に65歳まで引き上げられていくなかで、定年退職から65歳までの「無年金の狭間」の時代に、無年金期間の5年分の1,300万円に相当する額を補填しようとする。その額すべてを補填するものではなく、「定年後再雇用制度」である「スキルドパートナー制度」(2001年4月より実施) との併用による稼得収入確保への道を切り開いている。(22)

6－5　家族手当の廃止

　日本の場合、トヨタに限らず、戦後のある時期までは女子労働は若年層だけが主力であった。結婚・出産・育児という女性にとっては人生のかけがえのない転機を契機として、新規採用として若年女性労働者を繰り返し雇用されてきた。しかも職種の多くは一般職事務職に限定されてきた。
　実際に生産現場での「女子労働力」の活用はトヨタ自動車本体ではほとんどみられず、特にトヨタでは性別役割分担は強固なものがあった。女性は新規学卒者として雇用されても、その雇用期間は結婚まで、あるいはせいぜい出産までの期間であるという当事者間の暗黙の了解事項があった。制度化されている訳ではないが、ある時代までは、「結婚退職」という慣行もまかり通っていた。(23)
　だから女性労働者の正規雇用は、未婚の期間に限定され、既婚者は子育てが軌道に乗り、子どもが学齢期になり育児から解放されるとパートで再雇用という形が一般的であった。勤務の時間帯は亭主を職場に子どもを学校に送り出してからの時間帯を中心とした家計補助的な短時間勤務が一般的であった。これが特にトヨタの影響力の強い愛知県西三河地域での既婚女性の働き方の一般的な姿であった。
　しかし時代は変わりつつある。男性を働き頭として、主婦が家事を賄う

構造は揺らいできている。女性の労働現場への進出、働く女性の増加は従来の「配偶者手当」の意義を低下させつつある。トヨタ自動車においても、配偶者手当の廃止と「子ども手当」分の支給額を4倍化することとなった。

6－6　まとめ──トヨタの企業福祉はどこに向かうか

　以上、トヨタにおける人事制度の変遷を企業福祉を中心にみてきた。企業福祉に限定したものでしかない。だが企業福祉であっても、その施設・サービスのあり方・内容を考察すると、いかにもトヨタらしい人事施策の1つとしてみえてくる。だから、企業を取り巻く環境の変化が顕在化したあとでも、ウェルチョイスという新たな企業福祉施策を導入しても、企業福祉施策を人事制度の重要な施策としてトヨタの労使は位置づけてきた。たとえば、「両立支援策」では、積極的に企業の広告塔の役割を果たし、企業福祉の地域社会への開放もある意味では「恩恵」という意味がある。従業員への企業福祉の施策もまた、生産性の向上と密接不可分である。企業福祉の施策や施設が変化しても、生活保障の支援と企業の一員である自覚を一体化させ、それが労働へのインセンティブがセットされているところに、トヨタの企業福祉とこの企業の姿を見ることができよう。労働意欲を失わせずにコスト管理や削減を遂行するところに、トヨタという企業のしたたかさと凄さがある。企業福祉は、「格差社会」の担い手として、ある時には公然とした役割を、ある時には隠れた部分で役割を果たしながら登場してきている現実を見る必要がある。

　[図表2－5]は、企業福祉の産業別・企業規模別における代表的な項目の差違を確認できよう。この図表からも、企業福祉は賃金以上に格差をもたらしている事実を見ておく必要がある。企業規模でいうと1000人以上と100人以下の事業所での差違は深刻である。この部分は普段は人々の目には見えない。第3章でも触れるが、金融関係と電力エネルギー関係の企業福祉項目はかなり恵まれていることが伺える。産業間で労働費用＝企業福祉費用が大きく差異があるのはどうしてかも考えてみる必要がある。これもすでにふれたように、賃金のようにあからさまに目に触れる性格ではないからである。企業福祉は格差や不公平を隠すオブラートの役割を果たし

図表2-5　企業規模別・産業別福利厚生（平成10年度）

企業規模・産業	全企業	社宅・寮	持ち家援助	文化・体育・余暇施設	社員食堂	健康管理	退職準備支援	自己啓発施設
計	100	41.2	11.8	26.1	27.3	72.9	18.5	28.2
1,000人以上	100	90.0	51.0	71.4	60.3	90.3	37.3	69.4
300～999人	100	78.4	28.7	57.7	43.2	83.8	21.5	54.7
100～299人	100	51.4	15.5	35.8	33.6	76.3	17.6	37.9
30～99人	100	33.1	7.7	18.8	22.9	70.3	17.9	21.5
鉱業	100	29.2	11.7	28.3	15.5	71.6	25.6	31.4
建設業	100	60.4	16.1	26.1	16.9	85.9	27.6	43.3
製造業	100	39.0	11.8	29.0	46.5	76.4	21.5	26.1
電気・ガス・熱供給・水道業	100	50.4	29.0	48.6	27.5	78.1	27.3	45.3
運輸・通信業	100	33.2	6.2	19.7	11.2	68.6	21.3	23.3
卸売・小売業・飲食店	100	35.7	14.5	22.2	13.7	64.7	15.0	22.2
金融・保険業	100	64.5	35.2	55.7	26.3	91.5	24.0	65.8
不動産業	100	44.3	20.0	46.3	23.2	86.6	17.2	41.4
サービス業	100	43.0	7.6	26.1	24.0	69.0	10.3	29.7

厚生労働省就業条件調査より

ている。

7　おわりに

　筆者は現在では、これからの日本の企業福祉は、アメリカ型カフェテリアプランへの同化ではなく、選択制をベースとした福利厚生に収斂する仮説を抱いている。もちろん、今までみてきたように広義の選択型福利厚生とは、カフェテリアプランだけを意味しない。クレジットやポイント制に基づかない、単純な選択型福利厚生は以前から日本でも導入されている。これらが、従来の企業福祉がスクラップ＆ビルドされていく中で、選択部分が拡大された「福利厚生」として広がることはありうる。[26]

　筆者はカフェテリアプランが日本で紹介された当時、この制度が日本で定着することには懐疑的であった。従業員全体の制度理解の徹底、規模の

経済を適用できる企業の少なさ、労働者の囲い込みの否定を日本の企業が受容できるのかという疑問が以前からあった。また、「抵抗勢力」としての労働組合の存在も無視できない。実際に労働組合からすれば、本来は企業福祉を積極的に認めてはこなかったが、いつの間にか補助的労働条件として容認するに至る。だがカフェテリアプランは、個別化を全面に打ち出し、「団結と規制」を基軸とする労働組合の組織の役割を軽視し、本来の労働条件の改善を後景に追いやる事実を否定できない。だから、現在でも労働組合の一部には警戒心があるのは事実である。しかし一方では、1990年代を通じて、労働組合の潮流にもかかわらず、受容する傾向も増えている。この間のカフェテリアプラン受容の企業の多くは、労働組合との合意によって導入されている事例も多い。トヨタのように、労働組合側が積極的に提案している事例も見られる。

　筆者は、現在もアメリカ型カフェテリアプランがそのまま日本で定着することには懐疑的である。選択肢を拡大し、医療保険補助に傾斜したアメリカ型カフェテリアプランは、現段階における日本の風土にはマッチしないのは明白である。そのうえ、カフェテリアプランが日本の労使関係のシステムに馴染めないのではと考えている。長期雇用と年功的労使関係を基軸とした我が国のシステムは、個別化を軸にしたカフェテリアプランはあまりにも非日本的である。筆者自身日本的労使関係は、周辺での揺らぎはあっても存続していくと考えていたからである。

　しかし現在では、筆者は条件付き限定的に、この制度が日本に定着することを認めるようになった。それは、日本的労使関係と日本的経営が、現段階では動揺し解体・再編の過程に直面している、という認識に立つからである。旧来の「福利厚生」＝企業福祉は、新しい日本的経営には馴染まないことが予想されるからである。

　以上この章では、企業福祉の歴史的変遷をみてきたが、これが現在の日本社会の諸相でもある。企業福祉は、日本的労使関係の三種の神器とともに、日本の企業社会の形成に大きな役割を果たしてきた。国民生活の向上にも、側面から役割を果たしている。だがその対象が、大企業の正規雇用労働者であったため、企業福祉の充実は労働者間ならびに国民各階層間の

格差の拡大をもたらした。

　企業福祉が有効に機能したのは、日本経済が右肩上がりの時代であった。現在はもはやそういう時代ではない。だが一方では、既得権益として日本社会に「定着」したのも事実である。当事者は気づかないものだが、「ゆで蛙現象」に人々は陥っている。この「楔（くさび）」を取り除くためには、激痛を伴う改革を市場原理主義やポピュリズムは唱えるが、階層間の対立を激化させるだけであろう。

　ねたみや憎悪を行動の動機にするだけで、負の部分を正の部分に転換できるほど社会は甘くはない。様々な制度や慣行には、歴史と関わってきた人々の思い入れがあるからである。企業福祉が果たしてきた役割を考察すると、そこには意義以上に日本社会の抱えている課題に直面する。未来社会に向け、「分かち合う」経済のあり方を今一度考え、再構築するために、日本の企業福祉の歴史は、様々な課題を私たちに教えている。

　　〈注〉
(1) 「友子」は江戸時代から近代まで続いた鉱山労働者（坑夫）の互助組織で、見習いである堀子から友子になると共済組織である友子同盟の成員として認められ、傷害、不具、廃疾などの場合、扶助、救済を受けることができた。友子が鉱山の坑夫に普及したのは、職業の性格からの安全衛生問題や雇用問題と向き合わざるを得なかった事が考えられる。
(2) 「出稼ぎ型労働」は、日本の場合は多く農漁村から大都市や企業中心地域へ出て行き就労することをさし、長く日本の労働問題、社会問題の特質とされた。出稼ぎ労働は大河内［1955］など参照。
(3) 日本の最初の争議は1886年、山梨県甲府市の雨宮製糸工場でのストライキである。担い手は女性労働者が中心であったのは興味深い。圧倒的に少ない争議数の中での特徴でもある。
(4) 高校進学率は1950年代半ばは50％程度であり、1970年代になって高校進学率が現在のように90％を超えるに至った。ただし、地域（都道府県）間格差があるのはいうまでもない。それでも従来は高校進学が難しかった階層の子どもたちの多くが、後期中等教育の機会を与えられるようになったということは、日本社会がキャッチアップから、先進国の水準に近づいていく画期となったのは事実である。

文部科学省ホームページ。
　　　http://www.mext.go.jp/b_menu/shingi/chukyo/chukyo3/047/siryo/
(5)　産業構造の転換を表すこの現象は、今まで製造業のみ依拠して経済が非製造業も大きな役割を持つようになり、雇用を始め社会への大きな影響を与えることになった。労働問題もこれまでは工場労働者が主として対象とされていたが、様々な労働現場で働く労働者の存在が、「無期直接雇用」の労働者ばかりではなく、縁辺部分の働く人々が増えていく契機となった。
(6)　グローバリゼーションは、これまでの国際化ではなく、全地球規模でのスタンダードを生み出すことになったことが大きい。地域での影響については第7章参照。
(7)　この点については第1章で詳しく触れている。
(8)　7:3闘争とは、社会保険料の拠出割合を労使間の交渉によって事業主負担を増やし、労働者の負担を軽減させるたたかいのことを言った。実際に職場闘争が強固に行われたところでは、7:3どころか10:0のような職場も、1970年代にはあったという。この時期、たとえばある産業別組合の単位組織では、7:3闘争の水準ではなく、社会保険料事業主負担を全額支払わせてきた事例もあるほどである。これは労働組合の交渉力の強さを表すといえば、それまでだが、結果として企業間の格差を拡大することになった。
(9)　日本の場合、欧米とは異なり住宅問題は社会保障の問題ではなく、個々の労働者のステータスの問題とされた。「一国一城の主」の象徴である持ち家施策は、地方から集団就職で都会に流入して、人生における成功者として「故郷に錦を飾る」という意味でも、労働者の自尊心をくすぐるに十分であった。住居の問題とともにマイカー＝モータリゼーションの意味も重要である。
(10)　持ち家に限らず、企業福祉の様々な施策の導入が可能になるのは、企業福祉への認識だけでなく、企業経営へ物分かりがよくなった民間大企業の協調主義的労使関係を支えてきた大企業労働組合の存在であるのは言うまでもない。
(11)　類似の制度として、パナソニックでは退職金制度を新規採用時に前払いの選択制を導入した。だがこの制度を希望した社員は思うほど広がりを見せなかった。それはこういう制度がなじまない日本風土として、税

制一つとってもむつかしかったといえよう。
⑿　石田英夫は、アメリカでの選択型福利厚生の導入経過について、JIL（日本労働研究機構）『日本労働政策研究機構雑誌』12月号、[1995] 2頁～13頁で以下のように述べている。

　「この最大公約数的なものは、いくつかのオプションが設定された医療保険、歯科保険、企業年金（401k）、および選択的支出勘定（FSA :Flexible Spending Accounts）などの非課税給付選択項目があり、その後眼科、聴力診断、有給休暇などの項目が加えられるようになった。従業員は勤続、年齢、業績などの属人的な要因に基づき、ニーズに適合した追加的給付を選択することができる。これがアメリカではじまったカフェテリア・プランの骨格である。一方企業福祉＝福利厚生を一律ばらまき型で給付するのでは無く、従業員のニーズに基づいてメニュー別に給付サービスする選択肢もあった。アメリカでは、1980年代より「フレックスプラン」という選択型福利厚生が一部の大企業を中心に導入されてきた。」

⒀　櫻井善行「重厚長大型企業におけるカフェテリアプラン導入」『労務理論学会誌』11号 2002年、労務理論学会。
⒁　2000年を前後して、法定福利費と退職金費用の負担増が顕著になっている。最近の調査として厚生労働省「賃金労働時間制度等総合調査」（平成10年）があるが、平成7年から10年にかけて、現金給与総額は年率0.7％しか伸びていないのに、現金給与以外の労働費用は年率4.0％も増えている。ここでは、法定福利費（社会保険料の使用者負担分）と退職金等の費用の割合が高まっていることに着目したい。他の項目はすべて比率が下がっているのに、この２つの項目だけが比率を高めており、１人１ヵ月平均の金額で見ると、この10年間の間に、現金給与総額は1.23倍に、法定福利費は1.50倍、退職金等の費用は1.65倍にも増えている。これが総額人件費管理という考えにつながっている。ただし、総額人件費管理が、一部であるコスト削減論への可能性は否定できないものの、そのままつながるものではない。
⒂　労働組合がカフェテリアプランに警戒するのは、自己選択と個別化を謳い、集団的労使関係を否定するからだと思われる。だが近年の大企業を中心とした労働組合の物わかりの良さは、こうした障壁を取り除こうとしている。

⒃　日本経団連調査によれば、微増はしているものの、カフェテリアプラン導入企業は日本経団連加入企業の15％弱でしかない。今後も導入企業の緩やかな増加はあっても爆発的な増加は、制度導入によって企業や従業員が利益を得るような税制度の改革などがあれば別だが、導入企業が爆発的に増加することは考えにくい。日本型カフェテリアプランは導入から20年を経たが、大企業を中心とした一部のリーダーカンパニーでの導入で定着化した制度でしかない。

⒄　カフェテリアプラン代行業者には、福利厚生事業自体をアウトソーシング業者に丸ごと任されてそれを請け負う場合と、トヨタの「トヨタパーソナルサポート」ように、従来の人事部福利厚生担当部門を別会社化する方法に区分される。

⒅　労働組合が「外注化」（アウトソーシング）を危惧するのは、直接雇用が外され、労使関係の様々な部分が見えなくなるからであろう。

⒆　杉山直「トヨタの新企業年金」『賃金と社会保障』旬報社、1412号：2006.2.下旬。

⒇　日本型401Kは、アメリカで普及した確定拠出年金401Kの日本版。401Kでは、税制上の優遇措置を受けながら掛け金を積み立て、老後に年金として受け取る。ただしアメリカとは異なり、60歳になるまで原則、掛け金の取り崩しはできず、個人による掛け金の上乗せは認められていない。

(21)　公的年金の支給開始年齢が、60歳支給から順次繰り延べられ、65歳になる。定年が60歳で、年金支給開始年齢が65歳ということは、職を離れても、年金無給付期間の時期があるのは深刻な問題である。65歳まで定年延長という流れが生じつつあるが、整備しなければならない課題が山積みである。

(22)　「トヨタ自動車が社員の60〜64歳の生活費を下支えする『退職金制度』の新設を検討していることが22日、分かった。入社時18歳の社員が毎月約8300円ずつ、42年間で計約420万円を積み立てる設計。60歳の定年後に公的年金を受給できる年齢に達していなくても、既存の企業年金などと合わせ公的年金並みの月21万円程度の収入確保を目指す。
　厚生年金の受給開始年齢が段階的に引き上げられ、定年後に受け取れない空白期間が生じる「年金の2013年問題」への対応を労使協議中で、13年度にも導入する見通し。トヨタによる公的年金の空白期間対策は、産

業界に影響を与えそうだ」:共同通信 2012 年 12 月 23 日。
(23) この「女子労働者結婚退職制」は、何も制度化されているものではなく、職場の中の雇用慣行として、職場の当事者の中で暗黙の了解事項としてあったといった方がよい。トヨタ（豊田市）の町中ではよくささやかれていた話題である。だから、女子労働者は新規学卒者として企業に入社し、5 年程度たち結婚・出産・育児という人生のライフステージの重要場面になると、何の疑問も抵抗もすることなく退職していくことがある時期まで繰り返された事実がある。この点については上坂冬子『職場の群像――私の戦後史』(1981 年、中公文庫) 参照。
(24) 「トヨタ、配偶者手当廃止へ　子ども分を 4 倍増　労使合意」:「朝日新聞」2015 年 7 月 7 日。
「トヨタ自動車の労使は、「家族手当」を大幅に見直すことで大筋合意した。月額約 2 万円の専業主婦（夫）らの分を廃止する代わりに、子どもの分をおおむね 4 倍に増額する。一方、社員の妻か夫が働いていない場合や、年収が 103 万円以下の場合に払っている分（月 1 万 9500 円）は打ち切る。これらにより子どもが 2 人以上いる社員は手当が増えるが、妻が専業主婦などで子がいない場合は逆に減る。全体の会社支払額は変わらない見通しだ。経営側は、配偶者の分を 2019 年に完全に打ち切る考え。しかし、労働組合側は手当が大きく減る社員に配慮して 21 年ごろまで遅らせるよう求めており、労使で協議を続ける。また、社員の親が高齢で働いていない場合も新制度の対象にするかなども話し合う」。
(25) 電気ガスなどエネルギー供給産業の福利厚生サービスが充実しているのは、公共料金との関係で、安易に賃金など目に見えるものに転嫁しにくい事情があるという指摘はよくされる。その点で、企業福祉はこれら産業の労使にとって利用価値がある。
(26) 選択型福利厚生といっても、カフェテリアプランのような大がかりな制度ではなく、従業員がいくつかのニーズにもとづく選択型福利厚生の導入という意味である。

第3章　企業福祉と格差社会

1　はじめに

　本章では、「高齢社会(1)」が到来するなか、戦後日本社会の変遷の中で形成されてきた「格差社会」の実態について考察する。その格差とは、(1)大企業と中小企業の格差、(2)労働力の多様化・階層化による格差、さらに2010年以降露わになったにより表面化しつつある、(3)「老老格差(2)」がある。それに加えて、古くて新しい、(4)男女間によるジェンダー格差や、(5)世代間格差、も無視できない。特に本章では、労働者の退職後も「格差社会」が進行し、その役割に企業福祉が果たしている事実をトヨタの事例を中心に明らかにすることを目的とする。

　筆者はかつて、『トヨタ企業集団と格差社会』という共著書の中で、「トヨタの企業福祉」について記述した。トヨタの企業福祉は、外から見ると優れた施設・サービスとして、大企業トヨタ自動車の正規労働者を頂点に提供されている。だが下位・周辺に行くに従い、貧弱なものになり、格差社会の形成に大きな役割を果たしている事実を指摘した。実際に頂点に立つトヨタ自動車の正規雇用労働者の企業福祉と底辺・周辺に位置する労働者群とでは、大きな格差がある。あれから10年の歳月が流れ、トヨタはこの間リーマンショックからトヨタショックの洗礼をうけ、そこから立ち直るに至っている。そして、その後は新たな施策を矢継ぎ早に展開し、日本企業のリーダーとしての役割を果たしているようにみえる。だが、現在でも格差は拡大している。当時と決定的に異なるのは、日本社会が「団塊の世代」の退職により「高齢社会」へと移行したことであり、トヨタ自動車ならびに関連企業においても地域社会に大きな影響を与えていることである。

　「大企業の正規雇用労働者」の処遇を改善すれば、皮肉にもそれ以外の労

図表3-1　企業福祉と格差社会

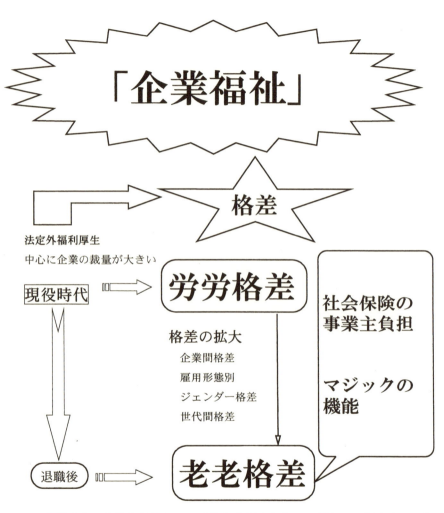

現役時代の高齢者対策として公的年金制度がある。だがこの制度は、これまで階層間分立し、今でこそ厚生年金に一本化されようとしているが、自営業の場合は基礎年金（国民年金）しかなく、保険料や支給内容で大きな開きがある。本論文では、特に年金制度を中心に見られる経済格差を考察する。

［筆者作成］

働者との格差が拡大し、それが近年では現役時代に限らず退職後も広がるようになった。本章では、企業福祉施策の中で、主に現役時代から退職後まで国民生活と関わりのある医療と年金制度を中心に、その現状と課題を解明したい。それにはトヨタという格好な事例が存在する。

これまでの日本社会は、男性が一家の大黒柱として働きに出て生計を養い、介護や家事や子育てなどは家族（女性）の「無償労働」に依存してきた。その結果、企業中心の社会構造が成り立ってきた。しかし今やそうした社会構造そのものが、基盤整備も不十分なまま変容し、従来の施策だけでは対応することが困難になりつつある。

「格差」についての先行研究は、現役世代についての論考は豊富だが、退職後の格差についての論究はけっして多くはない。近年やっと「下流老人」[3]についての話題も豊富になったが、社会全体の中での「格差」を捉える視点はまだ弱い。筆者は現役時代の格差を「労労格差」、現役リタイア後の格差を「老老格差」と捉えて、この格差が広がりつつあることへの問題提起もしたい。

本章ではトヨタを事例として、①日本的労使関係と「格差社会」では、労働者の階層化の実態を扱う。②格差社会と企業福祉では現役時代の労働者間格差の進行を、③高齢社会と企業福祉では、到来した日本の高齢社会の中にも格差が進行している事実について見る。その上で、④おわりに、では、現在進行中の事態が今後どのような状況をもたらすかを見ることにする。

2　日本的労使関係と「格差社会」

戦後日本的労使関係を特徴づけたのは、いわゆる日本的経営の「三種の神器」といわれた「終身雇用制」「年功賃金」「企業別組合」であり、企業福祉と「企業内教育」はこれらを側面から支えてきた。このシステムによって、日本では世界でも例をみない企業に奉仕する労働者群に支えられた「企業社会」が成立した。だがこの対象は「大企業の正規雇用労働者」が基本であり、戦後のある時期まで、男性本位の社会として、ジェンダーが色濃く反映していた。炊事、洗濯、清掃から育児・介護まで含んだ衣食住に

関わる家事労働は、女性が無償で担い、男性が一家の働き柱として外で働き、それが家計収入の基本とされた。これまでの労働問題研究の中心的なモデルは男性の民間大企業の正規雇用労働者であり、企業福祉や「企業内教育」の対象も同様であった。1990年代までの労働問題研究もその影響から免れなかった。

戦後日本経済の高度成長が終焉した1970年代以降の低成長・安定成長の時代になっても日本的システムや日本型構造の基本は存続した。1990年代初頭のバブルがはじけるまで、緩やかになっても日本の場合は経済成長が維持されてきたからである。だがバブルがはじける頃には、新自由主義と経済のグローバル化による大競争が、日本に定着してきた制度慣行を一気に吹き飛ばすかの動きを見せるようになった。

実際に日本的雇用慣行としてこれまで維持されてきた新規学卒者の一括採用の揺らぎが、1990年代初頭には始まっていく。この時代以降、以前にはたとえば高等学校普通科卒業生であっても、製造業生産関係職や金融機関の事務職として採用されていたが、事実上なくなっていく。1990年代以降は高校新規学卒者の中でも自らフリーターを「進路選択」する者も出てきた。その後、高卒新規学卒者への有効求人倍率は回復したとはいえ、その傾向は現在まで続いている。

バブルがはじけた1990年代以降は、このシステムが決定的な変化をもたらしていく。日本経営者連盟(当時)が『新時代の日本的経営』[4]を発表したのが1995年だが、労働者の3類型に見られるように、各企業では労働者を差別化し階層化を促していく。労働者は雇用される企業だけでなく、雇用形態でも分断され、差別と格差の拡大をもたらしていく。

こうしてこれまで限定的にしか見えなかった非正規労働者の存在がクローズアップされるようになる。大企業と中小・零細企業という従来の企業規模による格差に加えて、新たに正規雇用と非正規雇用による雇用形態による格差、それに直接雇用と間接雇用との格差が加わり、重層的な格差構造が生み出された。それまで格差は「二重構造」ともいわれ、大企業と中小企業との企業規模による格差が中心で、非正規労働者への視点は女性パート労働者を除くと限られていた。

図表3－2　トヨタ企業集団のピラミッド構造家

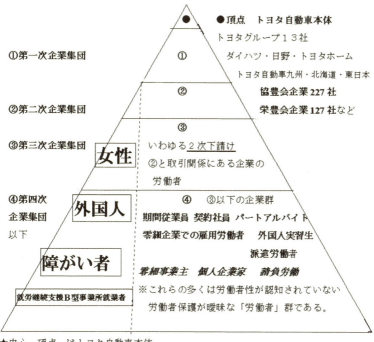

★中心・頂点　はトヨタ自動車本体
★①第一次企業集団　はトヨタ自動車グループ企業
★②第二次企業集団　　多くはトヨタ自動車と直接的取引がある企業
　協豊会企業　　栄豊会企業
★③第三次企業集団　　トヨタ自動車本体とは直接取引がなく、第一次企業集団や
　第二次企業集団と取引関係がある企業
★④以下　下位企業集団との取引がある企業　多くは重層的下請け
　　　　外から見れば系列だが実態は必ずしもそうではない。
★ピラミッド内の労働者はこれらの企業に直接雇用されている労働者
★ピラミッドの周辺は労働者性が認められていない労働者
　　派遣　請負　家内労働　零細事業主

櫻井善行［２０１１］を参照に加筆作成

第3章　企業福祉と格差社会

しかし1990年代以降の社会構造の激変は格差構造も重層的で複雑なものになっていく。1990年代までの労働問題研究の関心は上位・中心であったものが、それ以降は下位・周辺に位置する労働者の問題もクローズアップされるようになった。企業と財界は労働者を差別化し階層化を促し、労働者は所属する企業だけでなく、雇用形態によっても分断され、それが差別とともに格差拡大をもたらすことになる。

　トヨタに目を移すと、正規労働者以外には高度経済成長期前後まで中高年を中心に「季節労働者」といわれた農村部からの出稼ぎ労働者が存在していた。現在では「期間従業員」といわれ、正規雇用になれない若年層が主流だといわれる。いわば正規労働者の予備軍である。トヨタ自動車ならびに関連企業ではパート労働者は限られている。パート労働者が多くなるのは、トヨタ関連企業と取り引きのある二次下請け以下の事業所で、この場合、主力は中高年の女性労働者である。もう一方は、派遣会社に登録されて派遣先で働く外国人労働者である。こちらの労働者群は間接雇用だがフルタイムで働いている。この2つの特徴的な労働者群は景気の調節弁として活用されてきた。実際に2008年に顕著になったリーマンショックやトヨタショックではその階層の労働者の多くは、会社都合の雇い止めで、「着の身着のまま」で街頭に放り出されたのは記憶に新らしい。

　この間トヨタでは、賃金面での改訂にとどまらず、新たに「選択型福利厚生」（「ウェルチョイス」）や「ポイント型退職金」を導入する。さらに、企業年金における「確定拠出型年金」制度、「つなぎ年金」[5]の、さらには「家族手当の大幅変更」といった施策をこの間導入している。それはこの企業が製造業の雄としての自負からのものもあるし、企業戦略として将来展望をふまえたものもある。

　トヨタに限らず、日本の労働者は、大企業に直接雇用される労働者を頂点に企業規模別に階層化され、周辺には契約社員や期間従業員、パート労働者や派遣労働者が広範に存在する。そのうえで社会的属性として女性労働者や外国人労働者もまた数多く存在する。こうした労働者の置かれている状態をみていくことも必要である。[6]

図表３－３　労働者の重層的階層構造

類型	労働者の具体像	賃金	企業福祉	退職後の所得保障	年功制	医療保障	備考
Ⅰ	大企業正規雇用労働者(含む公務員)	◎	◎	◎	◎	◎	企業年金の有無で異なる
Ⅱ	中小企業正規雇用労働者	○	○or△	○or△	○	○	中途採用が多い
Ⅲ	非正規(有期・短時間勤務)労働者	△	△or×	△or×	×	△	家計補助に加え近年若者も増加
Ⅳ	派遣労働者などの間接雇用労働者	△	△or×	△or×	×	▲	全体的に低水準・不安定
Ⅴ	一人親方　家内労働など	○or△	×	×	×	▲	老後は基礎年金のみが基本

浅見和彦［2015］　木下武男［2007］を参考に筆者作成　表では便宜的に強弱を◎○△▲×で記した

3　「格差社会」と企業福祉

3－1　企業規模での格差――大企業と中小零細企業

「格差」とは、一般的には同じ属性の人々の中でのグレードや水準などでの差違のことを指すが、とりわけ重要なのは、「貧富」の差に代表される「経済格差」である。この格差が現代社会では人間同士の対立や妬み、人々の日常生活での姿勢・態度にまで影響を与えている。「格差社会」とは、その人（含む家族）の資産や収入によって、社会における人間構成の上で上位から下位に至る経済力の差違による分化が生じ、集団としての階層が固定される社会状態のことをいう。ここではその「格差」を、まずは企業規模別データから「賃金」と「労働費用全体」からみることにする。そこには複雑な要因が働き、賃金格差以上の格差を見いだすことができる。

〔図表３－４（A～G）〕は、労働費用の推移を賃金や福利厚生などの項目を時系列でみたものである。企業福祉（福利厚生）に関する厚生労働省調査では「日本経団連調査」のように、毎年の調査ではなく数年に一度のものであり、しかも平成14年調査までは、大企業の範囲も1,000人～4,999人までの企業と5,000人以上の企業に区分していたが、平成18年調査以降は、大企業は1,000人以上の企業に一括したため、企業規模別格差の実態が見えにくくなっている。以下そのデータを項目別に若干のコメントを加

図表3－4A　労働費用総額(円)

	1998年	2002年	2006年	2011年
全　　体	502,004	449,699	462,329	414,423
5000人以上	682,570	597,377		
1000人以上	512,634	496,278	544,071	477,136
300～999人	505,569	416,998	477,744	411,721
100～299人	439,409	393,793	382,702	379,210
30～99人	390,549	355,326	375,777	359,911

えることにする。(7)

A　労働費用総額

　[図表3－4A]は、労働費用総額を企業規模別に見たものである。この表では、明らかに大企業の方が中小零細企業よりも労働費用が多い。それは一般的に大企業の方が財政的には余裕があるからで、経済規模ではより優位の位置にいるからである。企業全体では1998年にピークに、2006年には持ち直し、リーマンショック後の2011年には、1998年の水準の8割程度まで低下している。1,000人以上事業所と30～99人の事業所の格差では、1998年には512,534円と390,549円（0.76）に対し、477,136円と359,911円（0.75）と格差は広がっている。

　企業規模はストレートに企業の財政力・体力と結びつく。したがって企業規模が大きいほど企業の財政力が豊かな事業所が多く、労働費用総額の支出も多くなる。それが労働費用内での現金給与はもちろんのこと、法定外福利厚生費や退職関連費用や教育訓練費に費やされる部分が多くなることは容易に予測できる。もちろん企業の財政力や体力は、必ずしも企業規模だけではない。企業業績はその企業の有為な活動によって生み出されるもので、中小企業のベンチャー企業のように「企業規模」とは関係なく現

れる場合もある。だが相対的には、大企業の方が中小企業や零細企業よりも収益力が高く、労働費用として費やされる部分が多いのも事実である。その点で統計では企業規模間格差が目につく。

図表3－4B　現金給与（円）

	1998年	2002年	2006年	2011年
全体	409,485	367,453	374,591	337,849
5000人以上	535,927	467,836		
1000人以上	414,836	402,657	427,514	379,854
300〜999人	412,139	344,444	390,662	335,680
100〜299人	369,134	328,193	319,650	313,841
30〜99人	330,405	301,069	316,336	296,013

B　現金給与

[図表3－4B]は　現金給与についての推移である。平成10年では全体平均が409,485円、5,000人以上は535,927円、従業員30人〜99人の事業所では330,405円で、比率にすると全体比では80.72％、5,000人以上と比較では61.7％に広がっている。平成23年調査では、全体平均が337,849円、1000人以上は379,854円、従業員30人〜99人の事業所では296,013円で、比率にすると全体比では87.7％、1,000人以上と比較では77.9％で、現金給与については緩かだが格差が縮小されてはいる。とはいっても定年退職まで同じ企業で働き続けると現金給与だけでも大きな格差になる。

C　退職関連費用

[図表3－4C]は　退職関連費用の推移である。退職金は賃金の「後払い」であるとされ「一時金」と「年金」に区分される。そのいずれも「退職金」として比較すると、企業規模間の格差はより拡大することになる。というのは退職金については法的根拠がないからで、制度化されているのは大企業や公務員関係であり、企業規模でいうと小規模になるほど配分が

図表3－4C　退職関連費用（円）

	1998年	2002年	2006年	2011年
全　　体	27,300	25,862	27,517	20,813
5000人以上	52,874	50,896		
1000人以上	30,764	32,000	44,685	31,509
300〜999人	29,612	21,824	25,655	22,034
100〜299人	15,535	16,363	14,306	14,469
30〜99人	10,482	10,443	10,524	8,795

少なくなる。あるいは制度未確立の事業所が増えていく。もちろん中小企業には「中退共」制度が中小企業退職金共済法に基づいて設置されているが、企業規模からする格差は否めない。この点については［図表3－4C］の退職関連費用を企業別で比較すると、現金給与の格差どころではない大きな格差が存在することに気がつく。1998年当時5,000人以上の企業では52,874円に対し、30人〜99人では10,482円で、実に5倍の差がある。

D　教育訓練

［図表3－4D］は教育訓練費用である。企業が行う教育訓練とは、一般に企業内で働く労働者に対して、彼らの職務を遂行させるために、企業活動に必要な知識や技能を習得したり職業能力を高めるために行っている人事制度である。これ以外にも公的職業訓練が存在するが、日本は公的教育訓練は限定的で、多くは企業の行う職業訓練施設で熟練養成がなされてきた。それゆえ現在では企業の職業訓練のあるなしやあり方によって企業戦略に大きく反映されることになる。だから教育訓練費用は労働費用全体の中では微々たるものであっても、企業間格差は歴然として存在する。大企業と中小零細企業とでは大きな開きがある。それは企業における企業戦略と人材形成の視点の強弱からのものである。ただこの部分では意外にも中小企業とくに零細企業では教育訓練費用をこの間必ずしも削減されていな

図表3－4D　教育訓練費用（円）

	1998年	2002年	2006年	2011年
全　　体	1,464	1,256	1,541	1,038
5000人以上	2,282	2,218		
1000人以上	1,789	1,580	2,259	1,469
300〜999人	1,615	1,052	1,635	984
100〜299人	1,031	857	991	736
30〜99人	683	639	668	691

い事実に気がつく。

E　法定福利費

[図表3－4E] は　法定福利費の推移である。この費用は福利厚生費のうち法律によって費用負担が義務づけられ、使用者の裁量余地は限られている。具体的には健康保険、厚生年金保険、労働者災害補償保険、雇用保険、児童手当の事業主負担分，身体障害者雇用納付金，労働基準法による

図表3－4E　法定福利費（円）

	1998年	2002年	2006年	2011年
全　　体	46,868	41,937	46,456	44,770
5000人以上	59,525	51,565		
1000人以上	46,391	44,717	52,813	49,130
300〜999人	46,226	39,436	47,601	44,000
100〜299人	43,628	38,582	39,114	43,315
30〜99人	40,086	36,187	40,917	39,939

法定補償金などをあげることができる。だからこれらは現金費用面にほぼ比例した形での格差が表れている。労働費用全体が抑制されているにもかかわらず、法定福利費だけは対前年比増加の傾向が強いのは、法定福利費の性格によるものである。大きな比重を占めるのは、公的年金と医療保険の事業所負担分である。これらは企業の都合で勝手にやりくりができない。したがってこの部分での企業別格差は大きくはない。

F　法定外福利費

[図表３－４F] は、法定外福利費の推移である。法定外福利は「狭義の企業福祉」として、これまでの企業福祉の中心として機能してきた。これは企業戦略によって大きな違いがあるが、相対的に業績のいい企業の方が多くの費用が投下されている。

これはある意味オブラートの役割も果たし、実際には現金給付以上に支給格差がある。[図表３－４F] では、法定外福利厚生費用では平成10年では全体平均が13,481円、5,000人以上は27,782円と、この段階になると２倍以上も費やしている。従業員30人～99人の事業所では6,875円で、比率にすると全体比では50.9％、5,000人以上との比較では実に24.7％でしかない。零細企業は超大企業の４分の１である。平成23年調査では、全体平

図表３－４F　法定外福利費（円）

	1998年	2002年	2006年	2011年
全　　体	13,481	10,312	9,555	8,316
5000人以上	27,782	21,858		
1000人以上	14,695	11,918	13,670	13,042
300～999人	11,718	7,384	8,745	7,017
100～299人	7,558	6,466	6,496	5,579
30～99人	6,875	5,192	5,707	4,587

均が 8,316 円、1,000 人以上は 13,042 円、従業員 30 人〜 99 人の事業所では 4,587 円で、比率にすると全体比では 55.2%、1,000 人以上と比較では 35.2% となり、企業福祉の中軸をなす法定外福利厚生については近年の費用の減少にも驚かされるが、退職関連費用と同様に、現金給与の水準よりもはるかに大きな格差がみられる。平成 10 年では全体平均が 13,481 円、5,000 人以上は 27,782 円とこの段階で 2 倍以上も費やしている。2006 年以降の 5000 人以上も 1000 人以上に組み込むことで格差がぼやけてくる。

G　現金給与以外の労働費用

[図表３－４G] は、現金給与以外の労働費用の推移である。現金給与以上に企業別での格差がある。一般的にいえるのは、企業はその本質からまずはできる限りコストを抑え、企業の自由裁量が働く部分については、企業規模が大きい企業と小さな企業では費用面での格差が広がることになる。こうして企業規模別から労働費用を類型別に考察すると、現金給与以上の格差が見えてくる。企業福祉による格差が表面に出るのは二次的なものである。だから企業福祉は労働者間の格差を覆い隠すオブラートの役割を果たしている。

図表３－４G　現金給与以外の労働費用（円）

	1998年	2002年	2006年	2011年
全体	92,519	82,245	87,738	76,578
5000人以上	146,643	129,541		
1000人以上	97,798	93,622	116,557	97,282
300〜999人	93,430	72,554	87,081	78,041
100〜299人	70,275	65,600	63,052	65,369
30〜99人	60,144	54,256	59,440	54,398

賃金以上に格差が目につくのが企業福祉である。会社案内などでの優れた企業福祉を誇示する事例をよく目にするが、企業福祉が広告塔と企業別格差が歴然としている事例である。労働費用から見た、「法定外福利厚生」の企業規模別格差をみれば、賃金以上に広がりがあることが理解できる。なお、「法定福利厚生」は、その名が示すように強制力があるが、法定外福利厚生は企業の任意性が高い。大企業と小規模事業所と比較すれば、前者は様々な恵まれた施設・サービスがあるのに対して、後者は限られた貧弱な施設・サービスしかないことは数字からも明らかになる。これが零細事業所になれば無きに等しいといっても過言ではない。
　以上の図表は、いずれも調査年度の「厚生労働省就労条件基本調査」による。

3－2　雇用形態での格差

　雇用形態からすると正規雇用労働者の非正規雇用労働者に対する処遇での優位は揺るぎない。大企業と中小企業との格差は「多い少ない」の「量的な格差」だが、正規と非正規の格差は、「あるなし」の「質的な格差」であることは重要である。こうした重要な格差があることを知りながら、その事実から目を背け、今なお労働者の選択権として「自由な働き方」があるからだと非正規雇用を礼賛する主張には、筆者は頷けない。
　こうした企業規模別の格差の存在を前提とした上で、雇用形態による賃金格差はより大きなものになる。非正規労働者は、①それまで正規だったものが嘱託などで雇用される場合や契約社員や期間従業員などフルタイムで働きながら身分が非正規の場合、②パート労働者、③短期間短時間のアルバイト、④派遣労働者などの間接雇用、等に区分できる。これらの労働者の処遇は、「年功」はあまり加味されていない。また少なからぬ部分は、正規労働者と同じスキルで仕事を任され、生産活動に貢献してきた。にもかかわらず①や④の労働者は正規雇用労働者の賃金水準の4割程度、②と③に至っては、家計補助的な1000円に充たない時給が一般的である。まともな「生活給」を確保するために「ダブルワーカー」「トリプルワーカー」までしているのが現実である。(8)これまでも話題提供としてはあったが、最

近「同一労働同一賃金[9]」が世間でも話題になるのは、労働の対価としての賃金の公平性がすべての労働者になされていないからである。

　企業福祉を雇用形態では、中心部分と周辺・縁辺部分と比較すると、企業規模別では享受できる給付やサービスが、周辺部分になるとほとんどない。企業サイドが非正規労働者を積極的に活用するのは、本音は労働費用面でのコストを抑制することが可能だからである。この場合の手法は、何も法定外福利厚生だけに限らない。法定給付が必要な事業所が事業所負担がかからないように国民健康保険や国民年金に加入させる極端な事例もある。だが一方では労使の力関係によって、現在でも法定給付以上に事業所負担分の給付がされている場合もある[10]。

3-3　その他

　医療保険制度も健康保険（含む共済組合）の受給者からすれば通常の医療費は気づくことは少ないが、家計支出削減のために医療機関への受診を自粛する事例も少なくない。国保加入者には大人だけでなく子どもも、疾病で医療機関への受診を回避する事例は、教研集会などでよく報告されている。医療保険制度は国民のいのちと健康・生活を守るという意味で重要である。だが、日本の場合は年金制度と同じく医療保険も制度分立のみならず、保険料・給付に大きな格差があるという欠点を内包している。しかも、相対的に恵まれた階層はそのことには気がついていない。

　企業福祉項目は、費用面からは法定・法定外も含めると、年金・医療保険以外にも住宅関連や財形貯蓄などが多く費やされている。これらも大企業労働者と小規模企業労働者とではかなりの差違が見られる。さらに非正規労働者には基本的にこれらの施策を享受できないといっても言い過ぎではない。

　現代日本の労働者は、重層的な階層格差によって分断され、この企業社会の中で、「勝ち組」になるためには、厳しい競争を勝ち抜かなければならない。そのレールから外れると負け組であり、「下流」に転落する。労働者間の格差は賃金だけでなく企業福祉も含めるとかなりになる。大企業労働者と中小零細企業労働の置かれている位置は大きく異なるし、正規雇用と

非正規雇用では所属企業規模の大小にとどまらず雲泥の差がある。制度化された公務関係の労働者と企業規模の格差が顕著で不十分な制度もある民間との差違も無視できない。

　労働者の階層間で、賃金格差以上に企業福祉の給付・サービスの格差が顕著になった。企業福祉の存在は現代日本の重層的な格差構造を正直に反映している。「上位と中心」と「下位と周辺」に位置する労働者との格差である。賃金格差は歴然としているが、企業福祉＝福利厚生の格差ほどではない。賃金格差は目につくが、企業福祉での格差は付加給付の部分などオブラートの役割があり、見えにくい。雇用形態による企業福祉格差は資料が少ないので安易なことはいえないが、正規雇用労働者の安全弁として雇用されている非正規労働者との企業福祉の格差は歴然としている[11]。

4　高齢社会と企業福祉

　ここまでは現役時代の格差を中心にみてきた。だがこの格差は現在では現役時代から退職後まで拡大されつつある。特に日本では団塊の世代の退職による「高齢社会」への移行で、退職した高齢者間の格差が目につくようになった。筆者はこれを「老老格差」と表現する。最近話題の「下流老人」の出現による高齢者の貧困・生活苦・社会問題化は重要であるが、これまでは高齢者の数が少なかったこともあり、高齢者の格差問題の言及は弱かった。

　筆者は、高齢者が一般的には弱者であるというテーゼにこだわりがある。だが高齢者一般が身体的・精神的機能が衰え、人々の支え・ケアが必要なことだが、経済的には必ずしも貧困者ばかりではない。高齢者にも少数ではあるが豊かな層と多数の貧困層の分岐が始まっている事実にも目を向けるべきである。

　トヨタについて目を向けると、トヨタ自動車本体で企業人生を終えた人と、関連の下請け企業で転職を繰り返して定年となり老後生活を迎えた人とでは、これから先の老後生活のあり方が全く異なってくる。これに家族構成が加わると、大きな違いをもたらすことになる。とりわけ単身高齢者の増大はこれから先もより大きな問題に直面していくだろう。豊田市や刈谷

市を中心としたトヨタの企業城下町では、高度経済成長期に他の地域から流入してこの地に住み着いた人が多数を占めるが、「団塊の世代」前後の中には男女の人口構成のいびつさから生涯の伴侶を得ることなく単身のまま企業人生を終えた人が少なからず存在する。(12) さらに憂慮されるのは、1970年代生まれ以降の「失われた世代」「アラフォー」(13)といわれる層が、定職に就くことなく高齢者になる20年後の2035年にはどうなるかである（80―50問題）。以下高齢者の生活で欠かすことができない、年金、医療、介護の関わりについて考察する。

4－1　年金制度

　年金制度は、老齢・障害・死亡などによる生活保障を目的として導入されるようになった。その中には、恩給などで支給されるもの以外に、公的年金として厚生年金・国民年金・共済年金などと、私的年金として企業年金・個人年金などがある。高齢社会を迎えた現在、人々の老後生活を支えるためにも年金、とりわけ公的年金は重要である。ここでは高齢者を対象

図表３－５　４階建ての年金制度

個　人　年　金　保　険				4階部分(任意)
小規模企業共済 確定拠出年金	厚生年金基金 企業年金等	職域加算部分		3階部分
国民年金基金 （付加年金）	厚生年金（老齢 厚生年金）	共済年金 （退職共済年金）		2階部分
国民年金（老齢基礎年金）				1階部分
自営業者等	会社員	公務員	第2号の配偶者	対象者 被保険者
第1号被保険者	第2号被保険者		第3号被保険者	

　　　　はじめての個人年金保険　　http://www.paci-nenkin.com/hituyo/481/
〈補〉日本の公的年金は職種によって、制度が分立してきたが現在は２階建てが基本で、４階建てというのは企業年金や私的年金を加えたものである。

[筆者作成]

とした日本の公的年金についてふれることとする。

　すべての国民を対象とした国民年金（基礎年金）があるが、これだけでは高校卒業から60歳になるまで42年間加入していても、年金が支給される65歳以降には年額72万円（月額6万6000円）程度でしかない。これでは都市部に居住すると住宅費すらまかなえないのだが、新規学卒後に国民年金しか加入していなかった自営業者・主婦などは、任意の「私的年金」に加入していない場合、これがすべてである。年金未納付期間があればさらに減額される。これが国民皆年金の最低生活の現実である。この労働者層は［図表3-2］の③ならびにB・Cの労働者層であり、これらの人々の公的年金はいわゆる1階建て部分だけである。

　それでは雇用労働者を対象とした厚生年金受給者（公務員を中心とした各種共済組合も含めて）が一律支給かというとそうではない。現在でも大企業を中心に厚生年金基金が運営されたり、独自運営の企業年金が運営されている事業所もある。その上に私的な個人年金制度がある。これが2階から3階・4階に至る年金制度になる。2階部分は被用者が加入する厚生年金だが、保険料は、毎月の給与（標準報酬月額）と賞与（標準賞与額）に保険料率をかけて計算し、基本は50：50の労使折半だが、医療保険ほどではないが、労使の力関係によって事業主負担割合の方が多い事業所もある。

　自営業者の場合、2階部分になる「国民年金基金」や「個人年金」は強制力はなく任意加入であり、自助努力での老後設計になる。被用者＝労働者（含む公務員）は、4階部分以上は任意加入だが、民間大企業の労働者の多くが「企業年金」に加入する。4階部分は個人年金保険だが、これは民間保険会社の商品で個人判断の任意加入が前提だが、老後の生活に大きな影響と格差をもたらすことになる(14)。保険料も給付額も出発点から格差がある。これが生涯にわたってつきまとうことになる。

4-2　医療保険

　医療保険制度は現役時代には、民間企業の健康保険組合（公務員などの各種共済組合も同様）、「協会けんぽ」(15)、国民健康保険のいずれかに加入する。しかし保険料や給付内容での格差は否定できない。だが医療保険制度

図表3-6　退職後の収入（トヨタ自動車・関連企業）

	企業・事業所名	年齢(調査時)	勤続年数	公的年金月支給額	企業年金月支給額	私的年金月支給額	年収	備考
A	トヨタ自動車	79	30	20万円	10万円	なし	360万円	中途入社
B	トヨタ自動車	78	45	25万円	13万円	5万円	512万円	養成工出身
C	トヨタ自動車	75	42	23万円	10万円	なし	396万円	高卒技能系
D	トヨタ車体	73	37	23万円	12万円	なし	420万円	技術系
E	デンソー	75	37	23万円	11万円	5万円	468万円	技術系
F	アイシン精機	79	40	26万円	8万円	なし	408万円	高卒技能系
G	アラコ(当時現トヨタ車体)	78	42	26万円	10万円	なし	432万円	高卒技能系
H	X1	77	38	23万円	なし	なし	276万円	
I	X2	78	36	22万円	なし	なし	264万円	
J	X3	82	35	8万円	なし	なし	96万円	自営

注）　Hは、従業員20人程度トヨタの2次下請けに従事。Iは、従業員30人程度でHと同じような企業に従事。両者の差違は勤務年数（積立額）の違いである。Jは、トヨタの4次下請けで、家内労働中心である。繁忙期は、高齢の家族は繁忙期には今も仕事を手伝うこともある。現役リタイア後の所得格差は、企業の大小によるよりも、企業年金のあるなしによるところが大きい。B、Eの事例は、現役時代から老後対策として私的年金に入っていた事例である。

2015年2月、筆者による当事者への聞き取りによるもの

による格差は現役時代に終わるはずである。現役退職後は、健康保険も共済組合も任意継続組合員の期間を経て、扶養者にならなければ2年を経過すると、国民健康保険に一元化するからである。かつては「老人医療無料化」が「革新自治体」を中心に、存在していたが、今や75歳の後期高齢者に到るまで、窓口で支払う医療費は当初は3割負担から段階的に1割負担へとなるものの、高齢者の生活には重くのしかかっている。

　また現役時代から退職後を意識した「高齢者医療互助制度」を運用している事例もある。現役時代から資金を積みたて、退職後に医療費の一部を還付する。現時点で給付されるのは公的医療保険の診療報酬部分の7割程

度が還付されるから、高齢者の医療費用がかさむ家庭には有り難い制度である(16)。実際に健康不安があって医療機関で受診するのと自粛するのとではその人の余命にも差が出てくる。現役時代の雇用先での施策の差違が老後生活にも継続されるのである。これも企業福祉の一つの形態として捉えることができる。現役時代に恵まれた企業福祉施策の事業所で雇用されてきた人とそうでない人とでは、退職後も大きな格差が継続するのである。

4-3 介護保険

　高齢社会の成立は、平均寿命の延長によって社会の中に高齢者の占める比率が大きくなることを意味する。長寿は人間にとって喜ばしいことであるが、身体的・精神的機能が低下した人が多数を占める社会になれば、活力も低下し、医療費や介護費など生活費をどのように捻出するかという課題に直面する。とりわけ人のサポートが前提とされる「介護」は日本社会のこれまでは表面化しなかった新しく深刻な問題である。

　かつて日本の介護は、家父長的な直系家族制度が健在で高齢者の比率がまだ少なかった時代には、家庭内の「嫁」に位置する女性が主役である炊事、清掃、育児など他の家事労働と同じく無償労働として担ってきた。だが今や高齢者の増加と核家族化の進展によって、それは困難となった。その社会の変化が、「社会保険」としての「介護保険」の登場をもたらすことになった(17)。

　近年、介護の問題は少しずつではあれ、各家庭の家計に重くのしかかっている。導入直後は2000円台だったが、40歳から60歳までの保険料納入ですんだのが、今や保険料は5000円台、そして後期高齢者になるまで保険料を納入しなくてはいけない。それだけではない。実際に介護を受ける側での受け皿の決定的な不足である。これが団塊の世代が後期高齢者になる2025年以降になると、事態はより深刻になる。というのは要介護とする高齢者の比率が、75歳を超えると飛躍的に増加するからである。現在行政は、できる限り高齢者の年金支給を遅らせ、自助努力として可能な限り働かすという施策を導入しようとしている。しかしこの施策になると、老後は悠々自適の生活を経ることなく、そのまま介護生活に突入する高齢者が

圧倒的に多数になる。しかも頼れる家族もなく、企業からのサポートも得られず、そのまま人生の終末を迎えることになる。

トヨタ自動車は、健康保険組合として介護老人保健施設「ジョイステイ」を1993年5月に設立している。定員（居室総数）は90人で規模としては大きくはない。またトヨタ生協（メグリア）でも介護事業を開始している。今後こうした施設は増加することは予測できるが、現在の介護施設や内容としてこれからの急速な高齢化・超高齢化に耐えられないだろう。これすら現在はトヨタ自動車に勤務していたものを優遇しているが、介護分野は企業福祉ですら立ち後れている分野である。逆に言えば、この分野は「公的福祉」としての基盤整備拡充の可能性もある。もっとも逆の立場からは、現在進行形の「介護分野」にも市場原理が入り込み征圧する可能性もある。現在の制度では「豊かな高齢者」[18]が介護を必要となったときにも、恵まれた施設を利用できるが、高齢者の下層部分は「介護難民」にならざるを得ないであろう。

5　おわりに

本章で扱った「労労格差」とは、現役労働者の間での格差である。この格差は、賃金などの処遇格差から生活面での格差まであらゆる領域に及ぶ。これまでも各方面で指摘されてきたことである。「老老格差」とは、労働者が退職後の生活格差を指す。現役時代とは異なり、賃金格差は存在しないが、現役時代を引き継ぐ形で、「豊かな高齢者」と「貧しい高齢者」とに分化していく。「高齢者」の格差は「資産」のあるなしの格差から、老後生活での所得格差まである。「企業年金」は、現役時代からの企業の施策であるが、そのあるなしによる所得格差が実際に生み出されている。さらに医療保障制度の格差も、現役時代にはわかりにくいが、退職後には目に見えるようになる。日本はアメリカ並の企業補助による医療保障制度は一般化されていないが、医療費用での退職者への企業の関わりは無視できない。

本章で扱った「労労格差」による格差が持続し拡大されていくことは、人々の勤労意欲や将来設計でも事態は深刻である。一部では、「格差はやむをえない」「格差があるから、インセンティブが働き、モティベーションが

第3章　企業福祉と格差社会

維持される」という主張も聞こえてくる。だが、これは「人間の成長・発達の課題と社会の発展を考えない暴論」であると筆者は考える。先にも触れたが「団塊ジュニア」の周辺に「パラサイトシングル」[19]といわれる人々がいる。これから20年もたつと彼らは高齢者になる。そのとき日本社会は今以上にいびつな構造になっていることが予想される。

　本章では、トヨタの企業福祉が高齢社会になってどのような役割を果たしてきたかをみてきた。確かにトヨタはその企業の経済力を背景に、トヨタの従業員と家族に豊かな企業福祉を提供している。現金給与以外にも、住宅でいうならば単身者の時代に独身寮が提供され、伴侶を持てば社宅があてがわれ、企業人生をつつがなくやっていけば30代前半で持ち家も可能となる。トヨタでは、現役時代には豊富な企業福祉の施設とサービスを提供し、在職中から企業年金やつなぎ年金の導入など退職後を意識した施策を導入してきた。確かにトヨタで企業人生を送った人からすれば、他の企業で労働社会を終えた人と比べれば、恵まれた内容である。しかし、この企業福祉の豊かさは、トヨタ自動車を頂点とした格差を前提としたものである事実を正視する必要がある。

　企業福祉は、個々の労働者の生活向上に側面から貢献したが、格差の拡大には無力であった。その限界は、「家族福祉」とともに明らかになった現在、その対抗軸としての活路は、福祉の社会化、「公的福祉」の役割の再構築であると筆者は考える。もちろん現代世界では様々な困難が横たわっている。

　確かに労働組合が労使交渉で獲得した「企業内」の労働条件の改善そのものすべてを否定すべきではないが、企業間でかけ離れた処遇になることは好ましくない。労働条件や処遇はミニマムスタンダードを保障した上での差違に限定すべきである。企業内交渉で獲得した成果はせめて同じ産業で働く労働者は同じ処遇にすべきであるという発想・意識が必要である。現代社会では労働者の多くは、連帯感や団結という価値観への理解や共感を欠落して生活をしている。そして、無用で過度な競争原理に駆り立てられ孤立し、人間性の破壊やいのちまで蝕むような働き方を無自覚的にしている。悲惨であるとともに滑稽ですらある。

橘木が主張するように、企業福祉に費やす費用を企業に回し企業活動を活発化させれば、企業利益の増大によって労働者にも恩恵が得られるという発想もある。これは「トリクルダウン理論」と大差ない。企業が常に「性善説」に立つとは思えないし、企業が悪の塊であると決めつけることもできない。しかし資本主義社会では企業の本質は利潤追求が第１の目的であり、放任すればモラルハザード・企業不祥事が常態化することは十分に考えられる。そもそも開明的経営者の存在が、日本では圧倒的に少ない。一方では近年では企業行動の中でも「タックスヘイブン」[20]などは企業の本質を示してあまりある。筆者は格差社会の是正という点で、現在の企業特に大企業が十分な役割を果たしているとはいえないと考える。むしろ格差拡大に積極的に加担している。

　すでに触れているように、「福祉に費やした費用を企業活動」に回すのではなく「医療や子育て、高齢者生活保障」など生活のための財源確保することこそ必要である。それこそ「企業の社会貢献」であると考える。「新自由主義施策」にまかすだけでは、「労労格差」だけでなく「老老格差」も避けられず、今以上に社会の混迷と荒廃が待ち構えているのは現在の日本社会の状況が示している。新たな視点として、「官か民か」という設定ではなく、官も民も包括したＮＰＯや協同組合など「サードセクター」の役割を重視することも問われている。[21]

〈注〉
(1) 必ずしも定式化されている訳ではないが、一般的には総人口に対して65歳以上の高齢者人口が占める割合を高齢化率という。世界保健機構（WHO）などでは、高齢化率が7％を超えた社会を「高齢化社会」、14％を超えた社会を「高齢社会」、21％を超えた社会を「超高齢社会」という。その意味で本論文では、「高齢社会」という用語を使用している。
(2) 本論文では高齢者の中でも、豊かな階層と貧しい階層とに分化を「老老格差」と表現している。
(3) 近年「下流老人」といわれる階層が話題になる。年金だけでは「人たるに値する生活」が困難な人たちである。毎月10万円に充たない年金で、かといって生活保護を受けるための申請すらできずに、簡易宿泊所

などでその日暮らしをしている人々である。近年は高齢者をめぐる痛ましく悲惨な事件もよく聞くが、現在の社会の仕組みが変わらない限り、そうした事件はこれから先も増えこそすれ、減ることはない。藤田孝典［2015］参照。

またトヨタの場合、ある時期いびつな人口の男女別構成によって、結婚ができないまま高齢者になる男性労働者の存在がある。彼らの中には故郷に戻る人もいるが、少なからぬ人々は現役をリタイアして地域社会に単身高齢者としてとどまっている。親族もおらずに西三河の地で生涯を終えようとする人も少なくない。彼らは現在高齢者の入口だが、10年後には後期高齢者になる。その時派生する社会問題は予想することが困難である。

(4) 『新時代の日本的経営』における労働者の3分類とは、[1] 長期蓄積能力活用型グループ：管理職、総合職、技能部門の基幹職、[2] 高度専門能力活用型グループ：企画、営業、研究開発等、[3] 雇用柔軟型グループ：一般職、技能部門、販売部門、である。こうした分類の是非は別として、実際に21世紀になると労働者の階層化が進んでいった。労働者の階層化の進展の中で特に重要なのは、下層・周辺部分の増加である。これらの層は単に所得が低いだけでない。自らのステータス、人間づきあい、住居、教育、娯楽など生活全体に関わって様々な差違がみられ、その結果上層・中心部分との間には大きな格差が生み出されている。

(5) 「トヨタ自動車が社員の60～64歳の生活費を下支えする「退職金制度」の新設を検討していることが22日、分かった。入社時18歳の社員が毎月約8300円ずつ、42年間で計約420万円を積み立てる設計。60歳の定年後に公的年金を受給できる年齢に達していなくても、既存の企業年金などと合わせ公的年金並みの月21万円程度の収入確保を目指す。厚生年金の受給開始年齢が段階的に引き上げ、定年後に受け取れない空白期間が生じる「年金の2013年問題」の対応を労使協議中で、13年度にも導入する見通し。トヨタによる公的年金の空白期間対策は、産業界に影響を与えそうだ」共同通信、2012年12月23日。

こうした制度そのものを非難する理由は何もない。無収入期間の救済措置だからである。だがこうした「先進的」制度を導入することができるのは、トヨタのような一握りの限られた大企業でしかないことも押さえておく必要がある。企業がこうした制度を導入することによって、国

の施策に影響を当てることも考えられるのも確かである。しかし特定の人々に進んだ制度を導入することによって、さらに格差が拡大していくことも十分に考えられる。

(6) 現代社会における格差の問題は単純ではない。本文でも明らかにしているように、複合的・重層的な側面がある。したがってその解決方法も多様な方法が追求されるべきであろう。

(7) ［図表３－４－Ａ］は厚生労働省「就業条件総合調査」［1998 年］［2002 年］［2006 年］［2011 年］［2016 年］の労働費用の部分の調査結果を、時系列かつ企業規模別に並べ替えたものである。本文でも触れているが、賃金の企業別格差や法定福利の格差はさほどではないが、企業の任意性の強い法定外福利厚生費や退職関連費用での格差はかなりのものである。ここに企業福祉が格差拡大に貢献している姿を見いだせる。2006 年以降のデータに 5000 人以上の事業所がなく 1000 人以上に繰り入れているため、結果として退職関連などでは格差が見えにくくなっている。

(8) たとえば筆者が現在も交流のある 20 代半ばの女性の事例である。Ａ子は現在 26 歳独身。自宅から通勤しているが、仕事は３つある。１つは本屋の店員。そして歯科医の助手。夜には週３回程度居酒屋で働いている。これだけ働いて月収入は 20 万円程度であり、一応自家用車は所有している。Ｂ子は日中は歯科医の助手と夜は焼き肉屋で働いている。月の収入は 13 万円程度である。両者とも勤務は短時間勤務のアルバイトだから社会保険は国民健康保険と国民年金である。雇用保険は複数事業所にまたがり週 20 時間以上勤務していれば加入義務があるはずだがそういう形跡はない。両者とも家から通うことでかろうじて生活はキープしている。これらの層は、若手のワーキングプア予備軍である。

(9) 同一労働同一賃金は、厚生労働省によれば、「同一労働同一賃金の導入は、同一企業・団体におけるいわゆる正規雇用労働者（無期雇用フルタイム労働者）と非正規雇用労働者（有期雇用労働者、パートタイム労働者、派遣労働者）の間の不合理な待遇差の解消を目指すもの」であるとされる。

　厚労省ホームページ：

　https://www.mhlw.go.jp/stf/seisakunitsuite/bunya/0000144972.html

(10) ＩＭＦ・ＪＣ［2013］によれば、基幹産業での厚生年金と介護保険の保険料は、多くの企業が労使折半（50：50）であるが、健康保険料につ

いて本人負担分は30％台から40％台がほとんどで、労使折半（50：50）の企業は珍しい。集計企業は日本を代表する製造業大企業であり、この点でも大企業の正規雇用労働者は相対的に恵まれている。

(11) 厚生労働省資料での企業規模は30人以上の事業所であるが、30人未満の零細企業の福利厚生についてはデータがない。小規模事業所・零細企業では賃金部分は対応しても基本的に狭義の企業福祉の存在は限られている。場合によっては法定分でも国民健康保険や国民年金に置き換えられている事例すらある。これら事業所では、企業活動の存続維持こそ大きな課題である。日本社会の底辺にはそうした事業所がまだそれなりに存在し、再生産されている事実も忘れてはならない。

(12) 公的年金に限れば、事業主負担がある厚生年金（共済年金）と国民年金とでの保険料の格差がある。格差は保険料だけでなく、将来の年金支給ではもっと大きな格差がある。年金の1階部分だけしかない自営業者や零細企業勤務の労働者と、4階建ての年金の仕組みの中で企業人生を送る「上層」労働者とでは、将来の格差と生活不安を予想するには十分である。

(13) 「ロスジェネ世代」にあてはまるのはバブル崩壊後から約10年間の期間に就職活動をした人たちのことを指す。1970年～1982年頃に生まれた世代であり、前述したように「団塊ジュニア」「アラフォー」とほぼ同じ世代である。

(14) ［図表3－5］に見るように、日本の年金制度は職業によって分立しているだけでなく、給付水準も大きな格差がある。

(15) 「協会けんぽ」とは、「全国健康保険協会管掌健康保険」の略称である。平成20年（2008）10月に設立された全国健康保険協会が運営する健康保険である。自社および連合体では健康保険組合の設立が困難な中小零細企業の従業員が加入対象である。これまでは国（旧社会保険庁）が運営していた政府管掌健康保険が、2010年に移行したものである。

(16) こうした制度は全体としてはごく少数の労働者が対象だが、すでに高度経済成長期には一部の大企業で導入されてきた経緯がある。

(17) 「介護保険」とは介護保険法第1条によれば「加齢に伴って生ずる心身の変化に起因する疾病等により要介護状態となり、入浴、排せつ、食事等の介護、機能訓練並びに看護及び療養上の管理その他の医療を要する者等について、これらの者が尊厳を保持し、その有する能力に応じ自立

した日常生活を営むことができるよう、必要な保健医療サービス及び福祉サービスに係る給付を行うため、国民の共同連帯の理念に基づき介護保険制度を設け、その行う保険給付等に関して必要な事項を定め、もって国民の保健医療の向上及び福祉の増進を図ることを目的」としている。

⒅　「豊かな高齢者」とは、現役リタイア後も現役の生活水準とかわらない生活を送れる人で、1％の富裕者の範囲に含まれるであろう。その一方で、退職後の所得水準から「健康で文化的な最低生活を営む」ことが困難な人がいる。本書ではより範囲を広げて、下層老人に対して、相対的に豊かな位置にいる高齢者層を指す。老後も年金も含めて400万円を超える年収がある人を想定している。

⒆　パラサイトシングル（Parasite single）とは　山田昌弘[1999]によれば、「学卒後もなお親と同居し、基礎的生活条件を親に依存している未婚者」であり、親に寄生することで生活を維持していることから、自立できない人々のことをいう。近年は非正規労働者のまま40代になる人も増えつつあり、「中高年のパラサイト」が社会問題化しつつある。（「毎日新聞」2012.5.2）。

⒇　タックス・ヘイブン（tax haven）とは税金避難地または租税避難地のこという。定義として定まってはいないが、一般的には企業法人が、課税を免れるために、法人所得や利子、配当、使用料などに対して税制上の優遇が与えられている国や地域を指す。よく話題になるのは、多国籍企業が名義上の会社に収益を集中して税金逃れや、資金操作に利用したりする事例がある。

㉑　サードセクターについては、第7章ならびに終章を参照のこと。

第4章　企業の社会的責任と企業福祉

1　はじめに

　本章は、企業福祉を媒介に、トヨタをはじめとした日本の大企業の進めている「企業の社会的責任」（以下CSR）の実像を検証する。CSRという用語が使われるようになったのは、それほど過去のことではない。日本経団連の企業憲章をはじめ、大企業が表向きには「CSR」を語り、「企業市民」という用語まで使用するようになった。
　誤解されないために、企業についての正確な評価をしておきたい。確かに戦後日本経済が多くの困難を抱えながらも、「経済大国」としてここまで来たのは、日本の企業の存在があったのは確かであった。だがその到達点を無条件に賛美はできない。トヨタをはじめとした大企業は、日本経済の発展や国力の充実には寄与したものの、「CSR」や「社会貢献」など当事者の外側での責務を、本当に果たしてきたのであろうか。その点では、疑問も残る。本章では、その不十分さを仮説として設定する。
　そこで、日本的経営の担い手である大企業の位置と日本社会において果たしてきた役割を直視したい。そして企業社会とはいかなるものかを、多様な角度からCSRとの関係で考察し検証する。
　本章では、CSRを、労使関係・企業社会論の観点から概観する。そのうえで具体的施策としてあげられる「フィランソロピー」や「メセナ」などの企業活動について検証し、CSRという視点から論じる。

2　企業社会と企業の社会的責任（CSR）

　筆者はかつて「企業社会日本の形成過程と展望についての若干の考察——日本的経営の光と影を求めて」という原稿を書きあげた。それは今から20年近く前の、筆者が当時の社会人大学院の修士論文として提出したもの

図表4−1　企業福祉と企業の社会的責任

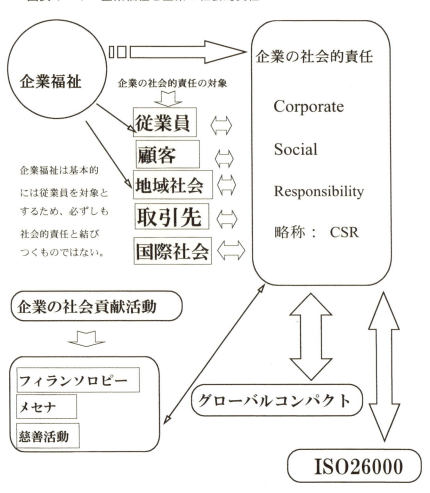

「企業の社会的責任」の類似するものとして、企業による社会貢献活動やフィランソロピーやメセナなどがある。これらは主に利益の一部を寄付することが一般的であり、直接社会的責任を果たしているわけではないので、社会的責任とは区別して扱うことが多い。　　　　　　　　　　［筆者作成］

である。今読み返せば欠点も目につき恥ずかしい限りの代物である。だが拙稿で問いかけたのは、バブルがはじけたとはいえ当時の日本社会における異常ともいえる特別扱いされる企業の位置の「光と影」についての考察を試みたものである。当然にも日本の企業の評価を行う場合、その正当な評価が必要なのはいうまでもない。それこそ出所が明らかでない「風聞」などで論評することは厳に謹まなければならない。あくまでも事実に基づく客観的なデータでなければ説得力はない。これが私の「企業社会論」の出発点であった。

あれから20年以上の歳月がたち、「企業社会」についての認識は深まりつつあり、学会でも共通問題として認識されつつある。何よりもコンプライアンスに始まり、CSRに至るまで、企業が社会で果たさなければならない「責務」はいつでもどこでも語られるようになった。また企業の総本山である日本経団連などもCSRについて公言するようになった[2]。そうした「責務」がパーフェクトかどうかが問われるが、それ以上に、どうして企業自らがそれを語るようになったのかが、筆者にとっては重要であり、大きな関心事である。

また1990年代以降、日本のほとんどの大企業では、「環境報告書」の類の文書が公表されるようになった。環境報告書では環境問題に限らず企業が「社会的責任」を果たすべき記述が多々あり、そうしたことに取り組むことは社会的な常識となった。企業は対外的には社会的責務が問われる存在であることが自他共に認めざるを得ないようになった。これも大きな変化である。

にもかかわらず、筆者は近年の企業が本当に社会的な責務を果たしているかという疑問に突きあたる。というのは「社会的責任」が最重要課題として当事者には共通認識があるにもかかわらず、日常的に日本を代表する企業がいくつもの不祥事や犯罪を起こし、コンプライアンスに抵触することもしばしば耳にする。「企業の社会的責任」(corporate social responsibility = CSR) とは、企業が容認する範囲のご都合的なものか、広告塔的なものなのにすぎないのだろうか。一線を超える範疇については企業の配慮はないし容認していないということを筆者は常々感じている。この点について

の検証が必要である。

　筆者が再度「企業社会論」に踏み込もうとしたのにはもう1つの理由がある。それは2011年3月11日に起きた東日本大震災という未曾有の災害の経験である。この自然災害と人的災害が重なった大惨事を受けて、9年になろうとしている現在もなお東北－東日本は、復旧・復興に向けた只中にある。とりわけ「原子力発電所災害」の当事者企業である東京電力や政府には当然責任はあろうが、それ以上に日本の財界・企業もこの間の政策を尻押ししてきたのであり、彼らにもそれ相当の責任と義務があると考えるからである。本章はエネルギー政策や「原発」の是非を論じることが目的ではないし、その点については別の機会に論じるとして、この間の企業としての東京電力の対応についてである。日本的経営ではこうした企業まで生み出している。

　当時この大震災を契機に少なからぬ企業は、生産拠点から撤退せざるをえないところも見られる。だが一方では困難な中でも被災地域に留まり、雇用の確保と地域経済の復興のために尽力を尽くしているところもある。何よりも、この震災を口実に、財界の総本山である日本経団連やブレーンの一部は、企業本位の「経済特区」やＴＰＰの導入など、より弱肉強食の「新自由主義」施策を後押ししようとしていることである。もちろん2009年の「政権交代」前から、再度の「政権交代」を経た現在まで、政府内部でもこうした政策追求は根強くある。企業の中にはこの大震災という甚大な被害を利用して、さらなる利潤を求めようとするところがある。

　蛇足ながら日本を代表する大企業であるトヨタ自動車は、東北地方を東海・北部九州に次ぐ国内第三の生産拠点として位置づけ、関連子会社の本社移転などで着々とその準備を重ねてきた。だがこの震災で、東北地方の生産拠点が壊滅的な打撃を受けたこともあり、企業戦略の再構築に迫られ、この震災をきっかけに企業再編の取り組みが早まった。生産体制の再構築と生産拠点の確保という企業戦略と、地域経済の復興・雇用の確保という社会的責務と社会的貢献が合致するかの様相を呈している。なにもこの企業の戦略を持ち上げるつもりはないが、1つの流れとして認識しておくことは重要である。この点については別の機会に検討すべきことであると筆

者は考えている。また労働の側からのCSRについても筆者は大きな関心を持っているが、本稿では限られる。

本章では、日本的経営にかかわるCSRへの考察を基調とする。そして現在においても本当の意味での社会的責任や社会貢献をなしとげていないという仮説の検証と課題について触れる。

3　日本的経営と日本の企業

3-1　企業の本質

日本的経営の担い手である「企業」は、家計、政府と並ぶ経済主体の一つである。基本的には営利を目的とし、目標と計画をたてて経済活動を行っている経済主体である。また企業は資本と労働によって新たな価値を生みだす場でもある。その価値から雇用している労働者に賃金を支払うという至極当然のことをおこなう。企業が事業活動によって利益を計上すれば、株主に配当金を支払い、一方では法人税を国家に支払い、企業活動の利益で様々な社会貢献活動をおこなうことも可能となる。

また企業活動の継続は利益の増大につながり、企業経営の規模が拡大されるし、直接間接にその国の経済成長と発展に寄与する。このような企業の定義は、現在では共通認識と考えられる。企業の存在と活動は、経済成長・発展の源泉であり、社会的かつ責任ある存在である。これは官民や規模・業種を問わず、企業に課せられた課題である。

企業には運営の担い手から国や地方公共団体などが担う「公企業」があり、それ以外の企業は「私企業」といわれる。私たちが関わる企業の多くは私企業である。一方、類似用語として「会社」という用語があるが、会社には含まれない個人商店なども企業に含まれるため、概念としては企業の方が会社よりは広く捉えることができる。しかし本質的に企業は利潤獲得・拡大を追求する営利団体であるという認識は大前提である。

「公企業」の多くは、国や地方公共団体が出資・経営する企業形態である。日本の国営企業は、国有林野事業などを除けば限定的である。しかし、独立行政法人や公社・公団は構造改革の荒波で再編過程である。地方公共団体が運営する地方公営企業は上下水道やガスや地方交通などライフライ

ンと直接関係する部門では公的部門のウエイトが現在も多数存在する。ただし、21世紀に入り、「構造改革」と「市場原理主義」による民営化の嵐の中で、徐々に「官から民」へと経営の比重が移行しているのも確かである。

3－2　社会的企業

　社会的企業（Social Enterprise, Social Entrepreneurship）の存在も、近年話題となっている。日本では必ずしも多くはないが、個人では解決困難な社会問題の解決をめざしながら、収益事業を扱い営利的行為をする事業体である。古今東西こうした事業活動を行った実業家はそう多くはないが、イギリスのロバート・オウエンの「ニュー・ラナーク」などの事例や日本でも大原孫三郎の社会貢献活動があった。[6]

　こうした事業体が注目を集めるようになったのは、1980年代以降のことである。レーガン政権やサッチャー政権が登場した時代になると、国家の経済政策は、国家財政が大幅に縮小されることになる。アメリカやイギリスではそれまで公的な助成金・補助金に大きく依存して運営されてきたが、NPOなどは深刻な資金不足に陥った。そうした中で、従来のような内部補助の収益事業ではなく、事業体の中心的な活動を収益事業とするモデルが選択肢の一つとなった。ただ近年日本でも注目されつつも、大きな広がりがない。それは、日本の場合は株式会社形態の企業が、資本力や従業員、売上高や経常利益などの量的な差異によってその企業の優劣を判断する傾向が強いからであろう。

　社会的企業の中にも株式会社形態を取るものも少なくない。一般的な株式会社と社会的企業の範疇に含まれる株式会社の違いがあるとしたら、たえず「利潤」獲得を最重要課題とした企業活動をおこなうかどうかがある。社会的企業は社会的課題の解決が前提としてあるため、単なる営利企業のように常に自社の利潤の最大化をめざすのではなく、社会的目的の実現が最優先される。こうした点は社会的企業の事業活動としての存続基盤が脆弱であることを示すが、一方ではその社会的企業の掲げる目標が多くの人々の理解が得られれば、こうした弱点は補われ、積極的な役割を果た

すことになる。

　近年「サードセクター」(7)という用語もよく聞く。日本では「第三セクター」という、行き詰まった公営企業を救済するために民間資本や自治体が支援しておこなう企業形態であるが、ヨーロッパで展開されてきたサードセクターとは異なる。社会的企業と対局の位置にある「ブラック企業」については別項で論じることとする。

4　企業の社会的責任

　ところで近年では常識となった「企業の社会的責任」(CSR) とは、何を意味するのであろうか。この用語は現在においてこそ社会に氾濫しているが、一方では必ずしも社会全体の共通理念や認識として定着しているとはいえない。各企業でも思い思いの発想でCSRを語っているのが実情である。企業が誰にどのような社会的な責任を果たそうとしているのか、果たさなければならないのかを整理する必要がある。ここではCSRの対象を以下の5点に整理しながら、その意味を考える。それは、①顧客への責任、②取り引き先への責任、③地域への責任、④従業員への責任、⑤国際社会への責任、である。

4−1　顧客への責任

　企業が消費者＝顧客への安心・安全を提供することは大前提である。欠陥商品、期限切れ商品、表示義務違反商品などの不祥事が話題となった。情報社会の反映として「顧客情報の漏洩」なども最近ではよくある。

　企業の成立条件の1つとして、顧客との信頼関係がある。その顧客との信頼関係が失われ、顧客の命や安全に関わる利害関係が発生して、裁判係争事例や不買運動へと発展することもある。これまで維持してきた企業の社会的イメージや信用が著しく低下し、企業業績にも影響を与え、企業が事業継続すら困難な状態に追い込まれることもある。私たちは実際にこうした事例を多々見てきた。企業の社会的責任という場合、企業の基本的な活動からしても顧客との信頼関係の構築と継続は大きな課題である。トヨタ自動車などでのリコール問題は、顧客との信頼関係を揺るがす社会的に

重大な問題である。

4−2　取引先への責任

　現代社会が「資本主義」である以上、国籍、企業規模、取り引き実績の有無等を問わず全ての取り引き相手への自由競争原理に基づいたオープンな参入機会が前提となる。それは公正・公平が大原則で、取り引き相手を大事にすることは当然である。資材やサービスの供給には、「品質」「価格」「納期」「環境保全」「技術」への考慮が前提となる。取り引き関係での各種法令や社会規範や企業モラルの遵守は最低限で、取引先の選定には公正を期すのはいうまでもない。「談合」などは問題外である。

　また現在では取引先は世界中が対象であり、国際的視野にたった優れた資材やサービスを最適な地域からの供給が必要である。地球環境に配慮した資材の積極的採用や、世界に恥じない倫理観を伴う企業活動、と法令や社会規範の遵守をガイドラインとする指針としなければならない。

　また取引先とは、対等・公正な関係で行うのは当然であり、当事者である企業に「下請法」を遵守させることも重要である。この徹底には、「親企業」からの下請法の遵守・明示の徹底が必要となる。また遵守状況についての業務監査の実施と、担当者を中心とした下請法に関する従業員教育も必要となる。

　だが、従業員の中に「親会社と下請け」という意識が根強くあり、それが特定の利権行為や不祥事をよく生み出す。「系列」は日本的経営の１つの特徴だが、「親会社と下請け」の関係の背景にある主従意識の克服のために、グループも含めた企業総体での従業員教育も重要になる。トヨタ企業集団における「上位企業」ではなおさらである。

4−3　地域への責任

　企業の存続は地域社会の協力があってこそ可能である。多くの企業誘致は、様々な障壁があっても、地域社会の理解・協力があってこそ可能であった。したがって、企業が地域社会への貢献と責任を果たすのは当然のことである。

とりわけ企業が地域に存続して経済活動をしていくことは、地域経済の活性化にとって重要である。地域経済での経済活動発展のための貢献とは、その地域における雇用の維持だけでなく、地域における企業の事業活動の継続が地域社会への大きな役割を果たすのはいうまでもない。ある地域に長く定着してきた企業が生産拠点の海外や他地域への移転によって地域社会の空洞化をもたらすことがある。これは、企業が地域に対して無責任な指針と施策しか持ち合わせていないことを示すものである。地域の有力な構成要因として地域社会と共生し、地域社会によって資源を獲得し、利益創造などを考える企業は、担っている使命が経済効果をあげることである。それだけでなく、活力ある健全な地域社会を維持し、その発展を促進する役割をも担うべきである。

また企業は地域の民間団体と連携して新しい課題に取り組み、政府や自治体を補完できる機能も持っている。そうした相互連携関係により人間が大事にされ、地域社会が活気にあふれ、かつ豊かに発展していくことが期待できる。これも企業が果たすべき地域への重要な責任である。近年トヨタでも企業内の福利厚生施設の一般開放を行っている。それですべて地域社会への責任を果たすわけではないが、これも１つの流れとして必要なことである。

4－4　従業員への責任

従業員への責任も多くの企業では語られてきた。そもそも従業員を大事にしないCSRなど考えられない。しかし実際には首をかしげざるを得ない事例にもよく遭遇する。とりわけ従業員との雇用関係での「コンプライアンス」[8]は重要課題である。コンプライアンスの直訳は「法令遵守」であり、字面の解釈なら、「法令違反をしないこと」つまり「法律や条例を遵守すること」である。ブラック企業ならいざ知らず、一般的にコンプライアンスは企業に課せられた当然の義務である。しかしコンプライアンスを単に「法令遵守」とだけとらえるならば、「法令に違反していない」と、脱法行為を正当化する企業も出てきても不思議ではない。

ある企業が主観的にコンプライアンスをいうのではなく、客観的な基準

でコンプライアンスが求められなければならない。ただコンプライアンスの範囲や解釈については、明確なものがあるわけではない。各企業が、法令・社内規程・マニュアル・企業倫理・社会貢献などの範囲での自発的に取り組むことになる。したがって各企業での取り組み方も様々である。ただ共通認識としても、違法行為だけをしなければよいということではない。コンプライアンスを前提とした高い企業倫理を維持し崇高な社会貢献を担える環境整備が必要となる。そうしたことは、各企業の、少なくとも上場企業といわれるところでは、環境報告書などでコンプライアンスが明記されているのは事実である。

　しかしながら筆者が見てきた事例では、企業が従業員に過酷な働かせ方を日常的におこなってきた事例はよくある。それが原因でうつ病などの労働災害や、時としては生命を失う過労死・過労自死が引き起こされてきた事例がある。しかしながらこうした事例が第三者からすれば当然企業に責任があると見られながらも、企業がその事実を認めず裁判係争事件にまでなることはよくある。最後は司法の手によって企業の責任に断が下されて、やっと企業がその事実を認め、謝罪するという事例もいくつかあった。この点については第5章で触れることにする。

　ところで近年、違法な働かせ方として批判にさらされている企業の違法・脱法行為が大企業と関係のある関連会社で行われていることをどのように解釈したらよいのであろうか。関連企業が関わった不祥事の事例ということは、頂点に立つ企業の責任もまた問われるのはいうまでもない。トヨタ自動車はこれまでこうした事例を少なからず抱えており、明らかになるたびに、「別法人」であるということで避けてきた。だが現在ではこのトヨタ企業集団は本当に従業員への責任を果たしているかが問われている。その意味では、トヨタ企業集団が従業員への社会的責任を果たしているかが問われている[9]。

4-5　国際社会への責任

　ISO（International Organization for Standardization）とは、工業製品を中心に、国際的に通用する規格や標準を制定するための国際機関である。

これまで規格や標準に関わることは、関係する組織体のレベルによって制定されてきた経緯がある。たとえば企業レベルでは「社内規格」がある。業界レベルでは「団体・工業会規格」があり、国レベルではJIS（日本工業規格 Japanese Industrial Standard）のような「国家規格」がある。地域レベルではCEN（欧州標準化委員会：Comite Europeen de Normalisation）のような「地域規格」があり、また、ISOのような「国際規格」に分類されている。

ISOは本部をジュネーブに置き、1947年に「物質及びサービスの国際交換を容易にし、知的、科学的、技術的及び経済的活動分野の協力を助長させるために世界的な標準化及びその関連活動の発展開発を図ること」を目的に発足した。ISOは非政府組織だが、国際連合とその関連・専門機関における諮問的地位を有している。その意味では通常の民間組織とは趣が異なっている。ISOの中で、「社会的責任」に関する国際規格は、規格番号ISO 26000として2010年11月に発行されているが、規格の名称は"Guidance on social responsibility"であり、ガイダンスの水準であってもそれ以上ではない。[10]

2001年4月、国際標準化機構（ISO）の理事会ではCSR規格の可能性を決議している。翌年から消費者政策委員会（COPOLCO）内での検討がなされ、CSRの規格化が可能であるいう見解をまとめ調査報告書として提出された。2002年9月には技術管理評議会（TMB）内で規格化に関して作業が始まり、社会的責任を負うのは企業や組織だけではないという議論もあった。2003年2月からは社会的責任（Social Responsibility）の呼称で策定がされてきた。現在では、企業の活動は国際社会においても責任を持たなければならないことが共通認識となりつつある。その意味で、諸外国で日本企業・製品の不備が見つかった場合、これを日本の「企業たたき」という狭いとらえ方をしてはいけない。現地との慣習などの違いも受け止めながら、謙虚に受け止めて対応する必要がある。

以上「企業の社会的責任」（CSR）について見てきたが、これらは当事者の中では、必ずしも共通認識にも学問的な定義が定式化されている訳でもない。企業はそれぞれが思い思いの「CSR像」を描き、国や自治体の関

係者からもそれぞれの発想でCSRを考える。研究者やシンクタンクもそれぞれの「CSR像」を、労働者（＝従業員）や市民からは、彼らの立場で「CSR像」を捉えている。

しかしながら、そうした実態はさておくとしても、「CSR」というテーマが現代社会の中での共通の課題となった事実は重いものがある。少なくとも現代日本は、かつての高度経済成長華やかなりし頃に、公害発生源企業が傍若無人な振る舞いをしていた時代ではない。

だが、それでは企業がこのような崇高な企業理念を持ちながらも、一方では日常的に企業不祥事や企業犯罪を繰り返すのはどうしてなのかということが問われてくる。経済のグローバル化は、企業の経済活動の範囲を拡大し、今までのような狭い自国の自社だけの利益にとらわれていればとんでもないことになる。現代社会における企業は、最適性を求めて世界各地で経済活動を行うならば、その責任もグローバルなレベルで負わなければならない。日本的経営の下で、過去からCSRの実践が行われてきたというよりも、経済のグローバル化の中で日本企業も考えざるをえなくなったといえよう。

5 「企業不祥事」とコンプライアンス

今まで見てきたように、企業は社会的存在である。利潤追求活動とともに、社会貢献や社会的責任の必要性やコンプライアンス（compliance）の遵守を日常的に口が酸っぱくなるように語っている。「我が社はこれだけの努力をしている」のだということを言いたいがためにである。にもかかわらず企業の不祥事が絶えず起き、しばしば世間の話題になるのはどうしてだろうか？　ここでは企業活動の中でも、単なるモラルの逸脱による企業不祥事に留まらず、法に抵触するような「企業犯罪」といわれる事例についても目を向ける。

5－1　企業犯罪

「企業不祥事」とは企業の活動が社会通念から逸脱することであり、「企業犯罪」とは企業不祥事の中でも企業が犯す法に抵触する行為を意味する。

それには「脱税・申告漏れ」・「所得隠し」・「労災隠し」、「サービス残業の横行」、「欠陥商品の販売」「粉飾決算」「偽装請負」「各種の労働基準法違反」等をあげることができる。こうしたことが日常的に話題になるのは、建て前と本音の乖離があるからである。日本の企業が日常的な指針として社会的責任や社会貢献を表向きには語るが、実際にはその指針が企業の対外的な建前と企業内の本音とに分かれていることを示している。
　しかもこうした行為がなかなか改まらないのは、企業内部での隠蔽体質があるからである。「雪印食品」の輸入肉偽装問題では、この不祥事が世間に明らかになるのは従業員の「内部告発」であった。ということは企業内で行われている不祥事への異議申し立てが企業内からあったから判明したのであり、内部告発がなければ未だにその事実を私たちは知らなかったかもしれない。当然にも内部告発を行うものには、多くのリスクをともなう。その人の「正義」と「生活」を秤にかけ、その結果、沈黙を貫くのもある意味自然である。
　企業からすれば「企業機密の漏洩」という脅しがあり、それでも内部告発することは懲戒処分を覚悟して行わなければならない。実際に「正義の声」を上げたとたんにその企業にはおれなくなったということは、しばしば聞かされることである。ということは企業不祥事・企業犯罪は氷山の一角であり、表面に出ない同様の不正かつ不法行為は限りなくあるといえる。
　「内部告発」という言葉は、けっして明るいイメージではない。実際に「公務員倫理法」の制定（1998年）の際には、ある政党は「密告奨励は日本社会になじまない」という理由で、内部告発者保護規定の盛りこみを頓挫させた苦い経験があるほどである。(11)「密告」という用語と「論理」は、閉鎖的な「村社会」の掟に反する行為になるからである。

5-2　不祥事の土壌

　企業が度重なる不祥事を繰り返すのは、日本社会にそうしたものを生みだす土壌があるからであろう。その土壌とは、①利潤追求第一主義（消費者軽視で金儲けを最優先）、②閉鎖的経営（秘密主義・隠蔽体質）、③同族経営（閉鎖的な集団が支配し、上層部の独裁的な体質と上層部が絶対的な

権力を持っている)、④企業規律の弛緩(ぬるま湯的体質で規律が働かない)、⑤傲慢経営(自社のブランドへの驕りや過去の栄光へのこだわり)、などがある。

　企業不祥事あるいは企業犯罪を起こした企業の多くの場合は、企業名の公表とメディアのバッシングで大きな社会的制裁を受けることになる。また重大な事由による場合は、営業停止・企業倒産に結びつくことすらある。不祥事や犯罪だとは知らずにやることはその企業が幼稚で未成熟であることを意味し、コンプライアンスに抵触することを知りつつ脱法行為や違法行為をするのは確信犯的な行為である。だがいずれも企業にとっては、大きなリスクを負うことになる。にもかかわらず不祥事が絶えないのは、「見つからなければいい」とか、「発覚したのは運が悪かった」という発想が根強くあるからであろう。今なお、日本の企業風土は未成熟だといわざるを得ない。

5－3　企業犯罪とコンプライアンス

　コンプライアンスとは法令遵守のことである。企業は対外的には口が酸っぱくなるように、コンプライアンスの重要性をいっている。にもかかわらず企業が犯す「企業不祥事」や「企業犯罪」とは、これまで見てきたように当然行うべき社会的責任の対極に位置する事例である。企業が指針としてコンプライアンスをいうのはそれなりに意義があるのだが、それはあくまで対外的なものではという疑念が残る。確かにコンプライアンスを無視した企業は、全体の中では少数派になるであろうが、日々私たちに届く企業不祥事や企業犯罪のニュースは決して少ないとはいえない。しかも時には日本を代表する企業の名も出てくる。これは何を意味するであろうか。

　私たちは、ここで企業の持つ二面性についても考察する必要がある。それは企業が社会的な存在であるとともに利潤追求をめざす2つの性格を兼ね備えていることである。日々の経済活動の中で、企業は必ずしも前者の部分にアクセントを置いているわけではない。企業の本性からして時には営利を追求するあまり、過酷な競争原理のもとで誘惑に負けて一線を越えても不思議ではない。特に企業内での対等な労使関係の原則が確立してい

ないところではチェックの機能がない分、その傾向が強い。運輸や建設のような古いしがらみから抜けきれない業種もある。

その一方で、「ノンユニオン」[12]を基調とする「新興ビジネス」のような事業所では、長い年月をかけて培われてきた一般的な関係は「古いしがらみ」として一掃される。経営トップの強引な手法が行われるところでも企業不祥事や企業犯罪をおこしやすい。それはチェック機能が働かないからである。とりわけ企業の外側から見えにくい部分の考察も求められる。少なからぬ企業の場合、外面にだけは気を配っても、企業内でのコンプライアンスを無視することもしばしばあるからである。

たとえばサービス残業がそうであるし、労災隠しをはじめとした様々な労働者にとって重要な事項を認めないことがしばしばある。こうした事例は、実は対等な労使関係の原則が確立されていないところだけではない。立派な環境報告書を作成しているような株式上場企業でもしばしば事例として登場する。この間、トヨタ自動車と関連企業でもそのような事例を多々見てきた[13]。

これは、企業に自由な立場で経済活動をさせれば、企業が自然発生的に自ら社会的責任を果たし、社会貢献をするという幻想は持たない方がいいことを示している。「企業性善説」は幻想である。企業が日々第三者の評価に耐えられる存在になるためには、多くの関係者が常に監視しチェックをしなければならない。それなしでは、企業は社会的責任を果たせない。企業は社会の一員であり他の構成員との適度な緊張関係を持つのも必要なことである。企業不祥事・企業犯罪が今なお話題になるのはそうした事情があり、この点でも私たちは監視の目を強めていかなければならない。

過去において、日本的経営の下でこうした企業不祥事が起こされてきた事実は重要である。当事者の努力だけでなく、その対抗的な関係にある機関や第三者の調査・チェックと明瞭化は時代の流れである。

6　企業の社会貢献活動

一方で企業は、その動機の是非は別として、「社会貢献」といわれる活動に資金を投下し、直接間接に活動に関わっている。また企業主導とはい

え、多方面にわたって積極的な文化活動も行われている。以下その代表的なものの特徴をみることにする。

6－1　フィランソロピー

「フィランソロピー」（Philanthropy）[14]とは、企業による社会貢献活動の総称で、アメリカでは個人や企業による社会貢献活動や、寄付行為に対する呼称として定着している。しかし、日本でのフィランソロピーは、「企業による公益活動のみ」を意味することが一般的である。

「メセナ」とよく混同されるが、メセナは企業による「芸術」や「文化」という限られた分野への支援活動を意味し、フィランソロピーは企業による社会貢献をめざす公益活動全体を指すことが多い。

したがってフィランソロピーは、従業員が参加するボランティア活動への企業の支援や、「マッチングギフト」（matching gift）[15]のような企業の従業員が行った寄付行為に応じて企業も寄付を行うことも多々ある。

フィランソロピーはそのスタイルから、いくつかの類型に分けることができる[16]。企業はこうした様々な分野に手を出しているのだが、これらは結局のところ企業の存続と繁栄という大目標があり、そのもとで行われているのはいうまでもない。しかし実態は複雑であり、ただこのことを持って企業の行うフィランソロピー活動は、偽善者だという単純なレッテル張りはすべきではない。なおトヨタ自動車バイオ緑化事業部は、公益社団法人日本フィランソロピー協会が2003年に創設した企業フィランソロピー大賞の2005年「第3回受賞企業」の特別賞：奨励賞の部門で選出されていることを加えておく。

6－2　メセナ

「メセナ」の語源はフランス語であるが、帝政ローマ初期のオクタヴィアヌス統治下のガイアス・マエケナス（Maecenas）の名前から由来したものだという。彼が文芸活動に造詣があり、若い芸術家を積極的に支援したことから、彼の名前から文化・芸術活動に企業が資金支援や後援活動を行うことをいう。しかし、メセナには資金の提供以外にも人材や施設運営等に

よる支援もみられるし、企業による文化的事業主催などもメセナとして考えられる。

　メセナの代表的なものに、企業が出資した財団などを通じた資金的バックアップや、企業が主催するコンサートやオペラの公演、スポーツなど各種イベントの開催などがある。

　たとえばトヨタ自動車ではいくつかの分野で社会貢献活動を推進している。その中で、「芸術文化」分野としてのメセナ活動がある。25年以上続いている「コミュニティコンサート」や、若手振り付け家の顕彰事業「コレオグラフィーアワード」、稽古場支援「創造空間プロジェクト」、子どもとアートの接点・アーティストと社会の接点を作り出す「子どもとアーティストの出会い」などがある。メセナにおいてもさまざまなジャンルで多様なプログラムを展開している。「エイブルアートフォーラム」など基盤整備型の活動も積極的に取り組んでいる(17)。

　「企業博物館」も企業メセナの一環として理解できる。企業博物館はその設立のために企業が施設建設資金や運営のための資金や施設提供を前提としているが、芸術や学問や研究開発などのある特定の分野に対して、専門分野において評価の高い事物、学術資料、美術品等を収集、保管し、それらについて学芸員などの専属職員が研究するとともに、公開を原則とするところから、来訪者に展示し、閲覧・鑑賞を可能としている施設である。

　もちろん企業が関わることから、一般の博物館とは異なる部分もあり、2つのタイプがみられる。ある企業が自らの企業活動のテーマを前面に出させる事例がある。特許や実用新案なども含めた保持する特殊な技術、専門知識を一般に公開保存する意図で設置したものなどの形態である。もう一方では、創業者や最高責任者の個人的な趣味やポリシーから収集した美術品、絵画、骨董を展示したり、公開するためのものがある。

　他にも、企業メセナとして「学術研究活動」を支援し、その業績を展示する研究型のミュージアムを設置している事例もある。さらに「通信博物館」のように、個別企業を超えて特定の分野で共通の事業を行っている団体が合同で運営する事例も稀には存在する。

　また、企業製品の利用者に、その発表の場を提供するのも企業博物館の

範囲になる。このように企業博物館には、多種多様なものがある。公益財団法人トヨタ財団（会長小平信因）の活動はフィランソロピーとともに企業メセナの側面も持っているといえる。いずれにしろ、企業が巨大化していく過程で、企業本来の活動とは異なる形でみられるのがメセナである。これ自身は、企業福祉ではないが、企業が外に向かって活動している積極的な事例として捉えることができる。

6－3　環境報告書からＣＳＲ報告書へ

　環境省では、環境報告を行う際の実務的な手引きとして、2007（平成19）年以降に「環境報告ガイドライン」を発行している。これはこれまで発行してきた「環境報告書ガイドライン（2003年度版）」、「事業者の環境パフォーマンス指標ガイドライン（2002年度版）」を統合し、国内外の動向を踏まえ、改訂したものである。

　現在の日本の多くの企業では1990年代には各企業における目標設定と、その「努力」がされている。実際に上場企業のほとんどが環境調査報告書をまとめ公表し、ネット上あるいは出版物としてその指針を明らかにしている[18]。

　最近の日本の企業では、「ISO14001」など、企業がおこなう環境マネジメントシステム（Environmental Management System ＝ EMS）への取り組みがおこなわれている。環境情報開示の手段として、環境報告書の作成と公開が1990年代後半に急速に進むことになる。企業が公表している環境報告書の国際的な指標を作成しているNPOのGRI（Global Reporting Initiative）が、企業活動を環境、社会、経済の3つの側面から評価する「トリプル・ボトムライン」の手法をガイドラインに採用した。これ以降、大企業を中心に、環境報告書に社会性も取り入れ、企業のより広い範囲の活動分野を内外に明らかにすることを目的とした「CSR報告書」として作成するようになった。

　CSR報告書には、これまで経営責任者による提言、環境方針、環境負荷の状況と対策、EMSの進捗状況などが掲載されていた。それに加えて、コンプライアンスや、労働・安全衛生、社会貢献などCSRに関する広範な事

項も掲載されるようになる。また客観的な見解を表明でき専門的な知識を持つ第三者の意見を掲載している。多様な利害関係者（マルチ・ステークホルダー）を招き、企業活動に生かす「ステークホルダー・ダイアログ」や、「ステークホルダー・エンゲージメント」の理念を採用する企業も増えている。さらに、第三者として評価の高いNGOやNPOの意見を求める企業も少なくない。費用はかかるが企業が環境問題に限らず社会問題全体に取り組む姿勢を内外に示すものとして、上場企業などは積極的に取り組んでいる。

　日本的経営の中で、CSRと結びつけた社会貢献活動は主要なものではなく側面に位置してきた。この点では企業福祉も同じ位置にあると考えるられる。しかし過去には話題にならなかった社会貢献活動が、企業の広告塔の役割を果たしているとしても、企業が社会全体からの目を意識せざるをえなくなった点は重要である。日本的経営の変容に企業の置かれている位置も変化してきた。過去の企業城下町での傍若無人な振る舞いと同じようなことをすれば、地域社会から糾弾を受けることになろう。トヨタ自動車や関連企業が様々な社会活動をおこなうのは、現代社会において企業が置かれている位置を示している。

7　おわりに

　日本的経営は、1980年代後半のバブル経済期まで、強弱はあったものの右肩上がりの経済成長に依拠して発展してきた。しかし、1990年代初頭にもなると、一転して新たな困難に直面することとなった。今までのような日本の企業システムの下で、日本経済が成長していくのは困難になったからである。

　1990年代以降の時期は、日本経済がバブル期を終え、「失われた10年」にいたる現在までの、成長が失われた時代である。もはや過去の成長に依存することが困難な時代となる。日本的システムと日本型構造が見直しに迫られ、グローバリゼーションが展開されていく時代であり、「新自由主義」、「市場原理」、「構造改革」の荒波が日本経済を襲う時代であった。[19]

　この1990年代以降は、日本的経営の評価も、バブル経済が崩壊するな

か、これまでと一転して地に落ちることになった。「グローバリゼーション」や「アメリカナイゼーション」の下で、各企業では明らかに「従業員重視」から「株主重視」への転換が見られるようになる。日本的経営離れが内外で進み、かつては「護送船団方式」と呼ばれた行政指導（見えない規制）を特徴とした戦後日本の金融行政は、バブル崩壊後の主要銀行の不良債権や経営破綻などで行きづまりを見せるようになる。

　この時期に盛んに叫ばれた「規制緩和」は、金融に限らず労働市場など様々な分野を巻きこみ進められた。これまで日本的経営における中心は、「正規雇用労働者」を基本としていたのが、「非正規雇用」の比率が高まり、一律的な「平等神話」は実質的になくなっていく。アメリカでの「ニューエコノミー」[20]の破綻以後の、国際金融危機とリストラの下、今までの問題は格差の存在と拡大であったが、現在では貧困の拡大へと進み、深刻かつ重要な社会的問題となった。

　日本の経営システムは、これまでの右肩上がりの経済成長期には経営の安定に寄与した。企業内における技術革新の進行と生産性の向上、企業の発展をもたらし、戦後の日本経済の成長に大きく貢献した。しかしバブル崩壊後、実体経済の成長を忘れた日本企業の競争力が全体として失われたことを契機に、日本の経営システムのあり方も問われ現在に至っている。

　いうまでもないことであるが、企業はこの社会において社会経済発展の源泉である。企業は、基本的に利潤を求めることが大前提であったとしても、社会的存在である。企業の日々の活動は、利潤を産みだし自己増殖をおこなっている。その利潤の一部は、当然にも社会総体に還元されなければならない。もちろん、企業が本来の果たすべき役割を十分に担いうる、経済的な体力も兼ね備えていなければならないことが前提となる。だが多くの企業は、日々動き回る内外の情勢に振り回されながら経済活動を続けており、時として、恒常的に狭い利益のみ追求する存在になっても不思議ではない。社会的存在であり社会貢献が当然である企業が、傲慢にも自らの役割や使命をも無自覚なまま傍若無人な振る舞いをすることは何も不思議なことではない。

　だが、「栄華必衰」という言葉もある。「おごるもの久しからず」である。

そうした道を結果として選択した企業の事例をこれまで私たちはいくつも見てきた。そもそも資本主義がこの地球上に登場して、たかだか200年のことであり、多くの企業は生まれては消え、というプロセスをたどってきた。100年以上にわたって存続し、発展してきた企業などは実際のところ限られている。多くの企業が、ある時には花形産業の中でのリーダーシップ的な役割を果たしてきたが、ある時には社会経済や産業構造の転換によって淘汰されてきた。最近でも、没落した企業や再編過程にある企業を数多く見ている。

日本に限らず世界的にも、数々のそうした事例があった。アメリカのビッグ3の一角であったGMやクライスラー、そしてリーマンブラザーズが然りである。日本でもかつてこの世の春を謳歌していた金融機関は、金融危機と金融の自由化によってドラスティックな再編を成し遂げたが、これは見事なまでにそのことを示している。今また電機産業も進行形である。しかし企業が淘汰され衰退していくことは、社会や地域が衰退を余儀なくされることも意味する。たとえ不祥事が原因でその企業が没落したとしても、手放しで喝采することは戒めねばならない。

筆者が「企業の社会的責任論」を扱うのは、何も現代資本主義における企業の「悪徳」だけを非難し攻撃することだけではない。企業の「悪徳」を批判することは当然だが、「社会の発展と人間の発達」という課題を見るとき、企業の役割は小さくはない。企業には政府に次いで豊かな財政力があり、それを人類の発達・進歩と社会の発展のために費やすことこそ大きな意義がある。

しかし、そのまま企業にお任せでは、そうした方向に行くとは限らない。企業の善意に任せて、「自主性」に依存すれば、企業の活動は利潤追求に傾斜し、社会貢献的な行為は後景に追いやられるであろう。企業の論理におまかせして無条件で従うことは、この間の東京電力などで見られたように、自らの利潤追求のために「悪徳」を正当化するのであり、これは「企業性善説」の不可避的な到達点である。したがって第三者が企業の行き過ぎや脱線を監視していくシステムの必要は現在でも当然ある。企業に絶え間ない努力をさせることは、もちろんのこと、当事者である従業員＝労働者から

の狭い「企業人間的」かつ「企業防衛的」なアプローチだけではなく、社会的に責任をもった関わりが必要となる。また第三者としての国や自治体などの行政機関や第三者機関としての各種委員会の公正な機能もまた要請されるであろう。

　こうして見ると研究機関・研究者もまた、科学にふさわしい真実と真理を探究する真摯な手法が必要とされるのはいうまでもない。結論が先にあって、それに強引に結びつけるような「御用学問」的な手法は論外である。これは自然科学だけではなく、人文科学、社会科学にもあてはまるのはいうまでもない。

　企業福祉と企業社会とは切り離すことができない。企業社会の発展には、企業が提供する企業福祉が直接間接に関わってきた。だが企業福祉は、直接「企業の社会的責任」を担うものではない。あくまでも間接的にしか関わりが無い。そうした認識が必要である。その点では、企業福祉そのものよりも、恩恵を受ける関係者こそその責任が問われることになる。

　　〈注〉
(1)　「企業市民」とはそもそも、「企業は利潤追求の前に、良き市民でなければならないという考え方」に基づくものである。1990 年代頃から顕著になった日本社会での「企業中心社会」への批判への対応策として登場してきたものである。企業の社会的責任により、地域活動やボランティア活動、寄付、環境保護活動や、経営利益の1％を寄付する経済団体連合会設立の〈1％クラブ〉などが目につくようになる。こうした行動そのものを必ずしも否定すべきではない。だがこれらが単なる崇高な理念だけでなく、実社会に影響を与えるためには、第三者による持続的で可視化されたチェックや検証が必要とされよう。
(2)　日本経団連は、近年企業の社会的責任や企業倫理の徹底を公の場で語るようになった。もちろん内実がともなっているかの検証は大事なことであるが、2011 年 9 月 14 日に発表された「企業行動憲章」では「法令順守を超えた企業の社会的責任」を唱えている。
　　http://www.keidanren.or.jp/japanese/policy/cgcb/charter.html
(3)　本章では日本のエネルギー政策についての検証をおこなうほど余裕はない。だが、この間明らかになった、東京電力に限らず九州電力や

北海道電力の公聴会での「やらせ発言」などは、企業がやってはいけないことの一線を越えた行為だという認識は必要である。こうしたことが氷山の一角だとしたら、日本の企業社会の内実は深刻である。

(4)　「毎日新聞」2011年10月11日付け記事より。

　「トヨタ自動車は11日、東北地方に生産拠点を持つ関連子会社3社を統合し設立する新会社の社名を「トヨタ自動車東日本」とすると発表した。新会社の社長にはトヨタの白根武史専務（59）が就任する。3社の株主総会での承認などを得て正式決定する。

　トヨタの国内生産体制強化の一環で、関東自動車工業（神奈川県横須賀市）▽セントラル自動車（宮城県大衡村）▽トヨタ自動車東北（同県大和町）の3社が12年7月に経営統合する予定。東北を小型戦略車の開発を含めた一貫生産拠点と位置付ける」。

(5)　企業の分類をもう少し細分化すると、経営規模（大企業と中小企業）によるもの、経営主体（私企業や公企業）によるもの、さらには法的形態による分類、公益法人、協同組合、NPOなど様々な範囲のものが含まれる。そうしたことも含めて企業とは最大公約数として公益も含めた営利を目的として生産や販売などの経済活動を行う組織体のことをいう。

　日本での「第三セクター」といわれる事業形態は、国や地方公共団体（第一セクター）と民間事業者（第二セクター）との共同出資で設立された法人である。類似用語として「サードセクター」があり、同意語と解釈される部分もあるが、国際的には、NPO、市民団体その他の民間の非営利団体を示し、また、イギリスなどでは、NPOや慈善団体など、公共サービスを提供する民間団体を指すこともあり、ニュアンスは異なる。

(6)　倉敷紡績の大原孫三郎に限らず、日本にも開明的な実業家が存在したが、欧米諸国に比べてそのような評価をされる実業家の数は圧倒的に少ないのも事実である。

(7)　日本での「第三セクター」といわれる事業形態は、国や地方公共団体（第一セクター）と民間事業者（第二セクター）との共同出資で設立された法人のことをいう。ただしこの用語の使用方法は日本限定であるという認識が必要である。本論文でも扱っている「サードセクター」とは、日本の第三セクターと同意語と解釈される部分もあるが、

国際的には、NPO、市民団体その他の民間の非営利団体を示し、また、イギリスなどでは、NPOや慈善団体など、公共サービスを提供する民間団体を指すこともあり、ニュアンスは異なる。「サードセクター」については、「創造的共生」の担い手として、終章でも論じる。

(8) コンプライアンス (compliance) とは、要求や命令への服従という意味からきたもので、特に、企業論で扱う場合は、企業が法令や規則を遵守しようとすることを指す。モラルハザードが倫理的逸脱と規範を指すことに対し、コンプライアンスは強制力を伴う。

(9) フィリピントヨタ自動車は、1988年創業している従業員約1500人（工場労働者約900人）のトヨタ自動車の子会社である。TMPCWA（フィリピントヨタ自動車労働組合）は、1998年4月に、独立組合として労働雇用省に登録された。2000年3月、労働協約を結ぶ労使協議（CBA）を行う権利を得るために「組合承認選挙」（CE）が行われたが、記名投票の結果、賛成は500票を超え投票数943票の過半数を制した。しかし、トヨタは、課長クラスの105票が含まれていないとして異議を申し立て、労使協議を開始しなかった。会社側は職場放棄として、組合員227名を解雇（その後233名に）、70名を停職処分した。理由は、労働雇用省の公聴会の山場に、組合員317人が参加したことが、「無断欠勤」になった。会社側の異議は、労働仲裁官、労働次官のいずれの段階でも却下されて、2001年3月16日、ついに、労働雇用省長官の裁定で組合の勝利が確定した。

　その後ILOも和解案を勧告したが、会社側が認めず、争議は現在まで未解決のまま続いている。支援グループは、トヨタ本社にも出向いて要請を行っているが、「別会社」での争議ということで取り合わない。北米トヨタのリコール問題などが起きたときは、トヨタ首脳部が真っ先にアメリカに出向いて謝罪の記者会見をしていることを考えると整合性がない事例として紹介する。

　　フィリピントヨタ労組（TMPCWA）を支援する会 HP
　　http://www.green.dti.ne.jp/protest_toyota/tatakaigaiyou.htm

(10) ISO (International Organization for Standardization) とは国際標準化機構のこと。電気・電子及び電気通信以外のあらゆる分野の国際規格の作成を行う国際標準化機関で、各国の代表的標準化機関から構成されている。本論文で重要視しているのは、人権・労働・環境など

社会的責任の国際規格である ISO26000 である。
　　　　日本規格協会 HP　https://www.jsa.or.jp/dev/glossary_8/
⑾　公益通報者保護法（平成 16 年法律第 122 号）とは、主に企業の内部への社会的不正や違法行為を外部に告発した労働者を法的に保護する法律である。2004 年 6 月 18 日公布され 2 年の経過を経て、2006 年 4 月 1 日施行されている。この法律では、内部告発者に対する不利益な取り扱い、たとえば解雇や昇進や昇級の差別や減給など無効とした。
⑿　トヨタ自動車に代表される日本の大企業の労使関係の中には「企業内労働組合」を通した企業の人事制度・労務管理の遂行という事例が多いが、近年の情報サービス系の新興企業や外資系企業の中には労働組合が存在しない形の労使関係が目につく。これが労使関係の「ノンユニオン」である。トヨタ企業集団の第二次企業集団以下の「下流域」に位置する企業・事業所もまた、「ノンユニオン」状況である。
⒀　トヨタ関連企業でも「環境報告書」の類いは、精力的に毎年発表している。ただしその内容は業者に発注していることもあるのか、同じような様式を目にする。
⒁　フィランソロピーとは、ギリシャ語の philo（愛）と anthropos（人類）を語源とし、そもそもは人間の愛、博愛、慈善などであり、現代社会では企業が中心となって行われる社会貢献活動や慈善的な寄付行為など「福祉」活動を指す。場合によっては、企業が行うことを強調するために、「コーポレートフィランソロピー」ということもある。
⒂　「マッチングギフト」とは 企業や団体などが社会貢献のために寄付や義捐金を募る際、寄せられた金額に対して企業側が金額の上乗せを行い、寄付金額を増やした上で同じ寄付対象に寄付するという取り組みをいう。マッチングギフトは、主に企業が従業員に対して寄付を募る場合の制度として導入されることが多いが従業員の寄付に対して、企業は一定比率の額を企業側から拠出し、増額して寄付するといった形がとられる。比率は多くの場合 100 パーセントであり、寄付金額は倍にされる。マッチングギフトによって、従業員の善意を企業が支援するといった形が実現できる。
⒃　日本フィランソロピー協会によれば、フィランソロピーは役割から以下 4 つに区分している。それは、①企業本業を生かした社会貢献、②金銭的寄付による社会貢献、③企業施設を活用した社会貢献、④人

材を活用した社会貢献、である。

　従業員に対し社会貢献活動を「業務命令」として実施したりして活動させるフィランソロピーもある。この場合企業は自らが広告塔的な役割を果たすために、各種スポーツで横断幕やゼッケンの着用などで企業アピールをすることはよくある。また従業員が個人として行うボランティア活動に「休暇制度」や「表彰制度」などの形で企業が支援するフィランソロピーもある。

(17)　トヨタ自動車は、社会貢献活動（メセナ活動）の一環として実施している「トヨタ コレオグラフィーアワード」は、舞踊の振興及び次代を担う振付家の発掘・育成を目的に、「世田谷パブリックシアター」と提携のもとで、2001年より通算7回実施しているという。

(18)　「環境報告書」とは、環境省によれば「企業などの事業者が、経営責任者の緒言、環境保全に関する方針・目標・計画、環境マネジメントに関する状況（環境マネジメントシステム、法規制遵守、環境保全技術開発等）、環境負荷の低減に向けた取組の状況（CO^2排出量の削減、廃棄物の排出抑制等）等について取りまとめ、名称や報告を発信する媒体を問わず、定期的に公表するもの」である。「環境報告書を作成・公表することにより、環境への取組に対する社会的説明責任を果たし、利害関係者による環境コミュニケーションが促進され、事業者の環境保全に向けた取組の自主的改善とともに、社会からの信頼を勝ち得ていくことに大いに役立つと考えられます。また、消費や投融資を行う者にとっても有用な情報を提供するものとして活用することができる」とされる。環境省「環境報告書ガイドライン」http://www.env.go.jp/policy/report/h19-02/chpt1.pdf

(19)　21世紀以降日本で話題とされるようになった「構造改革」とは、社会が直面している問題を改善するために、政治・社会制度や産業構造などの抜本的な改革を推し進めることだとされ、教育改革もその中に含まれる。最近は、様々な社会的規制を経済発展の桎梏となぞらえ、「岩盤規制」ととらえ、それを打ち砕くことが改革であいう主張も聞こえてくる。

(20)　「ニューエコノミー」は、IT（情報技術）とグローバル化の進展により、米国経済で景気循環が消滅し、インフレなき成長が持続するという説から生まれた概念。情報化には生産性を向上させると同時に、

過剰在庫を減らす効果がある。また、グローバル化は最小費用で原材料、部品や資金の調達を可能にするので、好景気が続いてもインフレが生じないとされた。

（石見徹 東京大学教授、2007年）『デジタル大辞典』「知恵蔵版」より。

第5章　企業福祉と労使関係
　　　——トヨタの事例をふまえて

1　はじめに

　これまでも触れてきたように、筆者は企業福祉を論じる場合、労働問題からのアプローチが重要であると考えている。企業福祉は、日本的労使関係の三種の神器である終身雇用、年功賃金、企業別組合を側面から支えてきたからである。企業福祉の特徴を解明するために、日本的労使関係ならびに労働問題の特徴を考察する必要がある。

　本章では、日本の労働現場の実態を、主にトヨタ自動車と関連企業の事例に焦点を当て、その特徴を考察する。日本の労働者一般の働かせ方とトヨタの働かせ方は、共通点があるが、異なる面もある。同じトヨタ関連企業の中でも「効率重視」「無駄のない働かせ方」という共通目標はあるが、温度差がそれなりにある。だがトヨタの働かせ方は、日本の労働者の働かせ方の1つのモデルともなり、日本社会に限らず世界にも大きな影響を及ぼしてきたのである。

　日本の労働現場は、先進国の中では長時間労働で、労働の質も過密だといわれる。「外」からは、労働者にとって苦痛であるという評価が一般的にされてきた。

　労働とは、人間が精神的・肉体的な能力をもとに自然に働きかけ、人間にとって有用なものを生み出す営みである。人が労働に関わることは、優れて社会的な意味がある。本来的には、労働は充実したものでなければならない。

　だが現代社会では、その労働が苦痛を伴い、疎外感に悩まされ、分断された労働の下で嫌悪感を持つことすらある。その労働の在り方を受容できない部分は、若年労働者を中心に少なからぬ部分が現場をリタイアしてき

図表5−1　日本的労使関係と企業福祉

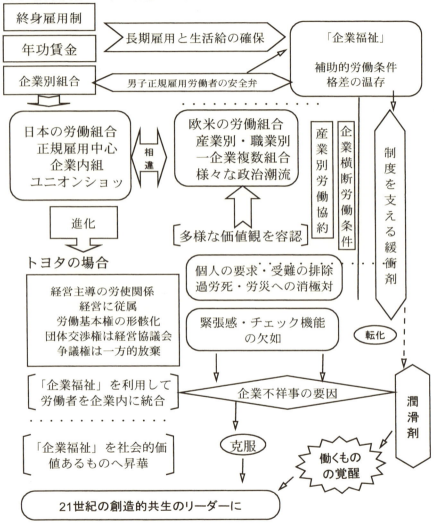

著者作成

た。しかし別の視点からは、日本の労働者の多数は、外からは苛酷とも言える労働を積極的あるいは消極的に受け入れてきた経緯がある。トヨタの労働者の働かせ方の受容を、「年功制度」や「終身雇用」だけでは説明するのは困難である。しかも過酷な労働によって生み出される代表的事例に、「過労死」（KAROSHI）がある。自らの命を縮め失う労働を、どうして労働者は黙々と受け入れるのかという疑問に直面する。

　筆者はこの間、少なからぬ「労働相談」の事例に関わる担当者の声を聴いてきた。[1]労働相談の中身は、多種多様である。賃金や残業代の未払いや労働時間など処遇に関わるものから、パワハラ・セクハラなど働く人の尊厳に関わることもある。その中でも、過酷な働かせ方への健康不安への相談も多い。その種の相談の最初は当事者（本人）ではなく、まず妻や母親など、家族が当事者の働きぶりを心配して、名前も明かすことなく恐る恐る電話相談をする。当事者自らが相談するのは稀である。健康相談では、当事者が深刻な状態になった段階で本人も加わってくる。当事者も家族も、企業社会の一員であることを無意識に自覚しているが故に、企業の不条理に「異議申し立て」をすること自体が罪深いと感じているからだろう。過去の事例では、産業医に健康相談をすると、翌日上司からおとがめの声がかかることすらあったという。労働組合にしても同様である。意識的に声を上げて質問すると、一般的な安全衛生活動は労働組合活動としては日常的にやっているから、個別事例についての支援はしてこなかった、との答が返ってくる。

　こうした労働者個人の受難は、労働者個人の責任によって対応しなければならない。だからその多くは会社への失望から離職という選択をするか、あるいは泣き寝入りを選択するか、あるいは孤立しても異議申し立てをするという選択になる。第三の選択こそが真の解決方法に近づけるので、自分の健康の回復（過労死の場合は名誉）や人間の尊厳をめざすことになる。だがこのような事例にたどり着くのは限られた場合である。それは、トヨタだけでなく、日本の労働現場での実態である。

　この日本的働かせ方が、人々を本当に幸せに導くか、それとも「地獄への道」に引き込まれているのかの評価は、多面的な考察が必要とされる。外

第5章　企業福祉と労使関係

見上の華やかな評価が「光」であるならば、過労死事例など不祥事は「影」の部分といえよう。この章では、トヨタの労働を特徴づけるトヨタシステムの実態を概観し、その「光と影」の両面にアプローチし、よくいわれる「強制された自発性」[2]なるものがトヨタの労働に見いだせるか、さらにこの企業集団で働く労働者の「いのちと健康」が、本当に守られているかについて、事例を挙げながら検証したい。

2　日本の労働現場とトヨタ生産システム

　日本の労働現場を体現している事例としてあげられるのが、トヨタ生産システム（Toyota Production System、略称TPS）である。TPSとは、「ムダの徹底的排除の思想」と、「造り方の合理性を追い求め」、「生産全般をその思想で貫き」、「システム化した生産方式」であるとされる。このTPSは、一方では「リーン生産」とか、「カンバンを導入したジャスト・イン・タイム（JIT）」ともいわれてきた。「受注者に、より早く、最短時間で効率的に届けるため」の生産が最大の目的であり、いわゆる生産現場での日常的な「改善」を積み重ねた結果確立された、生産管理システムであるといわれる[3]。

　TPSは、「異常が発生したら機械を停止させる」という考え方（トヨタではニンベンの付いた「自働化」）と、各生産工程で必要なだけ停滞なく生産する考え方（「ジャスト・イン・タイム（JIT）」）の2つの考え方を柱として確立されている。

　「自働化」の語源は、トヨタの創業者である豊田佐吉が発明した自動織機に源流を見いだすという。この佐吉が発明した「自動織機」とは、布を作るために、糸を紡ぎ、織物を織る作業を自動で行う機械である。「自動織機」発明以前は、手作業で織物を織っていた。豊田佐吉は1896（明治29）年に日本で最初の動力織機、「豊田式汽力織機」を発明した。その後改良を積み重ね1924年には、世界最初の自動織機「無停止杼換式豊田自動織機（G型自動織機）」を商品化するに至った。

　「自働」とは、機械自らが生産を判断させる装置を組み込んだ機械であり、「自動」は動くだけのものでしかない。機械を管理・監督する作業者の

動きを「単なる動き」ではなく、ニンベンの付いた「働き」にすることが「自働化」である。「異常があれば機械が止まる」ことで、不良品の生産を食い止める。多能化された労働者が複数の機械を稼働させることで、生産性をより向上させることに成功した。ここにトヨタシステムの神髄がある。生産工程で異常が発生すれば、機械が自動的に止まるので、効率良く多くの機械を目で見て管理することが可能となる。この「見える化」と言われる、「問題を顕在化する」ための重要な道具である「アンドン」という異常表示盤がトヨタの工場内に設置されている。現場の労働者からは誰もが生産工程の異常がひと目でわかる仕組みになっている。

　以上がTPSの概要である。このシステムは果たしてこの社会で普遍的な意味を持ち、有効なものだろうか。「人間の発達と社会の進歩」に本当に貢献しているのだろうか。確かに生産性の向上・品質改善・異常回避など、企業の生産活動に関わる側面から観察すれば、このシステムの優位性は動かせない事実であろう[4]。だがそれだけで、このシステムを無条件で美化することができるであろうか。こうしたことを検証する必要がある。

　もう一方のジャストインタイム（JIT）を達成するには、必要な時に、必要な所に、必要な人（労働者）を配置し、不必要な所から人を排除する。高い生産性に柔軟性を持たせるためには、既成の価値観にとらわれない労働者管理が不可欠となる。自働化による労働者の多能工化や改善活動を通じて、生産に関わる人の「少人化」をはかり、市場にフレキシブル（柔軟）に対応できるようにする。このシステムは経済効率からすれば優れた制度であると評価される。

　また「カイゼン」もトヨタ生産方式に欠かせない。「カイゼン」活動の代表的なものにQC（Quality Control ＝品質管理）サークル活動がある。これは労働者の小集団を編成し、労働者が「自主的」に参加し、品質・原価・安全の管理のための改善を計画するための活動である。欠陥不具合のある不良品の発生を減らし、生産性の向上をめざしている。さらに労働者がチームとして品質問題に関わることで、労働者の生産への自覚や意識を高め、労働者の一体化をもたらすといわれる。

　TPSは現状に満足せず妥協のない「カイゼン」を絶えず行う。そのこと

で、人的ロスや工程間ロスなどの「ムダ」を徹底的に排除することで、資源をムダなく効率的に利益につなぐことを目的とする。その「効果」は、現在のトヨタ自動車の高い利益を生み出す企業業績を取り上げれば十分であろう。

　たとえば「トイレ休憩」は、過密労働から解放されるささやかな時間であるが、それすら「ムダ」となる。ラインの稼働率と効率性こそ重要とされる。労働者の心のゆとりは考慮されず、歩き方さえ束縛されるという。

　JITの「必要な物を、必要な時に、必要な量だけ」受け取る仕組みは、後工程の前工程への在庫リスクの転嫁となる。トヨタ自動車に部品を納入する下請けメーカーは「必要な物を、必要な時に、必要な量だけ」しか納入できない。トヨタの完成車ラインのある工場前の道路には部品納入を待つ大型車両が並ぶことになる。公共の道路を自動車部品納入車両が占領する。トヨタは、自社の生産を平準化し取引メーカーにもTPSが徹底されればコストの削減になりリスクの転嫁にはならないとされる。だが納入業者からすれば、納入の遅れがあれば取り引きにも影響があると考え、必ずしもトヨタの言い分が妥当とはいえない。

　「QCサークル」も建前は、労働者の「自主的」な参加・運営だが、実態は「強制」である。サークル構成は基本的に会社側が設定し、話し合いの内容に報告が義務づけられ、企業に不都合な内容には当然にも指導が入る。QCサークルへの参加状況と内容は「評価」と直結し、労働者は「自主的に」参加せざるをえない。仮に不参加の場合、低い人事考課になるのは目に見えている。

　TPSでは生産活動で不都合が生じた場合、その問題をただすための活動がQCサークルで行われ、カイゼン計画が立てられ、生産性が上昇することになる。QCサークル活動が業務なのか否かも長く曖昧にされてきた。勤務時間内におこなわれていた時期もあったが、現在は基本的に時間外に設定されている(5)。

　こうしてみるとこのTPSは高利潤を目指す企業からは好都合である。だが労働者の労働や生活や健康さらに社会全体から見ると、必ずしもそうではない。このシステムは多方面から検証する必要がある。実際にこのシス

テムにはアキレス腱がある。たとえば、過去にはグループ企業アイシン精機の火災事故、また東日本大震災での部品工場の被災によって、トヨタ自動車本体での生産ラインがストップしたことがある。ネットワークに不備がないという前提が、このシステムが機能とする以上、ネットワークの中で1つでも不備が発生すると、お手上げとなる。東日本大震災での被災による生産ストップは何もトヨタ自動車・関連企業だけのことでは無い。震災という未曾有の被害によって多くの生産現場は生産拠点と流通の喪失による方が大である。だがこうした非常時での対応で、過去に何回か生産がストップをせざるを得ないようなことが起きているのはトヨタ生産システムの中に弱点があるからである。蜘蛛の巣のように張りめぐらされたこのシステムが順調に稼働するのは、関連ポジションが正常に機能しているからである。一カ所でも不具合の箇所が生じた場合、生産はストップにならざるを得ないからである。近年はこうした反省から、部品調達も複数の企業と取り引きをしている。

　一方トヨタシステムの対極をなすのが、1920年代にスウェーデンで設立されたボルボ社の生産システムである。この企業では、1930年代にはフォード式のベルトコンベアラインによるシリアル（直列的）・フローな生産方式を取り入れている。1964年操業の本社トシュランダ工場でも採用されていた。トシュランダはスカンジナビア諸国では最大の工場であるといわれる。ここでは近代的機械の導入とフォーディズムの原理である作業の細分化と機械的同期化の推進で高い生産効率の実現がなされている。労働密度の上昇と平行して、離職率の高まりで労働力供給の課題が起きていた。ボルボの経営陣は、新工場建設にあたって、労働組合代表など現場の意見を取り入れ、カルマル工場の操業（1974年）が始まった。[6]

　ボルボシステムとトヨタシステムを比較した場合、優劣は別として特性は明らかである。高い生産性のみの評価ならば、トヨタの労働は、より効率的で高い生産性を維持してきた。だが労働の内実からすればボルボシステムのような充実感はトヨタの労働では得られない。にもかかわらずトヨタでは日々継続される「カイゼン」活動によって、労働者自らがこの生産システムに積極的に関わってきた。外から見れば過酷と思える労働者が、

こうした労働を忌避せず受容してきたのはどうしてだろうか？

このTPSが働くものにとって、「強搾取」なのか「疎外された労働なのか」あるいは「苦痛の最大限スリム化をめざした労働」なのかという評価は分かれるであろう。だが、人間の能力の限界と向き合った労働であることは確かである。労働者の平均的な部分はこの労働を受け入れているが、受容が困難な部分は、この過酷な労働現場から逃避するか、無理強いすることで心身ともにぼろぼろになり、時として死に至るように、再起不能となる。だが総体としては、こうした日本的な労働はトヨタに限らず日本では受け入れられてきた。

このシステムが受容されるには、日本固有というよりもトヨタ固有の「経営主導型」の労使関係の存在があげられる(7)。これは単なる「協調主義的労使関係」の水準ではない。その実態は次項の「トヨタ自動車堤工場過労死事件」で明らかにする。トヨタ生産システム（TPS）は、「人間の発達と社会の進歩」のモデルとなりうるかは別として、日本の労働者をもっとも効率的に働かせる労働であることだけは確かである。

3　トヨタ自動車堤工場過労死事件

こうしたトヨタに限らず日本の労働現場での労働者の働かせ方は、労働者にとって耐えがたい受難に遭遇する。日常的なパワハラ・セクハラなどの人間不信に陥るような類から、時として精神疾患をはじめ労働災害に、最悪の場合「過労死」として出現する。労働災害は当事者が正直に声を上げれば、その実態の全貌を明らかにすることは可能だが、事例の多くは本人の「同意」によって「私傷」扱いされている。過労死の場合は本人の生存そのものが失われるため、本人の生の声は直接には聞こえない。それでも時として、勇気ある家族が夫の死を無駄にしたくないと立ち上がることがある。本章では、夫の死を仕事が起因であることを認めさせるために立ち上がり、大企業トヨタに異議申し立てをした1人の女性のたたかいを紹介する(8)。

3－1　事件の概要

　この事件の概要は、メディアを始め様々な資料が公になり世間で知られることになった。次に、この事件の原告であり、被災者の妻であった内野博子氏の結審時の陳述の全文を以下に提示して概要を紹介する。

　「6年近く前の2002年2月9日の早朝、夫・内野健一が過労の中、トヨタ自動車堤工場で夜勤の残業中に、突然心臓が止まって倒れました。そして救命処置もできない工場の救急車で運ばれて亡くなりました（トヨタでは工場に私設救急車を用意している）。

　始業時間が朝6時すぎの週は4時に起き、定時が夜中の1時という週は、夜中に帰るのが普通で、最後は日が明けてから帰ってきました。こんなめちゃくちゃな勤務体系の中で夫健一は、家族や地域社会とのかかわりを犠牲にして働きました。

　車体部の品質検査係として常に不具合がでないように調査し、苦情の電話が来るたびに前後の工程へ駆けつけて、頭を下げながら対処するというストレスのたまる仕事でした。当日も、連続する不具合で後工程の上司数名から怒鳴られて顔をこわばらせて詰め所に戻ったのを上司が見ています。

　ライン残業後はサービス残業として、QCサークル活動報告書の作成、創意工夫提案書の作成、交通安全リーダーとしての会合や報告書の作成、新人教育、EX（エキスパート＝班長）会広報としての準備作業、組合の職場委員としての労務管理など様ざまな役割が与えられていました。トヨタでは、これらが『賃金のつかない業務』として黙認されている異常な状況があります。厚生労働省からも指導していただきたいです。

　夫は、同僚から『早く帰らないと体こわすぞ』と言われるほど、誰から見ても過労の状態でした。家でも『寝る時がいちばん幸せ』と布団に潜り込みました。死亡前1カ月間の残業時間を計算すると144時間になり、堤工場人事担当者はこのうち114時間を認めています。労災の認定基準に合っています」(9)。

世間の常識からすれば、こうした事実が明らかになれば、労働災害＝過労死として直ちに認定されても不思議ではない。だがそうならないところに、この国の企業の労働問題と労使関係の実態を示している。

3－2　労災不認定から裁判闘争へ

今までもこうした事例は耳にするが、これまでの多くの遺族は泣き寝入りするのが圧倒的であった。遺族が労災申請をする前に、遺族関係者への無言の圧力や遺族の再就職先を会社が確保して、第三者からはこの被災事実が見えなくなったのは1度や2度ではない。だが内野健一氏の妻は労災認定のために実名を出して闘った。これは会社としては、想定外だったのだろう。当初、この事例に対して会社（トヨタ）も、ほんの極一時期、労災認定に動こうとしていた時期があった。だが会社は労災不認定の側にたった。おそらく会社側の腹では、遺族を懐柔できるという自信があったのだろう。

労働災害の認定は、裁判と同じく三審制である。最初の申請は、労働基準監督署である。ここで不認定になると、都道府県段階での労働基準監督局への申請になる。ここでも不認定となると、裁判でいう最高裁にあたる「中央審査会」に持ち込んで、待たせるだけ待たして最後は却下される事例が圧倒的に多い。内野健一氏の過労認定をめぐる第一段階の係争は、このような労働基準監督署、労働基準監督局、中央審査会と進められ、予想通り却下となり、次の段階で裁判への移行となった。ただしこの間の過程で、あとから判明したことだが、いくつかの看過できない重要事項も明らかになった。こうして2005年7月、裁判は始まった。判決は2007年11月30日、名古屋地方裁判所で出された。結果はこれまで認定されなかった労働災害不認定を取り消すものであった。原告側の勝利判決であった。

3－3　判決の内容

この裁判の判決では、(1)内野健一氏の時間外の労働時間数、(2) 内野健一氏の労働の業務の質（密度、ストレス）についての重要な判断がなされた。その内容の核心は、業務の量も質も過重で、内野健一氏の死亡要因は

業務によるものであるという司法判断であった。

A 残業時間数についての判断

判決では、被災者が被災直前の1ヶ月の時間外労働時間は106時間45分とした。この時間は、原告の申請時間よりも少ないが、客観的に被災者が工場で仕事をしていたとされる最低限の数字である。被災当時のトヨタ自動車堤工場では、労働時間管理がしっかり行われておらず、被災者が工場にいた時間は、死後原告が資料を集めて算出したもので、判決ではそれを基本的に採用した。

世間の常識からすれば、工場に残っていた時間は基本的には勤務時間でありそれが通常の定められた時間外ならば、残業時間になるはずだが、トヨタ自動車と豊田労働基準監督署は、工場に残っていた時間全てが仕事をしていたかはわからないとし、上司の証言のみに依存し、工場に残っていても「雑談」等の理由で業務ではないとされていたが、判決ではこうした主張を退け、業務であると正当な判断を下した。

B 明らかになった問題点と残された課題

判決では、被災者（内野健一氏）が関わった「品質管理」のクレーム対応業務に目を向け、相当程度にストレスの高い仕事であることを認めた。加えて、トヨタ自動車の生産現場で導入されている「連続二交代勤務」（一直：午前6時25分から午後3時15分、二直：午後4時10分から翌日の午前1時、を隔週で行うシステム）が、深夜勤務は人間の生体リズムに反し、疲労の蓄積を招く、との評価をした。最近の他の過労死事件でも、裁判所の判断では深夜勤務のストレスが正当に評価されるようになり、この判決もその流れをくむものである。

名古屋地裁の判決は、裁判で明らかになった事実に基づき、内野氏の労働の詳細を丁寧に評価し、過労死であると判断した。隠れた仕事について、業務性を認める等の画期的な点を含むこの判決は、国によって控訴されることなく、確定した。とはいえ、判決確定後も解決しなければならない問題も明らかになった。まず現行の労災制度は、使用側が労災と認めて真摯

な対応をしない限り、また同僚が協力してくれない限り、認定されるのは困難である。そして遺族が裁判まで起こさなければ過労死と認められない現実が明らかになった。

また、労災が確定した後でも、当事者の名誉回復も遺族補償についての規定も曖昧であった。今回の判決を受けて原告と弁護団は労基署とトヨタ自動車に対して粘り強い申し入れと要請・交渉を行ったが、最後まで公式的な謝罪はなかった。[11]

3－4　判決の意義

判決の意義はまず被災者内野健一氏の死因を業務に求め、過労死であることが認定されたことである。さらに判決では、これまでトヨタ自動車に限らず「仕事ではない」、「自己研鑽だ」と言われながらも、実際には「強制的」業務であったシステムに踏み込んでいる。人事考課として評価の対象とされてきた「創意くふう提案活動」、「ＱＣ（品質向上）サークル活動」、「交通安全活動」などへの正当な評価をしたことである。会社への「事業活動に直接役立つ性質のもの」あるいは「事業活動に資する」ものであって、会社への育成・支援していることを理由に、その業務性が認められた。この判決は、これらの隠れた仕事も会社の指揮命令下での業務だと認められ、画期的で、日本の労働者全体に大きな意義がある。[12]

この裁判の判決を受けて、日本の労働現場での異常なまでの働き方、働かせ方が問題として浮かびあがった。世間の常識がトヨタに必要だと言われる。トヨタだけに限らないが、日本の民間大企業労組と会社側の「三六協定」には、上限の例外規定を設け、場合によっては過労死ラインに及ぶような時間外労働を容認している。生産第一主義がまかり通り、それを規制すら出来ない労働組合のありようが問われる。いかにすりあわせといっても、労使関係でいうならば、労働側には譲れない一線があるはずだが、それすらも曖昧にされている。労働組合はすべての労働者にとって、安心と安全、労働と生活のバランスを考えた働き方を提起していくべきである。

この事件でのトヨタ自動車の「企業内労働組合」の役割にも触れておく必要がある。内野氏が痛ましい死を遂げた後、原告は会社への労災認定の

ための要望とともにトヨタにある企業内労組にもささやかな支援要請を行っている。しかし企業内労組の立場は、「個別事例」は取り扱わないというものであり、会社の過酷な労働実態にメスを入れようとはしなかった。この姿勢は一貫しており、判決後も原告や支援する会や弁護団は会社への申し入れとともに、企業内労組にも申し入れを行った。だが最後まで煮え切らない態度で、しかも対応に顔を出したのは何ら権限のない若い組合役員だけであった。もし企業内労組が労働組合としての役割を自覚して、内野健一氏の労災認定のための努力をしていれば、トヨタ労組としても名誉であり、その後の展開も異なったものになっていたであろう。しかし残念ながらそうはならなかった。トヨタ自動車の企業内労組は、一組合員の受難を救済するのではなく、客観的には会社の立場を擁護した。これがトヨタシステムの本質であり、日本の多くの労働者の置かれている状態である。

　トヨタ自動車・関連企業で発生した過労死ならびに重要な労災事例[13]については注で紹介しておく。この数が少ないのか多いのかは判断に苦しむが、表に出ない事例がこれ以上にあるのは確かである。

　過労死認定をはじめ労働裁判については、これまで労働側は押し切られる状態が多かった。だが2016年暮れに、過労死として認定された電通の高橋まつりさんの判決以降風向きが変わったという。それまで労働者が被災4週間前の時間外労働が、100時間未満でも過労死認定される事例が出るようになったからである[14]。だが「尊い人間のいのち」と引き替えに、酷い働かされ方が免罪されるとしたら、それはあまりにも日本の労働現場で働く労働者は惨めである。

4　働きがいのある職場を考える

4-1　ILOのディーセント・ワーク

　日本の労働現場では過労死・労働災害などの事例や会社の都合で一方的に無慈悲にも切り捨てられる事例がある。こうした労働現場の実態を聞くたびに、日本の労働者は果たして「人間に値する」労働条件と労働環境の下で働いているのかと疑問を抱く。日本国憲法や労働法規で認められている働くものが健康で安全で安心して働く環境が本当に確立されているかと

いうことを自問する。その意味で、「働くルール」のあり方を確認すべきである。

　近年話題になっている「ディーセント・ワーク」(15)（Decent Work）とは、ILO（国際労働機関＝International Labor Organization）によれば、「働きがいのある人間らしい仕事」のことをいう。ILO は「全ての人にディーセント・ワークを - Decent Work for All- 」の実現を目指して活動を展開している。ディーセント・ワークという用語自体は 1999 年の第 87 回 ILO 総会に提出されたファン・ソマビア事務局長の報告において初めて用いられたものである。ILO の活動の主目標としてディーセント・ワークが位置づけられている。ディーセント・ワークはいわば世界共通の働き方のモデルである。だがトヨタの労使は、この用語の使用を意識的にあるいは無意識的に避けている。それはトヨタの労働が、ディーセント・ワークとはかけ離れたものであるという暗黙の自覚があるのだろうか。その意味では、トヨタの働かせ方は、「ディーセント・ワーク」とはほど遠いといわざるを得ない。それはトヨタに限らず日本の労働現場総体の実態でもある。

　だが日本の労働現場で酷い働き方が一般的であるならば、日本は国際社会の中でも有り難くない評価を受けることになる。「働き蜂」から始まり「過労死」に至るまでの部分だけが「日本の労働」の一般的な姿として紹介されると、それは日本にとって不名誉である。日々酷い労働によって、労災や過労死に遭遇し、生活すら困難な状況が引き起こさせているならば、企業や国家にとっても重大な損失である。当事者はその責任も問われることになる。

　ディーセント・ワークは、労働者の働らかせ方の評価と、人らしく生きていくためにも、貴重な指標である。

4－2　国連のグローバルコンパクト
(United Nations Global Compact UNGC)

　近年は経済と企業活動のグローバル化によって、労働者の労働条件も「国際的な」基準をもつことが必要とされるようになった。「国連グローバル・コンパクト」（UNGC）とは、持続可能な成長を実現するための世界的な枠

組み作りに参加する自発的な取り組みのことをいう。各企業・団体が責任ある創造的なリーダーシップを発揮を前提とする。もちろん企業経営の側の「努力」だけで、国境を越えた労働問題が解決するとはいえないが、活用の仕方で UNGC はその一歩とはなりうる。

日本の企業の中でも UNGC に積極的に関わる企業がそれなりに存在する。だが、UNGC からは必ずしも日本企業は高い評価を得てはいない。[16] UNGC に署名する企業・団体は、人権の保護、不当な労働の排除、環境への対応、そして腐敗の防止に関わる 10 の原則に賛同する企業総体である。建前だけでなく、その実現に向けた本気の努力をしなければならない。

そもそも UNGC は、世界経済フォーラム（1999 年ダボス）での席上、コフィー・アナン（国際連合事務総長当時）が提唱したことが最初である。これには潘基文現国連事務総長も明確な支持を表明している。企業の思惑があり、UNGC への姿勢も温度差があるのも確かである。だが企業が、社会の良き一員として行動し、持続可能な成長の実現のために世界的な枠組み作りに自発的に参加すること自体を非難する理由はない。UNGC は 2000 年 7 月 26 日にニューヨークの国連本部で正式に発足した。2004 年 6 月 24 日に開催された最初の GC リーダーズ・サミットでは「腐敗防止に関する原則」が追加され、現在の形となった。2015 年 7 月時点で、UNGC には世界約 160 カ国で 1 万 3000 を超える団体（そのうち企業が約 8,300）が署名している。「人権」・「労働」・「環境」・「腐敗防止」の 4 分野・10 原則を軸に活動を展開している。

日本の企業は、とりわけ大企業はグローバル化し多国籍企業が多いが、UNGC への署名企業の数は決して多くはない。それはグローバル企業の戦略に関わって、4 分野 10 原則との整合性が問われる企業があるからである。[17]

UNGC の定めるこれら 4 分野（人権、労働、環境、腐敗防止）10 原則は、いずれも世界的に採択・合意された普遍的な価値として国際社会で認められているものである。UNGC は、企業が影響の及ぶ範囲内で「人権」、「労働」、「環境」、「腐敗防止」の分野における一連の本質的な価値観を容認し、支持し、実行に移すことを求めていることになる。

この UNGC の原則がディーセント・ワークとともに日本社会に定着すれ

ば、上からの空虚な「働き方改革」と違って、労働環境を一変させる武器になりうる。だがそれは不断に当事者の努力が必要となる。とりわけ労働側からの積極的な働きかけが重要なのはいうまでもない。

4－3　ワーク・ライフ・バランス（work–life balance WLB）

「ワーク・ライフ・バランス」(18)（work-life balance WLB）とは、一般に「仕事と生活の調和」のことをいう。1970年代以降の欧米で、働きながら子育てをする人の増加や長時間・過密労働によるストレスなどの社会問題化への対応として用いられるようになる。産業構造の高度化、企業活動のグローバル化、女性労働力の増大、家族構成の変化などの環境変化が、ワーク・ライフ・バランス（WLB）の登場を促した。この動きは1980年代以降現在まで、加速化されるようになった。

1980年代のアメリカでは、IT革命が進行し、産業構造が転換し、女性の労働現場への進出をもたらし、「仕事と子育て」の両立という課題に直面する。当初は子育ての多くは働く女性への両立支援策であり、これが今日のWLBの始まりである。この言葉には、企業経営の側からは、生産性向上のために、労働者の私生活に配慮するという意味もある。時間外労働や休日出勤の減少や、育児休暇の充実など子育て環境を整備することで、労働者の仕事へのインセンティブが高まることへの期待がある。

日本では、長時間労働や無償の時間外労働（サービス残業）、労災・過労死など労働をめぐる社会問題が顕在化している。その一方で、少子高齢化によって仕事と家庭生活が崩れているという指摘があった。そうしたこともあり、WLBが、2006年ごろから少子化対策や男女共同参画推進のための切り札として期待されるようになった。政府や自治体が政策的にも推進するようになった。しかし一方ではこの施策は、企業の広告塔的なものとして使われている部分もある。この施策が単なる言葉だけの「から文句」で一人歩きにならないためには、当事者が仕事と生活の調和を常日頃から語り、行政や企業や世論にも訴えていくことが必要である。とともに、当事者自らが積極的に「仕事と生活の調和」のために関わることが必要とされよう。

トヨタ自動車をはじめとした自動車産業の労働力の主力は、これまで男性であったこともあり、長く「ワーク・ライフ・バランス」的な働き方は考慮されなかった。だが近年の女性労働者のめざましい増加は、男性本位の自動車産業の職場を一変させようとしている。企業間の格差はあるものの、後述するように現在では「ワーク・ライフ・バランス」を意識した職場環境に変わりつつあるのも事実である。

5　働かせ方からみた企業の類型

5－1　「ブラック企業」

　近年話題を振りまく「ブラック企業」とは、一言で言えば、違法または悪質な労働条件で働かせる企業のことである。「ブラック」という表現には違和感があるが、具体的には長時間労働やサービス残業を強いる「使い捨て型」、大量採用後に必要な人材以外は辞めさせる「選別型」、パワハラや退職強要を放置する「無秩序型」などがあるという。就職難を契機に登場し、リーマンショック前後の2008年ごろからインターネット上で叫ばれるようになった。[19]

　トヨタ自動車・関連企業に代表されるトヨタ企業集団の第一次グループ企業では、表向きには企業施策としてコンプライアンスや「企業の社会的責任」を謳っている。したがって、「ブラック企業」的働かせ方を容認していることが明らかになれば、企業活動にとって命取りになりかねない。だが関連企業の実態を見ていくと、グレーゾーン的な働かせ方もしばしば目につく。かつては第一次グループの大手企業でもサービス残業が横行したこともあった。

　また労働者派遣法の適用範囲の拡大による派遣労働者の扱いが、「グレー」な働かせ方を促し、しばしば労働争議になり、裁判などでは使用者側を断罪している。こうした脱法的・違法な働かせ方は、トヨタ企業集団では、上層・中心の部分では表向きは見られないが、下位・周辺に行くに従い事例に遭遇する。外国人労働者の多くが派遣労働者であり、真っ先に受難を経験するのはそうした非正規労働者である。実際にリーマン・トヨタショックの時期には、「派遣切り」に見られる、「違法」「脱法」の働かせ方

が大きな社会問題となった。現在でも、「ブラック企業」の存在は、日本の労働現場で深刻な問題である事には変わりはない。

5－2　「ファミリー・フレンドリー」企業と女性労働

　近年話題を提供しつつある「ファミリー・フレンドリー企業」とは、厚生労働省によれば、「仕事と育児・介護とが両立できる度があり、多様で柔軟な働き方を労働者が選択できる取り組みを行う企業」をいう。いわば「ワーク・ライフ・バランス」が確立している企業とも言える。ファミリー・フレンドリー企業は、行政の側で基準に照らして認定され表彰も伴うため、自ら名乗ることはできない。「仕事と育児・介護の両立」などが一つの基準とされるため、現代日本社会では女性労働者が少ない製造業は不利であるのは必然である。

　筆者が研究対象としてきたトヨタ自動車をはじめとした自動車産業の場合、近年様変わりしつつあるとはいえ、これまで男性本位の労働現場であった事実は否めない。それでも「小物」を扱う自動車「部品」メーカーの労働現場では、それなりに女性労働者が役割を果たしてきた。しかし、完成車メーカーでの女性労働者の割合は決定的に少なかった。そうしたことが、男性労働者が「ある時期まで」過酷な労働を長時間にわたって行うのが当たり前という慣行にもつながってきた。一家の大黒柱が家族を養うために、長時間労働も厭わず黙々と行ってきた。協調主義的な労使関係の下ではそれは当然のことであると多くの人々は疑わなかった。

　しかし、社会は様変わりする。建前だけであった男女平等が、実効性を伴わざるをえなくなる。現在の日本社会では、女性労働は結婚出産前の一時的腰掛けに過ぎないという固定観念が徐々に取り除かれつつある。それでも当初は、女性が働くためには、女性労働に障壁が低い職場や企業で雇用されるのが当たり前であった。しかし技術革新による省力化は、これまで３Ｋ職場といわれる労働現場の分野にも女性が進出するようになる。トヨタ自動車の生産関係職にもそれなりの女性労働者が雇用されるようになる。いわば「専業主婦」が激減することになる。

　こうしたことを背景にトヨタ自動車では、前述した長く続いてきた家族

手当の見直しに着手する。トヨタでは抵抗なく進められても、他の分野ではすんなりとはいかないかもしれないが、時代の流れとして「配偶者手当」は過去のエピソードになるだろう。個人単位の生活が主流となるのは時代の流れである。もちろん改革で痛みを伴う人々への補填が必要なのはいうまでもない。

6 トヨタにおける裁量労働の拡大

　近年アベノミクスに代表される行政サイドからの「働き方改革」に先行して、トヨタ自動車でも「働き方改革」の動きが顕著である。2017年8月には、トヨタ自動車は、「労働時間に縛られない多様な働き方」を促す目的から、「裁量労働」の対象社員を拡充する方向で労働組合との協議に入った。また総合職に引き続き、一般職である「業務職」に対しては、2017年12月から「在宅勤務制度」の導入を始め、トヨタの社員の「育児・介護」と「仕事の両立」を支援するという。個々の労働者の置かれている条件を考慮して、多様な働き方を認めることで、職場から優秀な人材が流失せず確保していく狙いがある。

　トヨタが拡充する裁量労働は、残業時間にかかわらず、月45時間分の残業代に当たる17万円程度を支給する仕組みだという。一般企業の係長クラス（主任級）の総合職約7800人が対象とされる。主に事務職や技術職で、非管理職の総合職のうち半数を占める。本人が申請し、上司の承認を得られれば、時間の使い方も自由に決められる。会社側は月45時間を超えた残業についても、時間に応じた手当を支払うが、年間の残業時間の上限などは守らなければならない。年休を年間20日以上取得することも義務付けるという。

　トヨタでは、既に研究職など特定の分野では裁量労働制の導入はしているが、主任級では専門職など1700人程度でしかない。現在の労働基準法では裁量労働制は職種が限定されており、現行法律の枠内で運用して対象拡大をめざそうとする。在宅勤務の対象は、約4200人であり、小学校4年生以下の子供がいたり、要介護の家族がいたりする場合には、在宅勤務を選ぶことができる。「裁量労働」の拡大には、企業内労組との合意が必要だ

が、現在「労使協議会」による労使双方の主張のすりあわせをしている最中である。

これまでもトヨタの「働き方」をめぐる動きは、「一億総活躍社会」[24]＝「アベノミクスの働き方改革」の、パイオニア的な役割を果たしている。「柔軟な働き方」をめざすこうした動きが、本当に働くものにとっての利益と幸せにつながるかは、多方面からの検証が必要とされよう。

7　おわりに

こうしてトヨタに限らず現代日本の労働者の働かせ方を観察すると、2つの側面がある。それは相対的に「優れた処遇」という「光」とともに、「過酷な働かせ方」という「影」があることに気がつく。確かに効率重視の無駄のない生産システムは、高い生産性と企業間競争において優れ、それが高収益をもたらし、労働者の処遇は相対的に恵まれたものであった。このシステムの下で企業内人生を全うするならば、新規学卒者として「就社」して、以下のプロセスをたどっていくことになる。

「就社」して、まず「ステータスシンボル」である車の購入から始まり、寮生活からある年齢で生涯の伴侶を得る。当初は社宅生活から始まり、30代前半には持ち家を獲得して一家の大黒柱となる。そして、これまでの男性中心の企業内人生のステージを一歩ずつ登りつめ、最後は企業人生を終えることになる。このライフサイクルの中での位置は、少なくとも他産業や他企業で働く労働者と比較した場合、相対的に高い水準だといわれる。企業内人生のライフステージを終えた後も、企業のOBとして地域社会でも生涯を全うすることになる。これがトヨタの労働者の平均的なライフサイクルのパターンである。

以上は企業内人生の中で、「中心で基軸」の歩みをした人である。もちろん現代社会が「格差社会」である以上、そうした人たちの中にも、上位・中位・下位、の差を見いだすことはできよう。しかしそうした企業内人生を全うできなかった人の人生についてもみることが必要である[25]。

早い時期に企業人生に見切りをつけた人、年をとってから見切りをつけた人など様々な人生があろう。企業内で器用な生き方ができず、転職を繰

り返した人もいるかも知れない。ある時期まで順調だったのが、突如としてリストラに見舞われ、あるいは健康を害し、企業をリタイアした人もいるだろう。

　現在の日本社会において、一握りの富裕層が優雅な生活をし、一方では今日の暮らしの糧を得ることすら困難である層が存在する。そうした格差と貧困があるという現実は無視できない。だが「窮乏化」だけで現代社会の問題すべてを説明はしきれない。確かにこの社会での景気変動でたえず生活を脅かされるのは、底辺の労働者である。あるいは労働者性すら否定された零細業者や勤労者もそうである。労働者の階層化については、前章でも触れたが、その階層化による格差は現役時代だけでなく、現役をリタイアした後も続いていく。これが日本の社会の実態である[26]。

　企業福祉は、そうした日本の労働現場と社会が抱えている問題を、ある意味覆い隠す不透明なものにしている。賃金や労働時間のような主役ではなく、脇役であるからこそ、当事者以外には見えにくいまま現行の日本のシステムを支えてきた。だが日本的労使関係が揺らぎ、様々な分野への影響が及ぼうとしている現在、企業福祉もまた大きな影響を受けるのは不可避である。

〈注〉
(1)　愛労連労働相談センターに持ち込まれる労働相談事例である。そこでは健康相談から賃金不払い、雇い止め、年次有給休暇や労働契約書すらない事例が多々あることを知らされた。
(2)　熊沢誠『働きすぎに斃れて――過労死・過労自殺の語る労働史』岩波書店、2010年
(3)　トヨタ自動車ＨＰ　https://www.toyota.co.jp/jpn/tech/
(4)　トヨタシステムへの評価は、本文でも示しているが、単なる効率的な生産とか、強搾取という近視眼的な見方だけでは、その本質を見誤るであろう。
(5)　ＱＣ、改善などの自主活動は、かつては勤務時間外に行われ、手当の支給もほとんど無かった（お茶菓子程度）。
(6)　猿田正機『トヨタ研究からみえてくる福祉国家スウェーデンの社会

政策』(MINERVA 人文・社会科学叢書)、2017 年。この書籍を読むと、いかに日本の社会政策とスウェーデンの社会政策の差異があるかが見えてくる。

(7) 詳細は櫻井善行［2011］参照。

(8) 詳細は櫻井善行［2008］参照。

(9) トヨタ自動車堤工場労働災害事件判決文（2007）より

(10) 最初に労災申請をした豊田労働基準監督署の関係者は、公正な立場であるべきにも関わらずトヨタ関連企業の会社側からゴルフ券の提供などの接待を受けていたことが後に明らかになった。

(11) 労働組合は、労働組合員の利益のために機能することは本来的には問題はない。だがどういうわけだか、トヨタ自動車の企業内労組は従業員の個別事案は取り扱っていない。これも 1 つの立場であるといえばそれまでだが。

(12) 朝日新聞　2008 年 6 月 22 日付けの記事より。

(13) 内野健一氏の過労死事件に前後した事例としては次のような事例がある。①トヨタ自動車 A 係長過労自死事件(1985)、②グループマネージャー過労死事件（2002）、③セキュリティ担当者過労死事件（2005）、④カムリ HV 開発技術者開発事件（2006）。これらは会社側は内野氏の在職死と同様、その事実を公表していないが、いずれも労災・過労死が認定されたものである。現在も似たような事例はいくつかあるが、係争中のため控えておく。櫻井善行［2011］

(14) トヨタ系の二次下請けで働いていた三輪敏博氏の過労死をめぐる裁判では、時間外労働が発症直前に 85 時間であったにもかかわらず、業務の質から過労死認定をした（2017 年 2 月）。

(15) 「ディーセント・ワーク」(Decent Work) については、第 4 章を参照のこと。

(16) 実際に日本の企業の中では、このグローバルコンパクトへの対応は必ずしもまとまっているわけではない。自動車会社でも、トヨタと日産とでは対応が異なっている。

(17) グローバルコンパクト（United Nations Global Compact）の 10 原則は以下のとおりである。

　　　人　権
原則 1：人権擁護の支持と尊重　　原則 2：人権侵害への非加担

労　働
　　原則3：結社の自由と団体交渉権の承認　原則4：強制労働の排除
　　原則5：児童労働の実効的な廃止　原則6：雇用と職業の差別撤廃
　　　環　境
　　原則7：環境問題の予防的アプローチ　原則8：環境に対する責任のイニシアティブ　原則9：環境にやさしい技術の開発と普及
　　　腐敗防止
　　原則10：強要や贈収賄を含むあらゆる形態の腐敗防止の取組み
　　http://ungcjn.org/gc/principles/index.html グローバル・コンパクト・ネットワーク・ジャパン
⒅　実際に「ワーク・ライフ・バランス」がどの程度企業の中に浸透しているかは、企業間・産業間の落差が著しい。
⒆　「ブラック企業」という用語は、働くものの尊厳もルールも認められない反社会的な企業のことをいう。若者の就職難が社会問題となった2000年代後半から聞かれるようになり、インターネット上のスラング（隠語）として広まった。
⒇　猿田正機編著『トヨタの労使関係』税務経理協会、2009年、に詳しい。
(21)　ファミリーフレンドリー企業については、厚生労働省HP参照。
　　http://www.mhlw.go.jp/general/seido/koyou/family/
(22)　トヨタ自動車は2016年1月から段階的に家族手当を見直す。配偶者手当を廃止する一方、子供手当を4倍に増額する。以下は「日刊工業新聞」2015年7月8日付け記事である。「昭和20年代からある（トヨタ自動車労働組合）、古い家族手当を社会実態に合った形に見直し、女性の就労と子育ての支援を強化する。現在、労使間で協議中。現制度では配偶者が専業主婦の場合、月1万9500円の手当が支給される。新制度ではこれを廃止する一方、子供手当を現状の4倍の月2万円に引き上げる。いずれも段階的に額を変える。経営側は3年かけて完全移行する案を提案した。組合側は子供がいない場合など手当が急に減ってしまう家庭を配慮し、5年の移行期間を要求している。現制度は専業主婦が中心の時代につくられたもので、トヨタ組合員の賃金水準も当時とは大きく異なる。そうした変化を受け家族手当も見直す必要性が出ている」。

⑳　裁量労働については、業務の遂行方法が大幅に労働者の裁量に委ねられる一定の業務に携わる労働者について、労働時間の計算を実労働時間ではなく、みなし時間によって行うことを認める制度である。トヨタ自動車ではこれまで限られた職場に過ぎなかったが、今回会社がその範囲を末端職制のかなりの部分を適用させる意向であり、時間外労働の手当はある程度保障されるものの「働き方改革」を先取りした動きととらえてよい。

㉔　「一億総活躍社会プラン」とは第二次安倍内閣の2015年10月改造時に発表された「目玉プラン」である。このプランを安倍総理自らが「アベノミクスの第2ステージ」と位置付け、「一億総活躍社会」を目指すと宣言している。このプランによって少子高齢化に歯止めをかけ、50年後も人口1億人を維持し、家庭・職場・地域で誰もが活躍できる社会を目指しているという。

　　アベノミクスの新たな「3本の矢」を軸に、「経済成長」、「子育て支援」、「安定した社会保障」の実現を目指すとする。経済面は、「希望を生み出す強い経済」により、東京五輪が開催される2020年頃にGDP600兆円を達成。子育ては、「夢をつむぐ子育て支援」により、希望出生率を1.8（現在は1.4前後）まで回復。社会保障は、「安心につながる社会保障」により、団塊世代が70歳を超える20年代に介護離職ゼロを実現とする。

㉕　そうした人々もまた同じように、人生を送っているのである。この場合、下層・周辺におかれた人々についての生活実態は、現役時代以上に悲惨である。とくにひとたび病に襲われた場合、悪夢の生活が待っている。

㉖　NGO「報告書」2017/1/16「世界の富裕層上位8人の資産、下位50％と同額」

　　【ダボス＝共同】国際非政府組織（NGO）オックスファムは16日、世界で最も裕福な8人と、世界人口のうち経済的に恵まれていない半分に当たる36億7500万人の資産額がほぼ同じだとする報告書を発表した。貧富の格差拡大は社会の分断を招き、貧困撲滅の取り組みを後退させると警告。各国政府や大企業に「人道的な経済」の確立を求めた。

第6章　企業福祉と企業内教育

1　はじめに

　企業内教育は、労働費用に含まれるが、企業福祉には含めず、近接領域として、企業内教育を中心に教育問題を本章では扱う。企業内教育は、従業員を企業に貢献させるための人材育成をめざすため、企業福祉と共通の目標も見いだせる。一方では教育という観点からすると、企業内教育は公教育とはかなり様相が異なる。本章では公教育を中心に、まず「1はじめに」で教育一般について触れ、順次トヨタ自動車の企業内教育を中心に検証する。

　現代日本の教育体系と制度は、戦後確立され現在に至っている。その基本は日本国憲法と教育基本法・学校教育法によって、確立されたものである。「6334制」といわれる学校制度は、戦後復興から高度成長にかけて、「機会均等」の拡大により進学率の増大と教育の大衆化をもたらしたが、それに伴う問題も露わになった。それが教育分野における構造改革、すなわち「教育改革」論議がおきてきた背景である。

　だが現在の教育改革の動きは、行き詰まった公教育の現象面に目を奪われるが、行政サイドからのトップダウン方式の提案が目につく。最近では中等一貫教育の導入や義務教育の段階から「自己選択」を基本とした学校選択に自由化などもみられる。段階的に現在進行中の新学習指導要領による「教育改革」の荒波は、従来型の「戦後教育」を一気に吹き飛ばすかのようである。憲法と教育基本法によって培われてきた戦後教育の理念と制度は、現在まで様々な分野から攻撃をかけられてきた。ある時期までは、「悪平等」という非難と「愛国心」の復活に代表される復古主義的な教育論が主流であった。

　現在では、「階層化と分断」を中心としたスーパーエリートの養成に代表

図表6-1　企業福祉と企業内教育

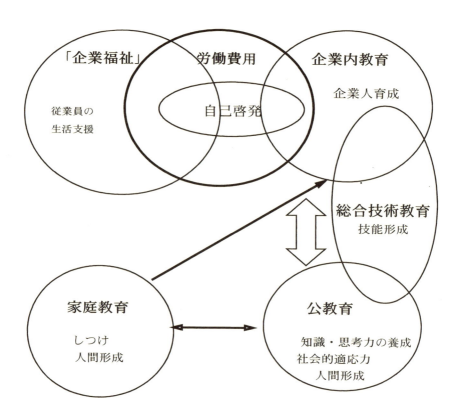

　本文でも扱っているように、「企業福祉」と「企業内教育」は、企業の任意による労働費用という立場からは、類似した傾向があるが、同じ領域としては取り扱えない。企業内教育は積極的に企業に還元させることを目的としており、その点では普遍的な立場である公教育とも性格や役割は異なる。抽象的ではあるが、「総合技術教育」もこの図式の中に入れてみた。

著者作成

される「新自由主義」的教育改革が主流になりつつある。それは、全国各地でおこなわれている「教育特区」の創設でも顕著である。

現在の日本における「教育改革」の動きは、「愛国心」や「道徳」に迎合するような復古主義的な考えも否定できない。だが、むしろ、グローバリゼーションの進展の中で、現在の社会環境にマッチしたものをめざし、戦後教育の存在を桎梏とする財界の要請を受けたものである、と筆者は考える。その桎梏を取り払って「自由化」するという意味で、筆者は現在の「教育改革」の動きは、「新自由主義」が主流であると考えている。⁽³⁾

本章の構成は、「1 はじめに」で教育を取りまく状況について触れ、「2 愛知・西三河の教育」、「3『企業内教育・訓練』の検証」、「4 技能連携教育の光と影」を考察し、「5 おわりに」の順で論述する。

企業の論理と社会の論理の共通点はあるのか、数ある企業の中でトヨタの論理と他の企業の論理との共通点や相違点は何か、までたどりつきたい。そこには企業内教育の近接領域である企業福祉との類似点と相違点も見いだせるであろう。壮大な課題ではあるが、その作業のために歩を前に進めてみる。

2　愛知・西三河の教育

前節では教育一般について触れてきた。だがトヨタと教育を語る場合に、トヨタ自動車ならびに関連企業が集中立地する愛知県ならびに西三河地域のおかれてきた学校教育の実相について触れておく。この地域はトヨタ自動車・関連企業と関わりの強い地域である。以下その特徴に迫る⁽⁴⁾。

西三河での新規学卒者の就職の受け皿として、トヨタ自動車並びにトヨタ関連企業があり、その「恩恵」を無意識のうちに受けている。またトヨタ労働者のライフスタイルは、トヨタ生産方式の影響を受けたものであり、地域の社会環境も家族生活もまたトヨタシステムに左右されたものになっている。だから地域社会そのものが学校教育に甚大な影響を及ぼしている。

一例にこれまでのトヨタ労働者と教育労働者の類似性をあげることができる。これまで指摘された長時間労働やサービス残業が最たるものである。職場の働くルールがないがしろにされ、長時間過密労働が一般化されてい

る企業群が地域社会に居座っているならば、学校もまたその影響を受けていく。ある時期まで西三河地域の小中高校では「提灯学校」という言葉が定着してきた。朝は7時前から夜は10時過ぎまで学校は「開放」されているのである。義務教育の小中学校では、半公式の「出張」を伴う会議が本来の勤務時間終了後に各学校の回り持ちでおこなわれていることもあった。学校における長時間労働とトヨタの長時間労働はぴったりとあてはまる。そして「サービス残業」という奉仕の精神もである。西三河地域での学校教育現場でも、そうした影響がある。(5)

競争原理と公教育の関係も、トヨタシステムと公教育の関係を考える上で興味深い。愛知の県立高校は1960年代後半から雨後の竹の子のように新設高校を生み出したが、豊田市内における高校の数は、1965年当時県立学校は2校でしかなかった（当時、私学はない）。しかしその後の合併によるエリアの拡大と高校の新設により、現在では県立高校12校、私立高校3校がある。県立高校の多くが新設校であり、その少なからぬ部分が「新設高校方式」(6)で進学実績をあげてきた経緯がある。それは学校が、生活指導での「管理的手法」だけでなく、学習指導・進路指導では「塾・予備校」の肩代わりをして、ゼロ限から7限までの凄まじい教育課程を設け、強力な受験指導をするスタイルである。このスタイルが導入される背景には次の3点がある。①地域に進学実績のある塾などが少ない、②親など地域社会の要請と容認、③職員からの抵抗の弱さ（教職員組合の規制力の弱さ）である。

またトヨタシステムと学校教育は実は相互浸透・相互作用をなしている。戦後教育を批判する人は、「悪平等」「一律」という悪罵を投げかけるが、実際にはこの地域では、すでに後期中等教育段階では学校間格差は拡大し、行政の側がそれを積極的に担っている。

職場管理と愛知の「主任制」については、1970年代にすでに他の都道府県よりも早く決着がついている。東京都や大阪府などよりも早い時期に学校の管理体制も整備されている。愛知県の公立高等学校は1970年代までは、一流高校を頂点に「数十流」の高校まで分類されていた。だが、「学校群」制度の導入により、その後の10数年は、新設校方式のトップダウン式

管理教育という問題はあったが、学校をとりまく環境は全国と比較して相対的に安定していた。愛知で学校間格差が拡大して深刻な問題が起きるようになったのは、1989年に始まる「複合選抜方式」とよばれる公立高等学校入試が導入されてからである。この入試制度は、本質的な手直しは行わないまま現在も続いている。県内の公立高校（含む名古屋市立）をA群とB群に分けて、さらに1群、2群にも分類して、A群とB群の日程に2回受験できるものとした。こうした制度は受験の複数機会とかチャレンジ精神の涵養とか聞こえはよいが、結局は学校間格差をもたらし、それが拡大していくことになる。愛知県の公教育における学校間格差とトヨタにおける従業員の階層化はぴったりと一致する。

　愛知県における職業（専門）教育と検定制度の関係も興味深い。企業内教育の外側の教育も、企業内教育訓練の影響を受けている。職業教育ではスキルの物差しになる「検定制度」は、否定すべきではない。それが目標として成し遂げれば、あらたな次のスキルアップにつながっていく可能性があるからである。こうした影響からか、愛知県の専門（職業）高校・学科においては恒常的な検定制度の導入で話題を振りまいている。特に工業科・商業科はその傾向が強い。[7]しかしながら、愛知県内の専門（職業）高校・学科で行われている職業検定制度は、年間を通して「職業検定」のためだけに学校が動いているという指摘もされてきた。3年間の学校生活の中で、多い生徒は、10以上の検定資格を取得する。その中には、職業社会の中で必要不可欠なものも当然含まれているが、多くは○○校長会主催という、任意の私的な「顕彰制度」にすぎない。

　にもかかわらず、検定の直前には全校（校内の全職業科）あげての取り組みとなり、それに競争原理も働くことになる。○○検定の○級には何人合格したのかが担任としての指導力になる。これは、当然にも校内でゆがみが露呈され、夜遅くまで補習に居残りをし、校内での部活動や他の教育活動との葛藤をもたらす。結果重視の職業教育のシステムは、職業教育の本質までにたどり着かずに、現象面だけの成果を求めていくことになる。その意味では愛知の職業教育は、トヨタシステムの水準にまでは到達はしていない。

管理教育と「いじめ・体罰」についても興味深い事例が指摘されている。今から20年以上も前の1994年は、いじめがクローズアップされた年であった。表に出ただけで、いじめを苦にして自死した事件は全国で9件あった。全国紙でも紹介された愛知県西尾市の大河内清輝君のいじめを苦にした自死をはじめ、西三河の安城市、岡崎市でも同じ時期に起きている。偶然かどうか、被害者も加害者も親はトヨタ関連企業に勤めていた。トヨタ系のデンソーの社員がトヨタに出向したときに過酷な「いじめ・パワハラ」によってうつ病になったとして損害賠償を両社に求める訴訟を行っている。大人社会の論理が中高生にも反映していたことである。[8]

3 「企業内教育・訓練」の検証

3－1 トヨタシステムと養成工

戦後日本経済の発展を支えてきた日本企業の大きな競争力の1つとして、安定した品質と高い生産性と生産効率について指摘されてきた。その代表的なものがトヨタシステムであった。このシステムについては、すでに第5章で触れているので、本章では簡単に触れるにとどめる。20世紀前半にはフォードシステムに代表される大量生産システムが確立された。これとはまったく正反対の多品種少量生産によるトヨタ生産システムであった。広義のトヨタシステムを生み出した背景をみる必要があるので、「企業内教育・訓練」の実像への検証をしていく。

20世紀前半のアメリカでは工業の急速な発展がみられた。だがこれは必ずしも明確なビジョンをもったものではなかった。にもかかわらず企業規模は膨張し、明確な方向性も十分ではなく、生産規模だけが拡大していった。その結果、多くの企業は、企業組織の内部管理において様々な問題を抱えることになる。賢明な人は、この問題を解決しない限り、アメリカ経済とアメリカ企業の将来は、急速な経済成長が頭打ちもしくは低下するのではと危惧していた。

近代経営学の基礎を築いたとされるフレデリック・テーラーの著書『科学的管理法』は、資本主義初期の企業経営についての指針に触れたもので、外からの刺激を与えて労働に駆り立てようとしたものであった。テーラー

ですらこの水準でしかなかったということは、この時代における体系的な「従業員教育」は存在しなかったということである。各企業での従業員教育が目的意識的に追求されるのは、大量生産が定着した1930年代になってからである。

日本の場合、戦間期の時代にすでに労働者を企業につなぎ止めるために、長期雇用を前提とした終身雇用制と年功賃金の「原初」形態が確立したとされる。この時代の、造船や鉄鋼などの大企業の少なからぬ部分では、「渡り職工」が企業に定着するために処遇改善をしたが、企業内福利厚生の充実も大企業では一般化した。そして企業内で行う従業員教育もその延長上に位置づけられた。だが日本では、従業員たる労働者の技能養成を、公的な職業教育訓練機関ではなく、新規学卒者から企業内の職業訓練施設で指導していくというパターンがこの時期に確立されている。それは労働者が企業につなぎとめられるための、いわば長期雇用を前提とした職業教育訓練であった。

こうした職業教育訓練の様式は、当時の基幹産業であった鉄鋼や造船などの大企業ですでに導入されている。したがってこの時期に前近代的な徒弟制度に代わり、企業内に基盤を置く養成工制度がはじまる。この労働者の技能養成をどこでおこなうかは、国や時代によって違いがある。日本の場合、ドイツのデュアルシステムのような外部での公的機関が中心となった職業訓練養成機関の発達をみることがなかった。その代償として企業内職業訓練施設が肩代わりをしてきた。日本の大企業で、新規学卒者を対象とした企業内職業訓練施設としての養成工制度が普及したのはこのような事情からである。

トヨタ自動車では1935年の操業開始以来、生産された自動車の総数は日本の人口を超える生産台数になる。この生産を担ったのは、トヨタ自動車や関連企業での生産現場で働く労働者であり、その中枢に位置づけられる企業内訓練施設で指導を受けた「養成工」出身の労働者たちこそ中心的な存在であった。トヨタシステムの特徴としてよく指摘されるのは、その善し悪しは別として、徹底して無駄を省く効率的な生産方式である。

その「ＤＮＡ」を主要に引き継ぎ、牽引する必要性があった。トヨタで

第6章　企業福祉と企業内教育　　187

は、「養成工」出身の労働者が中心的な役割をはたしてきた。戦前の短期間も含め、戦後復興から高度経済成長の時代を経て、価値観が多様化する現代の社会まで、引き継がれてきた。「養成工」が身につけたものは、技能面とともに、企業帰属意識と愛社精神であり、「トヨタマン」の原型である。彼らは企業内における日々の労働に限らずに、様々な場面で大きな役割を果たしてきた。

現在では日本の大企業において企業内訓練校を保有する企業は、日立製作所・日野自動車・デンソー・トヨタ自動車など限られたものでしかない。

図表6－2　トヨタ工業学園の歴史

年　　代	項　　　　　　目	備　　考
1937年（昭和12年）	トヨタ自動車工業株式会社（現トヨタ自動車）設立	
1938年（昭和13年）	豊田工科青年学校開校 自動車の製造に携わる技能者の育成を開始	
1939年（昭和14年）	豊田工科青年学校内に技能者養成所を開設 （生徒は社内選抜で募集）	
1951年（昭和26年）	労働基準法に基づき養成工教育を再開	1950年大争議の翌年
1953年（昭和28年）	訓練対象を新規中学校卒採用に変更 （3ヶ年教育確立）	
1958年（昭和33年）	職業訓練法による認定事業内職業訓練所として認可を受ける	
1962年（昭和37年）	トヨタ技能者養成所に名称変更	
1967年（昭和42年）	科学技術学園工業高等学校と連携教育を開始 （通信制課程機械化を履修）	技能連携教育制度の導入
1970年（昭和45年）	トヨタ工業高等学園に名称変更 採用地区を全国に拡大	
1979年（昭和54年）	高等学校体育連盟全日制部会に加盟	科学技術学園高等学校として加盟
1985年（昭和60年）	高等学校野球連盟に加盟	科学技術学園高等学校として加盟
1990年（平成2年）	専門部（高等学校卒1ヶ年教育）を新設 これに伴い中学校卒3ヶ年教育を高等部とする	
1996年（平成8年）	トヨタ工業技術学園に名称変更	
2002年（平成14年）	トヨタスポーツセンター内に校舎移設 （事業所名称：保見研修センター） トヨタ工業学園に名称変更	
2003年（平成15年）	日経優秀先端事業所賞「ものづくり特別賞」受賞	

トヨタ学園HPより　　https://www.toyota.co.jp/company/gakuen/

これは現代日本の高校進学率が96％を超える高い水準が維持され、かつてのように企業内訓練校が優秀な生徒を集めることはとても困難になってきたことの証しでもある。もちろん一方では、企業サイドの人材育成のあり方の変化や長期雇用に必ずしもこだわらない雇用関係が登場したことも一因である。また中学校段階における進路指導での企業内訓練校の生徒の募集の取り扱いが、職業安定所経由の就職という意識が学校側には根強くある。しかしながら，企業内訓練校に入学（入校）する生徒の意識としては、周囲にある一般の高等学校に入学してきたのと同じ意識を持つ者も多いという。またこの学園については玄人筋からはとても人気があり、生徒の中には選抜されてこの学園に入学してきたという意識はとても強いものがある。トヨタ自動車に限らず、OBの子弟が入学・入社する場合も多い。トヨタ自動車の企業内教育訓練機関としての、技能養成機関としてのトヨタ工業学園は重要な役割を果たしている。それは、企業内教育の観点からも、生産現場における労働者の位置づけからも、また労使関係からの位置づけからもある。

3－2　トヨタ工業学園の歴史と教育訓練

　トヨタ自動車工業株式会社（現トヨタ自動車株式会社）は、1937年（昭和12年）に、株式会社豊田自動織機製作所自動車部から分離設立された。企業内訓練校であるトヨタ工業学園は、1938年に開校された豊田工科青年学校にそのルーツがある。トヨタ自動車の創業者である豊田喜一郎は、早い時期から「日本人の頭と腕で自動車を造る」という壮大な理想をもち、国産の自動車製造を手がけようとした。自動車は多くの部品から成り立っている。その製造工程には骨格をなすエンジン部分のシリンダ・ブロックの鋳造、歯車などの機械加工などが必要である。また外観の骨組みになるボディーを完成させるためのプレス・鈑金・溶接・塗装・組立（艤装）に至る生産過程も必要である。幅広い知識で対応して高度な判断が要請されるモノづくりの技能が必要となる。

　「モノづくりは人づくり」というトヨタの考えは、自動車メーカー故の必然的産物であった。自動車製造そのものが広範な技能が必要であるため、

自動車生産に携わる技能者の育成も、企業にとって重要な課題となる。その目的のために日本では多くの製造業の大企業が企業内訓練校の設立に手がけた実績があった。しかしその多くは、現在は淘汰され限られたものになっている。

　トヨタ自動車の企業内訓練施設であるトヨタ工業学園では、すでに15,000人の卒業生を送り出している。なおかつ現在においても8,000名が企業内の各ポジションでリーダーシップを発揮し、生産活動に従事している。また、国内はもとより広く海外でも活躍しており、トヨタのモノづくりを支える原動力ともいわれる。トヨタ工業学園では、企業内教育訓練機関として、「こころ」「技能・知識」「からだ」の、バランスの取れた人材の育成を目指している。公教育の教育機関である普通高校や専門学校とはかなり違った教育を行っている。

　この施設の教育の特色としては、最初に「モノづくりの基礎・基本を現地・現物で学ぶ」ことがあげられる。高等部、専門部とも学園在学中に卒業後の配属先が決められ、配属職場での応用実習を行うことになる。学科教育や基礎実習で学んだことが、トヨタの各職場でどのように応用されているかを、自分の目で確認・体験させようとする。より実践的な技能・知識を身に付けることができるという考えである。「教育・訓練」と生産現場との結びつきは、公教育の職業高校は言うに及ばず、他の企業内教育訓練施設も凌駕する。学園での教育訓練活動がストレートに企業に奉仕し、役立つ人材育成を担っている。

　「トヨタのモノづくりの精神を学ぶ」こともある。卒業生の中には、技能五輪国際大会のメダリストや現代の名工（卓越技能者厚生労働大臣表彰）も数多く輩出している。各分野の第一人者としての先輩からの直接指導を受ける機会も多い。こうした経験をしながら技能継承の基礎としてのトヨタの技能者としての基本姿勢やモノづくりの考え方を身につけていく。身近に優秀な技能修得者がいれば、自ら技能を習得するには有利であることは確かである。

　さらに、「グローバルに活躍できる人材の育成」もあげることができよう。学園生は卒業後にはグローバル化する企業活動の中で、国内での活動

図表6-3　学園生の生活サイクル

トヨタ工業学園ＨＰ　https://www.toyota.co.jp/company/gakuen/

にとどまらない。彼らがグローバルトヨタの一員として活躍するポジションは、全世界へと拡大する。そのグローバル化に対応できる人材が必要となる。海外生産の担い手として、専門的な知識や技能と語学などを通した異文化・異民族ともコミュニケーション可能な能力の育成を目指すことも求められる。トヨタ工業学園ではこうした人材育成も視野にいれざるを得ないのである。こうした視点に立って次のような教育がおこなわれている。通常の工業高校の学校生活よりも量的にも質的にも中身の濃いものになっている。

3-3　トヨタ工業学園のめざすもの
A　学科教育

トヨタ工業学園のカリキュラムは、まず工業高校機械科と同等の科目と内容を履修する。その上に、企業内教育訓練施設であることから、卒業後のトヨタの各職場で大きな役割を果たすために必要となる一般教養や専門知識も履修させている。とりわけ工業の専門知識や技能の修得に必要となる基礎学力・計算能力の向上、グローバル化に対応したオーラルコミュニケーション能力の向上をめざしている。よりよいものを安くタイムリーに造るためのトヨタ生産方式の理解や改善能力の向上を重視したカリキュラムとしている。また、学科教育に関連した資格取得にも力を入れている。

トヨタ工業学園の学科教育は、現象面だけでは、公教育の延長に過ぎない。だが、カリキュラムを観察すると量的な部分はもちろん、質的な部分でも従業員教育のめざすべき目標が貫かれている。とりわけカリキュラムにおいては、従業員教育としての企業内教育としては、以下のような点に重点を置いている。

　まず数学や物理（力学）の基礎知識の定着と計算能力の向上をめざし、独自に「工業数理」を1～3年生で週2時間実施している。また「国際化」対応のために、各学年とも週1時間、外国人講師による英会話の授業を実施している。英語検定取得のための授業も1、2年生で週1時間程度実施している。

　この教育訓練施設の「神髄」は、2、3年生で履修する「工業管理技術」

図表6-4　トヨタ工業学園のカリキュラム

■単位数

	教科	1年	2年	3年	計
普通科目	国語IA	2	2		4
	数学I	5			5
	物理IA※	2			2
	化学IA※		2		2
	世界史A※	2			2
	日本史A※		2		2
	現代社会※	2			2
	オーラルB	2	2		4
	保健※	1	1	0	2
	体育	3	3	2	8
	音楽I		1	1	選択2
	美術I		1	1	
	書道I		1	1	
	課程基礎※	2			2
	計	21	13	3	37

	教科	1年	2年	3年	計
専門科目	工業技術基礎	2			2
	実習		6	4	10
	製図	4	2		6
	情報技術基礎		1	1	2
	課題研究			3	3
	機械工作	2	1		3
	機械設計		2	2	4
	電気基礎	3			3
	工業管理技術		1	1	2
	自動車工学		1	1	2
	計	11	14	12	37

※印の科目は通信教育で履修
トヨタ学園HPより
https://www.toyota.co.jp/company/gakuen/

■時間数　単位：H（　）内は割合

	1年	2年	3年	計
知識	708	416	254	1,378 (24%)
技能	260	912	1,064	2,236 (40%)
心身	832	616	594	2,042 (36%)
計	1,800	1,944	1,912	5,656

図表6－5　トヨタ工業学園の年間行事

	1年 共通	2年	3年	専門部
4月	入学式	期初セミナー	期初セミナー	入学式
5月	合宿オリエンテーション 駅伝大会 ※ゴールデンウィーク			合宿オリエンテーション
6月	前期中間試験			事業内オリエンテーリング大会
7月		遠泳訓練	海外体験	
8月	事業内訓練生体育大会		前期期末試験　国内研修	
9月	※夏季連休 前期期末試験			
10月	全豊田訓練生総合競技大会			
11月				
12月	後期中間試験 事業内駅伝大会　冬季マラソン			
1月	※冬季連休(12月末より10日程度)		技能照査	技能照査
2月	後期期末試験	後期期末試験	卒業式	卒業式
3月	修了式	修了式		

トヨタ工業学園HPより　https://www.toyota.co.jp/company/gakuen/

である。ここでトヨタ生産方式、QC（品質管理）の手法、作業改善を学び、いわゆる「学校設定科目」としての独自科目の設定である。またQCについては、1～3年生まで週1時間、QCサークル活動を行い、自分たちの身近なテーマを取り上げ、QC手法を用いて問題解決の実践を行っている。公教育の工業（職業）高校でもQCを学ぶための教育課程は存在する。だがQCの入口の部分を学ぶぐらいであり、こうした企業内教育には対抗できる水準ではないのはいうまでもない。

この教育課程で、高等学校卒業のために必要な単位数である74単位を履

6-6　学園生の1日のスケジュール

	内　　　容
6:30～6:50	起床　朝食　登校準備
7:15～8:00	登校(専用バス45分)
8:30～12:15	授業
12:15～13:15	昼食休憩
13:15～17:30	授業
18:00～18:45	下校
19:00～19:30	夕食
20:00～21:00	自由時間　仲間と談笑
21:00～23:00	今日の復習やテレビ鑑賞　読書
23:30	就寝

トヨタ工業学園ＨＰ
https://www.toyota.co.jp/company/gakuen/

修・修得することになる。ただし実習の部分や各種行事においては数字以上におこなわれていると見ることができる。この点では高校卒業条件の最低基準しかクリアしていないが、内容的にはかなりの学習や実習を行っており、卒業後は企業の即戦力となっている。

B　技能教育

　トヨタ工業学園は技術よりも技能に軸足を置いた企業内教育訓練をおこなってきた。この学園の高等課程における技能教育は、3年間の教育訓練活動を通して、自動車や住宅の製造に関わるモノづくりの技能の基礎・基本を徹底して身につけさせる。技能の実習は、学園（保見研修センター）で行う基礎実習と配属予定職場（現場）で行う応用実習がある。まず基礎実習で基本的な技能を身につけ、それを職場の応用実習で実際のモノづくりにどのように応用されているかを体験させ確認するようにしている。

　1年次は、まず全員共通の基礎実習を行う。1年修了時に、本人の適性を踏まえて専攻科（技能コース）を決定する。次に2年次からは9つの専攻科（技能コース）に分かれ、より専門的な技能を修得する。1年生での教

育課程は、コア科目を中心としたもので、こうした教育課程は公教育の工業高校にも見られが、トヨタ工業学園は、その内容がより企業の求めるものに近づいている。

C 心身教育

心身教育もこの施設では重要な役割を果たしている。否企業内施設だからこそ公教育一般よりも重視している。卒業後の配属職場でリーダーシップを発揮し活躍するためには、企業の立場からは病気や怪我で休まない強靭な体と社会人、企業人としての良識が必要なのはいうまでもない。この点については、公教育では行えないことを試みている。チームワークを大切にしながら何事にも積極果敢にチャレンジし、最後まであきらめずにやり遂げる不屈の精神を涵養させようとしている。こうした視点から、学園独自の社会人・企業人教育（STR）[12]や各種の訓練行事、文化行事を行うとともにクラブ活動も全員参加で行っている。

これら訓練行事には、合宿オリエンテーション（1年生：団体規律訓練、追跡ハイク等）、合宿研修（2・3年生：団体規律訓練、グループ討議、クラス対抗競技）、御岳登山（1年生：長野県木曽郡御岳山麓で4日間の野外訓練）、若狭遠泳（2年生：級別水泳訓練、遠泳、救助法）などがある。また完歩大会（全学年：各班で東海自然道 約15kmの完歩）、冬季マラソン（全学年：20kmのタイムレース）がある。公教育レベルでは実現困難なものまで、全学園生が体験することになる。これは一般の工業高校では設定できないであろう。

図表6－7　学園生高等部の手当

	高等部1年生	高等部2年生	高等部3年生	専門部	備考
生徒手当	約13万円	約13万円	約14万円	約14万円	月額
特別手当	約12万円	約24万円	約30万円	約35万円	年額

トヨタ工業学園ＨＰ
https://www.toyota.co.jp/company/gakuen/

この学園でのメインになるのは、「社会人・企業人教育」である。3年間の学園での生活で、社会人というよりも企業人トヨタマンとしての基本的生活様式を習得させることを目的とする。社会人、企業人としての基礎・基本（基本的生活習慣）、トヨタの歴史、国際理解やトヨタの労使関係を理解させることを目的としている。それは将来のトヨタを担うべく人材のためにコストをかけている。実際に学園卒業生の多くがトヨタ自動車での生産現場でのリーダーとして養成されている。

　トヨタ工業学園の高等部の教科活動以外の学校行事は、公教育の高等学校の学校行事と比較しても遜色はない。むしろトヨタ学園の教育活動の方が、企業の生産活動と結びつき、中身が濃いものがある。職業科目と関連のあるものでは、より企業の生産活動と結びついたものである。

D　専門部の役割

　専門部は高度な専門性を持った技能者の育成を目的とする。トヨタ工業学園は、本来は即戦力としての若年労働力を養成することを目的とするため、中学校卒業者を対象とした高等部の運営がメインである。だが近年のトヨタを取り巻く環境変化の中で、より高度な人材育成をめざして、高等学校卒業者を対象として設置された1年間の企業内教育のコースが専門部である。中学卒業者に限らず高校卒業者にも体系的な企業内教育の導入をめざした。

　こうした高校卒業者を対象とした企業内訓練施設はトヨタ以外にもみられる。学習内容は工業高等学校や短大レベルの実践的内容が中心で、即戦力の養成をめざしている。トヨタ工業学園の専門部のコースは、カーエレクトロニクスやメカトロニクスなど、先端技術に対応できるスペシャリストの育成を目的とする。学園卒業後は、トヨタ自動車の正社員として、工場の設備保全部門、生産設備を製作する部門、車両や電子部品の試作・評価部門など、主にホワイトカラーとブルーカラーの境界線になるグレーゾーンになる職場に配属されている。

　専門部の教育の目標には、高等部においても見られたが、コアの部分とコースによって分化している。共通部分には、「人間性尊重の心と愛社精

神を持ち、知恵と改善のトヨタウェイを身に付け、社会生活をする上での基本的なルール・マナーおよび何事も最後までやり抜く体力・精神力を養う」こととされる。

　保全系は、生産用メカトロ設備の保全および整備要員の育成をめざしている。技術系は車載電子制御装置の試作・実験・機能評価・プログラム作成要員の育成と、デジタル技術による走行性能、品質、組立て性のシミュレーション要員の育成をめざしている。

　以上が、トヨタ工業学園専門部の教育・訓練内容の概要である。

　生徒にとって、この学園に入学することは「就職内定」と「高校進学」がセットとして実現することである。また毎月の手当もそれなりの報酬があり、身近にある高校に進学するよりも、経済的にははるかに恵まれた環境になる。[13]いわばこの学園に入学すれば、公教育の高等学校における特別奨学生に全員がなることであり、大企業トヨタへの将来の就職も保障されることになる。

　しかも学園生は、全員独身寮に入寮しており、生活は支給される手当で基本的に可能であり、実家に毎月定期的に仕送りしている生徒も少なからずいる。ということは、コスト面からは、企業からすれば一般高卒の採用に比べ、かなりの費用を費やしていることになる。それが企業の財政負担を増大させ、多くの企業が企業内訓練施設での生徒募集を停止させてきた大きな理由である。

　ただトヨタ自動車においては、学園の卒業生が卒園後も各職場で積極的な役割を果たしており、多くの職場ではトヨタ学園卒業生への評価は高いものがある。生産現場のエリートであるトヨタ学園出身の社員は、早い時期から企業意識を自然に身につけていくのはこうした背景がある。

　国内経済の空洞化が叫ばれて久しいが、企業の中には製造業の行方は、生産の担い手である人材に依存しており、絶えざる「改善」（徹底したムダの排除）を粘り強く継続する人材が必要であるという考えが根強い。そうした要請に応えられる人材育成に、企業内訓練施設が一役かっているのは確かである。人間関係が希薄になっていく現代社会においては、トヨタ工業学園という「同じ釜の飯」を食べた人間同士の結びつきは他とは異なる

だろう。多様な労働力（期間従業員，派遣，応援など）で職場が構成される中で、従来以上に職場運営を円滑にする潤滑剤の役割を果たすことを目指している。

またグローバル化が進展する中で、「もの造りの基本」を身に付けた学園を卒業したトヨタマンが、海外展開するトヨタの企業戦略の中で、現地工場での海外支援における現場指導に大きな力と役割を発揮していることも確かである。トヨタ工業学園出身の従業員は、トヨタシステムの担い手の中で、もっとも企業意識を内包し、企業のためなら労を惜しまない人材である。トヨタではこうした人材が早い時期から形成されている事実を見ておく必要がある。

もちろんトヨタ工業学園に入学する生徒像は何も世間のそれとかけ離れたものではない。基本的には同じ年代の若者と同じである。彼らもまた思春期の若者にありがちな、かっこよさに憧れ，異性にも関心を持ち，出来れば人生をエンジョイしたいと考えている。いわばどこにでもいる若者である。しかしそうした生徒が，トヨタ工業学園での3年間のトヨタウェイの集団生活の中でもまれることで、座学だけでなく、学園でおこなう様々な訓練行事や資格取得を通じ，トヨタを支える企業人となっていく。

以上の事実は、公教育へのアンチテーゼとともに反面教師の役割を果たしている。トヨタ工業学園という教育訓練施設において育成された若者が、ごく当たり前のトヨタマンとして成長し、当然のごとくトヨタシステムの担い手として育っている。もちろんそれが「人間の発達と社会の進歩」との整合性があるかは十分に検証しなければならない課題であるが。

4　技能連携教育の光と影

以上、トヨタ工業学園の人材育成は、トヨタ自動車という企業内での目標は貫かれている。だが一般社会との関係において、いわゆる中学校を新規学卒で教育訓練を受けて来た学園生の高校卒業（公教育の認定）という課題をどうするかということが問われてくる。トヨタ自動車の場合、現在では「企業立の高校」の設置という方法も、「地域の定時制高校への通学」という方法もとらず、広域通信制高校との技能連携制度を活用する方法を

選択した。⁽¹⁴⁾

　これが、企業内学校や専修学校等に在籍しながら、広域通信制高等学校にも入学する「ダブルスクール」のシステム学習になる。2つの学校が連携することで、学習の二重負担が軽減され、同じ道をめざす仲間と専門的な知識・技能を身につけながら、学校生活を充実させることができると。こうした制度を可能にしたのは、日本がまだ右肩上がりの経済成長に支えられ、日本的労使関係の役割がまだ果たしていた社会的事情があったからである。高度経済成長期においては企業もまた発展の一途をたどっており、企業の中には外部機関に従業員教育を依存するよりも、手作りで人材育成をしていく方が魅力的であるという事実があった。当時においては、先行投資が可能な財的余裕が企業にはあった。限られた事例としては、前述した企業立高等学校の多くは淘汰され、公教育に融合されていった。トヨタ工業学園の場合は、広域通信制高等学校である科学技術学園工業高等学校（当時）が設立されて以来、その技能連携校として役割を果たし現在に至っている。⁽¹⁵⁾企業内教育の内容を公教育の単位として追認してもらえればありがたい限りである。

　もう一方のサイドからは、生徒の負担軽減がある。従来の定時制高校に通学するのとではかなり負担が軽減される。しかし企業内訓練機関での教育課程と公教育の教育課程を同じ土俵で扱うことができるかという疑問に直面する。というのは、企業の私的な利潤追求を第一の課題とする企業内教育訓練機関と、普遍的な人間形成をめざす公教育の理念とは、質的には異なるからである。「普遍的な」人間形成とは、特定の立場や特定の利益だけではない。

　企業内の職業訓練機関でも教科外の様々な「教育活動」が行われ、最近では語られるようになった。だが、公教育の学校評価は第三者にさらされているが、企業への本当の評価は実際にはなされていない。とりわけ企業内教育の内容は外からは見えない、ベールに覆われた部分がある。企業からは不都合な部分があるのか、外からは見ることが出来ない。

　企業のコンフィデンス（Confidence）は、本来は開発技術などの企業機密や知的所有権などに限定すべきだが、様々な理由をつけて企業外への情

報提供を拒んできた。日本では企業の社会的責任から、明らかにすべきも秘密裏に扱われ、闇から闇の中に埋もれた事例が多い。現在公教育の一部の事例をあげ、「偏向教育批判」をする人がいるが、彼らがこれら企業内教育の「偏向」「逸脱」を黙認するのはいかがなものだろうか。

　現段階の日本の企業内教育は、当然にも公教育がめざす普遍的なものではなく、「企業社会」の担い手を養成することが第1の課題である。そこに企業内教育の存在基盤がある。日本の大企業の多くが、従業員教育に対しては入社当初から一貫して体系的におこない、いわばOJTを基本としながら、働きながら技能を身につけさせていく。その結果、企業に奉仕し企業社会を担っていく人材を養成していくのを主眼としてきた。したがって従業員教育としての企業内教育は、従業員である労働者の各階層に対応したものとして成り立っている。

　トヨタをはじめとした大企業の多くは、従業員教育全体を企業で担うのではなく、技能や企業人養成は企業内教育訓練施設がおこなっている。公教育修了の認定という企業の外側から入口になる部分については技能連携制度と広域通信制高等学校に依拠する二本足の施策をおこなってきた。[16] 一見面倒に見えるが、現在の企業からすると好都合であり、結果として先行投資をしても企業業績に結びつく人材と将来的な利益を生み出している。こうしたものの先駆的な役割をトヨタは果たしている。

5　おわりに

　本章では、企業内教育を通して、トヨタのめざす人間像を、企業と社会の論理を念頭に、考察してきた。その結果、以下のことが明らかになった。

　(1)　トヨタ自動車では過去から現在まで、企業の生産現場のトヨタシステムを担う中核的な人材を養成するために、企業内教育訓練施設としてのトヨタ工業学園が重要な役割を果たしてきた。

　(2)　トヨタ工業学園のカリキュラムや学校行事は、公教育のカリキュラム（工業高校）と比較しても遜色のないものであった。

　(3)　トヨタ自動車が、企業内訓練施設を重視したのは、生産現場で企業戦略を担う中心的な存在としてのトヨタマンの育成を大きな課題としてい

た。優秀なテクノクラートの育成だけで高品質で高い生産性を確保できるという考えはとらなかった。多様化する労働力と向き合い、生産現場でのリーダーシップを発揮でき、現場の目線で企業に奉仕する人材こそ必要であった。そのための先行投資は当然であるという考えがあった。

⑷　このトヨタ工業学園の養成工出身者はトヨタ自動車の歴史の中で重要な役割を果たしている。たとえば50年争議の解決においても重要な役割を果たしてきた。現在も協調主義的労働組合運動の主要な柱である歴代のトヨタ自動車労働組合委員長が養成工出身者であるのは偶然ではない。

⑸　トヨタ工業学園はあくまでも企業内教育訓練施設であり、今日の学歴主義への対応として一部ではみられた企業立学校への選択はとってはいない。技能連携制度を活用した広域通信制高校と連携制度を活用した。

以上のような特徴は、日本の大企業では一般的に見られた傾向であったが、トヨタの場合はより顕著であった。本書では、中学校の新規学卒者への対応が中心である。トヨタ自動車の企業内の各階層においての従業員教育は、様々な視点から行われているが、それらの考察については今後の課題としたい。

企業内教育は、企業福祉と同じく労働費用の一部から成り立っている。その内容は重複する部分はあっても限られ、内容はかなり異なる。だが、企業戦略として、「企業内教育」と企業福祉は両輪の役割を果たしている。

図表6-8　学校教育と企業内教育

	学　校　教　育	企　業　内　教　育
目的	国民の人格形成と国家・社会の形成者の育成	企業の利益に貢献しうる労働力の養成・確保
対象	国民一般の子女	従業員
費用	税ならびに父母負担	企業
期間	長い(最長16年)	短い(最長でも3年)
教育内容	普遍的一般的	企業の利益と企業活動に奉仕する人材形成

筆者作成

とりわけトヨタの場合は、従業員への福祉提供という企業福祉と、企業の生産活動への貢献のための「企業内教育」が調和し、従業員の企業の構成員」としての自覚を積極的に促している。その意味では、企業内教育と企業福祉は相互に役割を果たしている。

〈注〉
(1) 公教育は公の責任で学校が担うものである。この学校とは法律によって定められている公の性質を持つもので、国や地方公共団体のほか法律に定める法人のみがこれを設置できる。したがって国立学校、公立学校のほか、学校法人の認可を得た私立学校も公教育を行う学校である。その点で、家庭教育や企業内教育あるいは特定のスキルや学力養成をめざす私教育とは異なる位置にある。
(2) 本稿ではトヨタ自動車の新規学卒者を対象とした企業内訓練施設であるトヨタ工業学園を、あえて企業内教育訓練施設とよぶ。というのは、この施設がめざすものが、単に従業員のスキルの上達をめざすだけにとどまらず、企業戦略として重要な位置を占めるトヨタが描く人間像を定めて、その育成をも大きな課題としているからである。
(3) 長く続いてきた上からの管理的手法はまだまだ現在の学校現場では根強く残っているが、一方では、社会環境の変化がめざましく、選択制に始まり「アクティブ-ラーニング」など新たな動きが始まっている。現代の教育が過去の伝統的な手法だけにこだわっていれば、前に進まないことを示している。伝統的・保守的な教育手法は根強いといわれるが、実際の教育現場では過去の規制は、桎梏として扱われている。その意味で、現在の教育改革の動きは広い意味では、「新自由主義」によるものだといえる。
(4) 西三河の地域社会の概要については第7章参照。
(5) たとえば次の記述は西三河地区の県立高等学校の一般的な事例である。朝の部活動が7時から始まり、正規の授業前に8時から朝学習があり、その後6時間から7時間の正規授業を終えてから、個別指導や教材準備に雑務が加わり、19時前に業務終了とはいかない。最近、定時退校日を設けて管理職は早く帰ることを促すが、この場合はやれなかった業務は持ち帰り残業になる。

(6)　愛知県における新設校方式とは、1967年以降に開設された愛知県立東郷高校をモデルとした、学習、生活面における細部にわたる指導目標による上からの管理主義教育のことを指す。だがその後設立された新設高校の多くは、このモデルを採用した。ある時期興味本位の情報が流れたこともあり話題を振りまいたが、近年はこの新設校方式への話題は少ない。後追いで登場した、東京都や大阪府などの高校現場での「地毛証明書」の提出などでの話題提供の方が今では多い。
(7)　愛知県の場合、職業高校といっても主に工業科と商業科（ビジネス科）が中心であるが、この2つの学科では国家資格も一部にはあるが、多くは県立校長会主催の各種検定試験であり、その資格取得のために年間の学校運営が回っている。3年間の学校生活の中で、多い生徒は10以上の資格取得をし、それが就職試験における校内選考の材料とされている。
(8)　本書第5章での「トヨタデンソーパワハラ裁判」での記述参照。
(9)　橘木俊昭氏はこの養成工と企業福祉との関係に着眼していて興味深い。第1章参照。
(10)　企業立学校（高校）の限られた事例としては、滋賀県の近江兄弟社や東京都の石川島播磨などがあげられるが、それ以外に広まりは見られなかった。それは企業の論理で公教育の高等学校設置には、あまりにも障壁が高く、コストもかかったからという理由があったからであろう。かくして、日本の企業の多くは、勤労青少年の教育保障を公教育にゆだねていくか、あるいは広域通信制との技能連携制度で自前の企業内施設を生かすかという選択肢をとることになった。
(11)　高校の新規学卒者を対象としたトヨタ工業学園の専攻科（技能コース）には次のものがある。それらには①鋳造科、②塑性加工科、③機械加工科、④精密加工科、⑤自動車製造科、⑥自動車整備科、⑦木型科、⑧金属塗装科、⑨プレハブ建築科、であり、公教育の工業高校の各学科よりも細分化しており、トヨタ自動車の各工場の生産現場での職種に対応している。

　　2017（平成29）年4月の開設された、愛知県立総合工科高等学校専攻科は、全国ではじめて国家戦略特区の公設民営化の事例としてスタートした。指定管理法人は学校法人名城大学（名古屋市天白区塩釜口一丁目501番地）で、指定期間は平成29年4月1日から平成34年3月31日まで（5年間）である。公設民営化の目的として、「民間法人が主体となっ

た学校運営により、生産現場で活躍し実践的な技術・技能を有する人材や、工学の分野で高い専門的知識を有する大学教授等を専攻科教員として積極的に登用し、生徒が直接指導を受けることができる教育環境を整備する」。また「この特色ある教育環境の下で、実践的な技術・技能や高度な知識を身に付けた生産現場で即戦力として活躍できる人材の育成を推進する」とされる。

　　　愛知県立総合工科高等学校 HP　http://www.aichi-te.aichi-c.ed.jp/
⑿　STR は、Society-member's and Toyot-man's Rescerch の略であり、学習指導要領でいうところの、「教科以外の教育活動」の１つで、公教育のカリキュラムで位置づけられている。ＨＲ活動や総合学習をより企業人育成をめざすと解釈すると理解しやすい。
⒀　［図表６－７］学園生の手当の項参照
⒁　「広域通信制高校」は高度成長期の真っ只中の 1960 年代に登場する。1963 年に、財団法人日本科学技術振興財団の援助により、広域通信制高等学校の科学技術学園工業高等学校（現科学技術学園高等学校）が設立、1964 年には、大阪繊維工業高等学校・通信制課程「普通科」・「工業化学科」が設立され、1967 年には法人名を大阪繊維学園に変更された。この学校は文部省認可・大阪府令 1693 号により、通信制課程を向陽台高等学校に名称変更し、翌 1968 年からは技能連携制度が導入されている。
⒂　学校教育法第 45 条の２に定められた「技能連携制度」では、企業内学校や専修学校等に在籍しながら、一方では私立の広域通信制高校にも入学し、３年間あるいは４年間の学習で２つの「学校」の卒業資格を得ることができる旨が唱われている。主に普通科目を学習するのが広域通信制高校であり、企業内学校や専修学校等では専門科目を学習することになる。この専門科目は、学校教育法 45 条によって、そのまま高等学校の学習として認められ、単位を取得することが出来ることになる。技能連携制度は、後期中等教育における単位制高校の「先駆的事例」として機能することになる。だが今日では単位認定のための安売りのために、広域通信制高校と結びついたサポート校の出現に道を切り開く結果になる。こうした学校は、不登校生との受皿として「教育の最後の砦」の役割を果たす事例もあるが、一方では複数の都府県にまたがるということで、教育行政の目が行き届かないケースもままある。最近目にする不祥事はそういうところから来るものである。

⒃　企業の外でも、「カイゼン」で成果をあげた一宮女子高校・一宮女子短期大学（現修文大学）や人間環境大学での開講科目「カイゼン」やトヨタとともにＪＲ東海や中部電力などと設立した海陽学園中等学校の事例など話題は事欠かない。これらは、事の善し悪しは別として、企業の論理が学校教育の中に浸透している事例である。

第7章　企業福祉と企業城下町

1　はじめに

　本章では、企業福祉と「企業城下町」⁽¹⁾の関係を、主にトヨタと関わりがある西三河の企業城下町に焦点をあて論ずる。主要にはトヨタをはじめとした輸送機器産業の発展に、影響を受けてきた刈谷市や豊田市（みよし市も含まれるが）を中心とした狭義の西三河⁽²⁾に目を向けていく。一方伝統的な地場産業などによって地域社会が形成されてきた岡崎市や西尾市などを含む広義の西三河との差異も考慮しなければならない。企業城下町は、「封建領主」の下における企業＝「家臣」、住民＝「臣下」ととらえる倒錯した現象がみられることから、このような表現が定着する。一見俗語と思われがちだが、学問的用語として定着している。

　日本の国内の企業城下町の多くは、産業の発展段階と特性に反映する形で出現した。特定の産業の、規模が大きい工場が立地され、その周辺に関連企業も立地され、人々も居住した⁽³⁾。そのための産業的かつ生活的基盤が整備され、新しい地域社会が形成されていく。ここで扱う狭義の西三河は、独特な形で企業城下町が出現した。その独特さは自動車産業と伝統によって形成された西三河の特徴である⁽⁴⁾。

　そのうえで、企業福祉と企業城下町との関係についても触れる。企業福祉は一般的に、地域社会の不十分なインフラ整備を企業主導で先行して担っていく。工場が立地され、そこに働く労働者と家族が近隣地域に居住することにより、企業の経済活動に必要なインフラ整備とともに、生活関連施設もまた必要となる。生活関連道路から保育・学校施設、商業施設から医療機関など経済活動と生活に必要なものが整備されていく。しかしこの整備は、企業主導のため、成長期・発展期にはバランスが崩れ、いびつな

図表７−１　企業福祉と企業城下町

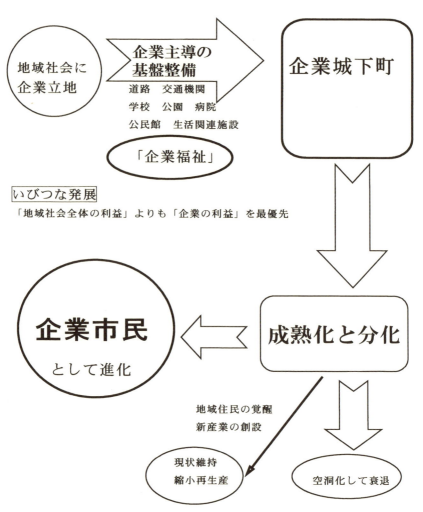

　「企業市民」は、企業は利益を追求する前にまずは良き市民であるべきであるという概念である。企業は、企業活動を行う権利とともに社会的責任という義務も果たすべきであるという双務関係の意味がある。この考えは、近年企業サイドから出されてきた考えである。広告的色彩が強い実態は別として、その概念自身は否定すべきではないと筆者は考えている。

［筆者作成］

形で進められた。ただし成熟期（自動車産業も日本社会も）を迎えた現在、企業城下町豊田市・刈谷市も転機に直面している。その実態を、明らかにする。

　経済が右肩上がりの時代には、企業の豊かな財源をバックに、西三河に限らず、インフラ整備と住民生活向上の施策が可能であった。だが経済成長が望めなくなり、人口も減少局面を迎え、少子高齢化が進行し、成長に依拠する経済構造が困難になるや、地域社会の動揺・再編が始まっていく。地方では産業が衰退し、人口が都市部に流出し、限界集落まで出現するようになる。「人間の発達と社会の進歩」に有効かということが問われてくる。現代社会では、様々な分野での「光と影」の確認をしながら、価値観の再転換の検証も求められている。

　西三河の地域社会に関わる先行研究には1980年代以降、共同あるいは個人でそれなりの蓄積がある。都丸泰介らの「地域構造研究会」とその研究成果である『トヨタと地域社会』の共同研究がある。企業城下町の揺らぎを認めつつも、決定的な空洞化に至らなかったのは、西三河の地を単なる「停泊地」ではなく、自動車産業の「根拠地」機能を理由としている。それは日本経済が高度経済成長終焉後も、成長に依拠する可能性があり、自動車産業が成長産業の時代の分析であることを捉えておく必要がある。

　だが今や日本の自動車産業は基幹産業として定着し、成熟化し、国内生産よりも海外生産が上回るようになる。こうした社会変化のテンポは過去では予測できなかったことである。しかもグローバリゼーションの進行の中での深刻な格差社会の進行、特に最底辺での淘汰と雇用の劣化については先行研究ではほとんど触れていない。

　それは当時の研究業績の1つの結論であって必ずしも弱点ではない。西三河は豊田市と切り離して語ることはできないが、研究対象の西三河を「トヨタと豊田市」の関係だけでとらえて、周囲にある都市の様相を見えにくくしてきた。またこの地域での周辺・底辺である中小零細企業と不安定雇用労働者を分析対象の中心に据えてきた先行研究も、これまではほとんどみられない。この部分の影響がもっとも大きいにもかかわらず、そこについて語られていないのは、大きな疑問である。[5]

本章では、豊田市・刈谷市など公的機関が調査・発表した資料を活用し、2000年代に入ってからの西三河が変化していく姿を見ていく。データだけでは見えにくい部分は、アンケートやヒアリングを活用して迫る。地域社会の「表層」だけでなく「深層」(6)の変化への考察・分析こそ必要である。格差の進行ならびに雇用の不安定化と劣化の様相を、中小零細企業の淘汰の実態から明らかにする。

　本章では、「1 はじめに」で企業福祉と企業城下町の関係を論じるために、基本的な視点を明示し、「2 西三河地域の概要」では西三河地域の概要と企業城下町の形成について考察し、「3 グローバル化の中でのトヨタと西三河」では1990年代以降顕著になったグローバル化の中で、トヨタ自動車の企業戦略と西三河の地域社会の変容していく姿を考察し、「4 自動車産業の成熟化」では転機に直面する自動車産業の現状について、「5 外国人労働者と多文化共生社会」ではグローバル化で変容する地域社会を、「6 企業福祉と医療機関」では企業城下町の医療機関の実態を考察し、「7 おわりに」ではまとめとして、企業福祉と企業城下町の関係を考察する。

2　西三河地域の概要

2-1　西三河の風土と概観

　西三河の位置は［図表7-2］を参照されたい。「平成の大合併」を経て、現在は9市1町の自治体からなり、面積は1979km^2：人口は157万人を擁する地域である。愛知県総体が面積5165km^2：人口が744万人、名古屋市は面積330km^2：人口が226万人で、尾張、名古屋市、東三河とともに愛知県内の1つの地域生活圏を形成している。

　西三河地域の開発は、岡崎などの城下町や東海道の宿場・交通要地を除けば主に明治以降である。この地の多くが以前は荒れ地であり、この地を豊かな農業地帯に変貌させたのは、矢作川の利水を活用した明治用水である。その恩恵をもっとも受けたのが矢作川の西側に位置する「日本のデンマーク」安城市である。この地の周辺は全国でも数少ない都市近郊農業が発達した地域でもある。現在も安城市の周辺に位置する碧南市や西尾市、豊田市では、特定の農産物に依拠した農業経営が営まれている。

図表7-2 西三河の地理的位置

　愛知県は県都名古屋市を含んだ西部の尾張地方と東部の三河地方から成り立っている。西三河はその三河部の西部に位置し、尾張と隣接している。地理的には西三河は愛知県の中央部に位置し、山間部は長野・岐阜両県に隣接し、南部は三河湾の沿岸に至っている。西三河の中央の平野部に長野県下伊那郡を源流とする矢作川が南北に流れている。過去には農業や漁業と地場産業で栄えたが、戦戦後にかけて自動車関連産業が立地し、地域の大きな発展をもたらしてきた。現在では交通の要地だが、自動車産業の立地以前からあるのは国道一号線と名古屋鉄道本線、東海道本線である。高速道路をはじめとした道路の整備は、この地域の特徴であるが、高度経済成長以降の自動車産業発展の結果である。

　　　地図は愛知県市町村地図と白地図HPより筆者加筆作成。
　　　　　　http://www.aichikenkankou.site90.net/

一方この地は、高度経済成長期には企業城下町である豊田市と刈谷市を中心に工業地帯として成長する。それを支えたのがモータリゼーションであり、トヨタ自動車に代表される輸送機器産業である。「元気な名古屋」は、この西三河の製造業によって支えられてきた。
　ただ西三河地域も1つに単純化することはできない。トヨタという一大企業集団の存在は無視できないが、他方では現在もトヨタとは直接関係のない農業の存在や西三河南部を中心とした伝統的な地場産業の存在も無視できない。高浜市の三州瓦や西尾市・碧南市を中心とした鋳物などがある。岡崎市にも伝統的な地場産業が存在する。しかもこうした産業基盤以外にも、近年は県都名古屋市に公共交通機関を利用すると30分程度で移動が可能な利便性に恵まれ、名古屋市のベッドタウン的な機能を果たす自治体も生まれている。こうして現在の西三河地域は、輸送機器産業に依拠した豊田市・刈谷市の企業城下町だけでなく、様々な要素が混在している。

2－2　西三河の自治体と地域区分

　現在の西三河には9市1町の自治体が存在するが、この地域を歴史性や地域事情を考慮して区分すると、以下の4つのエリアになる。

　(1)　豊田市は周辺の東西加茂郡の5町2村とともに広域行政圏を形成してきた。「平成の大合併」を契機に法定合併協議会での論議がなされてきたが、三好町が自立の道を選択して、合併構想は一度は破綻した。だが総務省の強力な指導により、三好町を除く1市4町2村により、2005年4月に新生豊田市がスタートする。この過程で当時北設楽郡稲武町が文化的・地理的な結びつきが強いとして東加茂郡に編入、直後に他の町村と同時に豊田市に編入されることになる。これが豊田市が現在長野県と岐阜県に隣接する理由である。なお、旧三好町はトヨタ自動車の工場が3つもあり、財政的にも恵まれている。名鉄豊田新線の沿線・名古屋圏東部のベッドタウンの機能から人口も急増し、市への移行要件が成立して2011年1月に「みよし市」に移行した。豊田市との交流はあるものの、西三河では独特な位置にある。

　(2)　岡崎市は西三河ではもっとも伝統的な都市である。とともに製造業

の事業所や官公庁の出先機関も立地されており、都市基盤は西三河の中ではもっとも整備されている。「平成の大合併」で額田郡額田町を吸収合併したが、同じ額田郡内では幸田町は自立の道を選んでいる。これは域内にソニー幸田やデンソーなどの大企業があり、財政的にはこれまでは相対的に恵まれていたからである。

(3) 西三河南部に位置する西尾市は、2011年4月に、新生西尾市としてスタートした。これまでも屎尿処理や介護保険などで広域連合を形成し、結びつきが強かった隣接する幡豆郡の幡豆・吉良・一色の3町を吸収合併した。相対的に小さな地域だが独特な役割もある。トヨタ関連企業も進出しているものの、まだ伝統的地場産業があり、産業基盤や生活様式が従来の農漁村的スタイルから完全に脱却しているわけではない。

(4) 碧海5市（衣浦湾東部地域の刈谷・安城・知立・碧南・高浜の5市）では、「平成の大合併」構想より早い時期に合併構想がすすめられたが、頓挫した。しかし地理的・文化的繋がりは強く、消防などは一部事務組合として衣浦東部広域連合を形成している。豊田市に次いで製造業に依存し、中でも刈谷市はトヨタグループ企業の典型的な企業城下町として発達し、現在に至っている。

西三河地域での市町村合併の可能性がこの先もないとはいいきれないが、当面は現在の棲み分けでの自治体構成が続くであろうと、筆者は判断している。またこの地域の特徴は、職業高校・職業学科の存在によっても知ることが出来る。西三河地域では、高度経済成長期前まで工業高校が設置されていたのは岡崎市の1校のみであった。その後、高度経済成長期に刈谷市（1963）・豊田市（1971）・碧南市（1973）で県立工業高校が設置されている。また農業高校は戦後新制高校設置と同時に安城市・猿投町（当時、現豊田市）・西尾市（実業高校）の3校が存在したことからも、農業地域であったことが認識できる。商業高校は現在も岡崎市の1校と知立市・碧南市の2校に普通科に併設されているに過ぎない。地域社会の特性を反映したものである。

この地域の経済発展と雇用は、地域内での温度差はあったが、トヨタ自動車・関連企業に大きく依拠してきた。これら企業群は、地元の西三河の

みならず、全国の新規学卒者の受け皿として存在してきた。「生産関係職」⁽⁹⁾でいうなら、普通科高校卒業生にも積極的に門戸を開いてきたし、正規雇用での中途採用も積極的に行っている。1980年代までのこの地域では、雇用問題が社会問題になることはなかった。

図表7-3　トヨタの地域別海外生産の推移

(千台)

地域	2002	2003	2004	2005	2006	2007	2008	2009	2010	2011
北米	1205.3	1278.4	1444	1535.1	1519.3	1636.9	1404.8	1189.1	1404	1206.1
中南米	27.8	58.1	80.4	138.5	177.9	183.1	194.8	181.5	205.3	195.1
ヨーロッパ	383.6	466.1	582.5	638.1	808.8	806.5	688.3	507.3	461.7	460.3
アフリカ	75.5	93.3	108.8	121.1	143.8	145.7	179.2	102.8	123.4	150.8
アジア	371.8	548.4	717.0	1029.2	1137.7	1387.3	1590.0	1501.4	2027.0	2062.8
オセアニア	86.6	113.6	109.9	109.2	111.6	148.9	141.4	96.8	119.4	93.7
海外生産合計	2150.5	2558.0	3042.7	3571.2	3899.0	4308.6	4198.4	3579.0	4340.4	4168.8
国内生産合計	3485.2	3520.3	3680.9	3789.6	4194.2	4226.1	4012.1	2792.2	3282.8	2760.0
グローバル生産合計	5635.7	6078.3	6723.7	7360.9	8093.2	8534.7	8210.5	6371.3	7623.3	6928.8

（出所）トヨタ自動車「トヨタの2012年」より著者作成
〈注〉　①地域区分は自動車工業会の区分によるもので、②台数はトヨタとレクサスを合計、③四捨五入のため、総生産台数合計が合わないこともある。

3　グローバル化の中でのトヨタと西三河

3-1　トヨタのグローバル化

「グローバリゼーション」とは、経済活動で不可欠な人材、商品、資本、情報などの移動が国境を越えて地球規模で展開されることである。その結果、従来は政治的・経済的・文化的な境界線、障壁があったものが取り払われることで、社会の多様化と同質化が並行して進行するようになる。

トヨタのグローバル化の出発点は、1957年に最高級車クラウンの米国への輸出開始だが、当時はまだ輸出だけであった。だが現在では「最適性」を求めて「需要のある場所で生産する」ために、生産拠点の現地化も積極的に進めている。2010年現在では26ヵ国／地域51拠点になり、デザイン拠点、R&D（研究開発）拠点も海外に9ヵ所展開している。ノックダウン

(knock down) 方式による現地組み立ては、ブラジル (1958)、タイ (1962) など1970年代にすでに20カ国以上に拡大している。こうした海外生産を基本とするトヨタのグローバル化は、1980年代に始まるが、当時はアメリカなど地域は限られていた。だが1990年代に入るとこの動きが世界各地に広がり、2000年代になると全面展開されるようになる。

3－2　産業構造からみた西三河──刈谷市を事例に

　これまで見てきたように、西三河は高度経済成長期農業地域が工業地域に変貌した典型的な地域である。その中でも豊田市も刈谷市も、トヨタ自動車ならびに関連企業の企業城下町として発展していく。豊田市は自治体の名称をわざわざ企業名に変更したほどトヨタ自動車の影響を受けているし、刈谷市の場合はトヨタのグループ企業5社の本社が所在し、財源は豊富であった。[図表7－4]

　したがって両市とも、1990年代まではトヨタ自動車やグループ企業が、愛知・西三河から離れた位置に工場立地するたびに空洞化の危機が叫ばれることになる。実際に雇用への影響があったが、度合いは大きくなかった。次の年には解決し、時間の経過とともに空洞化への関心・危機感は薄らいでいく。生産拠点を海外に限らず、西三河から国内各地に移出すれば、明らかに一時的に雇用面での影響はあったが、翌年には募集人員は回復している。それは自動車産業が当時はまだ成長産業であったからで、一時的な採用減は景気の下降局面での1つの現象に過ぎなかった。しかし自動車産業の成熟化と経済のグローバル化は、今までにない変化がみられるようになった。

　変化の兆しを刈谷市の事業所数から見る。[図表7－5]では2000年から2014年までの製造業事業所総数では2003年をピークに、輸送用機械事業所総数では2005年をピークに、減少している。従業員数では全製造業も輸送機械も2008年をピークにその後は減少している。リーマンショックとそれに続くトヨタショックの影響は明らかであるが、この事業所数の推移は、従業員規模の違いによってかなりの差異が見られる。これは企業の体力の反映である。

図表7－4　トヨタ自動車・グループ企業の実体

	トヨタ自動車	デンソー	アイシン精機	豊田自動織機	トヨタ車体	トヨタ紡織
本社所在地	豊田市	刈谷市	刈谷市	刈谷市	刈谷市	刈谷市
設立	1937年	1949年	1965年	1926年	1945年	1918年
事業内容	自動車の生産・販売	自動車部品の研究・開発・生産	自動車部品、住宅設備機器、エネルギー機器などの製造販売	繊維機械、自動車、産業車両等の製造・販売	乗用車・商用車・特装車両の生産	自動車関連部品・繊維関連製品の製造販売
資本金	3970億5千万円	1874億円	450億円	804億6200万円	103億円	84億円
売上高・連結	18兆5,836億円	3兆1,546億円	2兆3,041億円	1兆5,433億円	1兆6,270億円	9,642億円
売上高・単体		2兆316億円	7,101億円			5,656億円
純利益・連結	2,835億円	893億円	1,218億円（営業）	585億円		32億円
純利益・単体		792億円	156億円（営業）			152億円
従業員・連結	325,905名	126,036名	81,782名	43,516名	17,445名	31,883名
従業員・単体	69,148名	38,323名	12,795名			8,147名
海外展開	26国51社	北米28、欧州35、豪亜10、他2	連結子会社海外100社	30国57社	北米1社アジア7社	亜豪2社欧アフリカ6社

(出所) 各社公式ＨＰならびに各社環境報告書から筆者作成　数字は2012年3月末のもの。2013/2/1閲覧。

〈注〉　①表中、単体の未記載部分はデータがないため　②トヨタ車体は平成23年12月28日に株式上場廃止、平成24年1月1日よりトヨタ自動車の完全子会社化、③海外展開については海外連結子会社についてのみ記載。

　データから見ると、大企業では事業所数は大きな変動はないが、事業所数が減少している。中規模以下の事業所では、企業再編（合併）、倒産、廃業等による淘汰である。このテンポ、規模は以前とは比べものにならない。ここからは推測であるが、データには表れないそれ以下の零細事業所はもっと減少しているであろう。

　これを刈谷市がこれまで依存してきた「輸送用機械機器産業」[10]に特化して変化を見ると、その傾向はより鮮明になる。[図表7－5]の「輸送機械機器産業」の事業所数は、2001年には135あったのが、2004年まで減少し、2005年には141まで回復しているが、2014年度には101まで減少している。2005年の回復は、一度廃業したところが再度企業を立ち上げたとは考えにくい。新たに「起業」した新規参入企業と見なすべきであろう。し

図表7-5 刈谷市内輸送用機器産業の推移

年	2001	2002	2003	2004	2005	2006	2007
全製造業事業所数	507	492	511	475	492	471	480
内輸送用機械	135	129	139	129	141	133	135
全製造業従業員数	43,101	43,919	44,047	47,350	48,296	50,062	51,503
内輸送用機械	28,283	28,401	29,192	32,496	32,899	34,445	35,184
年	2008	2009	2010	2011	2012	2013	2014
全製造業事業所数	480	421	399	426	384	382	375
内輸送用機械	137	119	114	126	115	108	101
全製造業従業員数	52,821	50,183	45,562	48,065	44,692	46,559	48,349
内輸送用機械	37,244	35,245	30,328	32,434	31,368	31,608	32,816

（出所）平成17年版、平成23年版平成29年版『刈谷市の統計』より著者作成
　産業分類は、2005年より輸送用機械器具が輸送機械に名称が変更されているが、統計的に影響はほとんどないから、そのまま利用している。

たがって淘汰された事業所数は単純の引き算ではなく実数はもっと多くなる。事業所数の変化は中堅企業では再編・合併であり、零細企業では廃業したと見なすべきであろう。従業員数は2001年には28,283人であったものが2014年には32,816人と増加しているが、この増加分は、期間従業員や製造分野への派遣労働の解禁に伴う外国人などの不安定雇用労働者の増加であり、正規雇用が増加しているわけではない。雇用の劣化を見落としてはならない。

3-3　「深層」に向けたアプローチ

2000年代になるとトヨタの第一次企業集団は海外に生産拠点を拡大し、

図表7-6　西三河の中小零細企業の現状

	A社	B社	C社	D社	E社
所在地	豊田市	豊田市	刈谷市	刈谷市	刈谷市
創業	1968年	1962年	1968年	1971年	1951年
主要品目	車体部品。試作特装車輌	プレス金型の設計製作	自動車部品製作	プレス加工など号口製品	鉄工業
従業員	24名	80名	3名	3名	3名
資本金	600万円	6600万円	300万円	個人事業	500万円
年間売上高	3億円	15億7000万円	3500万円	2700万円	5000万円
トヨタ自動車との関係	2次取引	2次取引	3次取引	4次取引	5次取引
仕事量 2000年まで	◎	○	◎	◎	◎
2008年まで	○	○	△	△	○
2008年以降	○	○	▲	×	▲
リーマンショック後の対応	高齢者の勇退時間外労働削減	海外展開を模索	パートの退職勧奨	パート4名の退職	銀行借り入れが不能に
海外展開	×	○	×	×	×
その他	後継者はいるが今後の事業内容は模索中	ベトナムに進出	現段階では後継者がいない	将来は廃業の方向を確認	いつまで続くかわからない

（出所）社団法人中小企業診断協会愛知県支部『平成23年度調査研究事業　中小企業の海外進出に関する調査と事例研究報告書』2012年、ならびに2012年12月、愛知県商工業者団体連合会を通じて、豊田市・刈谷市の中小零細事業所への聞き取りを著者が要約したもの。

国内では企業内の労働力構成を低コスト化させた。単年度では赤字決算になっても、総額では巨額の内部留保を抱えこんだ企業もいくつかあるほどである。そうした事情を考慮した上で、この地域の「深層」に向けてアプローチしていく。

　最近は雇用状況はリーマンショック当時ほどではないが、終身雇用制をベースとした新規学卒者の一括採用システムは以前ほど強固ではない。大企業での厳しい選別で、新規学卒者の雇用の受け皿は中小企業にも門戸が広がりつつある。中高年の転職希望者も、中小企業を選択するか、大企業

ならば非正規に甘んずる状況が続いている。雇用状況も、西三河でも「雇用の劣化」の影響を受け、地殻変動が始まりつつある。

また企業の海外展開に伴って、「親企業」とともに関連企業も海外に生産拠点を移行する事例も見られる。しかし進出する企業規模は、従業員数も資本金も売上高もある程度の水準を超えたものでしかない。関係者へのヒアリングでは、海外進出する企業は、基本的に自力で開拓することが必要とされるのである。親企業が面倒を見てくれる訳ではない。労働争議など現地でのトラブルなどでのリスクに晒されることがあっても、それはあくまで進出企業の自己責任で解決しなければならない。B社のように従業員が数十名規模の事業所は、まずは現地の人々を日本国内の工場に研修生として受け入れていく。そこでふさわしい技能・技術を身につけた後には、本国にフィードバックさせ、そこで立ち上げた海外事業所のリーダーとしての役割を果たさせていく。海外進出も円滑にやっている事例もあるが、これは少数である。現段階における中小零細企業にとって、グローバル化の進展は、まさに「去るも地獄、残るも地獄」である。

3-4　零細企業の実態

以上の事例は、まだ法人形態として機能して、困難でも事業所としての活動をなんとか維持することができる分だけ恵まれている。しかし問題はそれ以下の小規模の事業所群である。零細企業の分野ではすでに事業継続が困難になっているところも多い。

後継者も見つからずに近い将来廃業を覚悟している事業主も少なからずいる。それでも「最底辺」に位置する事業所群の実態に迫ることは意義がある。従業員数4人以下の「事業所」はデータとしてはあまりみられない。ここからは計量的ではなく、聞き取りが中心になる。多くは家族・親族などの同族・家内経営で、社会保険も国民健康保険や国民年金が中心のところが数多くあるという。それは、当事者は悪意ではないにもかかわらず、企業・事業所の置かれている状況から、「脱法的」な働かせ方をさせざるをえないのが現状である。[図表7-6]は、サンプル数は少ないが、そうした企業群の深刻な状況を表している。

A社B社はかろうじて企業形態が整っている事例である。この間のリーマンショックやトヨタショックの苦難にも、「自助努力」で困難をはねのけてきた実績がある。A社の場合は、多品種少量生産の品目を、職人的スキルを備えた熟練労働者の存在によって、支えてきた。B社の場合は、中小企業の中では比較的事業規模を拡大してきた。ここもプレス金型製作という技術スキルを伴う仕事が中心であり、この規模の事業所では珍しいが海外にも生産拠点を設けている。

　2012年2月11日、愛知県労働組合総連合が行った中小企業アンケートのポスティングに筆者は同伴した。場所は刈谷市今川町にある工業団地である。ここは1990年代に刈谷市が分譲した工場用地であるが、少なからぬところでは「更地」になっていた。1つの事業所の敷地が一戸建て住宅程度で、工作機械を中心に自動車産業に関わる小物部品や金型を供給しているところが多かった。事業所の中には、建物はありガラス窓越しに工作機械は見えるものの、稼働されている様子はないところも数カ所見られた。まともに稼働しているのは、門があり事務所と工場が分離されている企業としての骨格が整っているところのようにも思えた。

　C、D、Eの事業所と同水準はこの地域にはいくつもある。いずれもトヨタ自動車からすれば、3次、4次、5次といった仕事の供給関係である。これら事業所は景気の変動をもっとも受けやすい位置にある。これらの事業主へのヒアリングでは、「事業をいつまで続けることができるか」というのが共通認識である。その日その日をしのぐのがやっとの企業もある。(13)

　日本では東京都大田区や東大阪市のように、中小企業の活動で地域社会が維持・繁栄されてきたところが今大きく揺らいでいる。豊田市や刈谷市の場合、トヨタ自動車・グループ企業に依拠した繁栄で生き延びてきた。ところがグローバル化により、根拠地機能は維持しつつも、底辺部分に大きな分化を生み出している。(14)グローバル化に対応できる企業と、対応できない企業である。前者は親企業の後を追いかけて海外進出するか独自のスキルで優位性を保ちながら事業継続をしていくが、圧倒的少数である。後者は前述した零細企業群であり、時間とともに淘汰されつつある。西三河でのこうした事例は、一時的な景気後退ではなく、グローバル化と次項で

触れる自動車産業の成熟化を出発点とした「構造転換」の進行としてとらえることができる。

4　自動車産業の成熟化

　戦後めざましく発展したとはいえ、日本での自動車産業は、高度経済成長期までは幼稚産業であった。高度経済成長期になった1950年代半ばでも、まだ乗用車生産にシフトは移行できなかった。アメリカでは、すでに1910年代にフォードで大衆車が普及し、国民生活の中に乗用車が入り込み、今日の自動車社会が築かれている。日本社会での乗用車を中心とした自動車産業の発展は、高度経済成長後半になる1966年以降だといわれる。いわゆるモータリゼーションである。燃費効率もよく安価な大衆車が日本でも生産され、普及していく。時はまさに大量消費の時代であった。

　高度経済成長期までの日本の自動車産業は新興産業であるがゆえに、人事労務制度、労使関係などの諸制度は、まだ十分に制度として確立したものではなかった。鉄鋼、造船、電機などの基幹産業の諸制度を後追いをするものであった。しかし、高度経済成長の終焉と2度の石油危機を経て、日本経済はたくましく「復活」を成し遂げ、自動車産業が日本経済の基軸をなすに至った。日本資本主義の主役は、それまでの造船、鉄鋼から電機に、そして1980年代には自動車が主役となる。自動車産業は、日本資本主義の発展と「日本的経営」を象徴するものとして、この世を謳歌した時期である。ポストフォーディズムともてはやされ、「トヨティズム」という呼称が世界でも使われるようになる。効率的な日本の生産システムは、減量経営にも対応し、その代表的な産業として自動車産業は、日本経済を牽引する産業に躍り出た。自動車産業は、裾野が広く、多くの部品製造とともに、インフラ整備など様々な関連分野の産業誘発をもたらす。日本が経済大国になったのは、自動車産業の存在抜きには語れない。

　だが日本経済は、大きな弱点を持っていた。国内市場が狭いが故に、その活路を海外輸出に求めていく。それが集中輸出をもたらし、欧米から激しいバッシングをもたらすようになる。特に対米輸出の増大は、急速な「円高」をもたらしていく。自動車に限らず輸出に依存していた産業は、新た

な対応に直面する。自動車でいうならば、完成車の輸出から、現地生産へと移行せざるを得なくなる。これが自動車産業におけるグローバル化の一要因であり、国内での空洞化問題であった。そして右肩上がりで成長を維持してきた日本経済も、バブル崩壊後には成長に依拠した経済の維持が困難になることが誰の目にも明らかになる。とともに自動車産業もその先が見えてくる。人口減、若者の車離れ、実質所得の減少からの車購入への戸惑いなど、この先の永続的な自動車産業の発展は望めなくなった。すでに自動車生産は、国内生産よりも海外生産の方が大きく上回っている。しかも自動車産業の直面している3課題（①安全、②燃料、③環境）は、自動車産業と関連産業、ならびに地域社会を大きく変容させようとしている。成熟化は日本社会もだが、自動車産業が新たな段階への昇華が求められている。またこれまでの企業福祉に直接・間接に依存してきた企業城下町のあり方も変容を余儀なくされ、地域社会での企業福祉的なものも見えにくくなっている。

　これまでのように企業にだけ依存した地域社会であれば、この先衰退していくのは必然である。もちろん当事者には企業依存ではいけないという自覚があったであろうが、豊田市も刈谷市も、今大きな転機に直面している。

5　外国人労働者と多文化共生社会

5-1　外国人労働者の増加

　この地域に限らず、日本で外国人の数が急増するのは1990年代以降である。当初多くは、法改正によって半永住が可能となった日系ブラジル人などの南米の労働者とその家族であった。当初は3年という期限付きで、その後は多くは帰国する人だと思われていた。しかし21世紀になり、外国人労働者の数はその後は増え続けていく。「リーマンショック」「トヨタショック」を経た後の現在は、南米に限らず、ベトナム、フィリピンなど広くアジアからも日本にやってくる人々も少なくない。1990年代以前には余り見かけなかった、学校や地域社会で外国人とともに生活する光景を、現在では何の違和感もなく見ることができる。明らかに日本社会は「多民族社

会」になり、西三河地域も例外ではなくなった〔図表７－７〕。

5－2　近年の動向

　西三河とりわけ豊田市で顕著になったのは、北部の保見団地であった。保見団地は豊田市北西部に1970年代半ばに造成された住宅都市公団（当時）と県営住宅と分譲住宅からなる広大な住宅地であった。当時の公団や県営団地の側は、賃貸住宅の需要を豊田市内での社宅や独身寮の存在を考慮せず、安易に賃貸住宅を増設して広大な空き部屋を生み出した経緯がある。トヨタの企業福祉の存在が、皮肉にも後に大量にやってくる主に日系外国人の居住の受け皿となった。いわば先行投資していたことになったのである。その後、西三河での各自治体での公営住宅では少なからぬ外国人労働者とその家族が居住するようになる。1990年代以降日本に移住してきた外国人労働者の多くは、日系南米人の３世の世代である。彼らは単身あるいは家族同伴で日本にやってきて生活をする。その雇用先の多くは東海地区では自動車関連産業の3K職場で、彼らの多くは、非正規で、直接雇用ではない派遣労働者であった。自らの生活の糧を異国に求めてやってきた彼らを、安易な景気の調節弁として扱ったのが、日本の大企業と取引関係にあった関連企業の雇用主であった。

　日本で家族とともに生活をし、自動車部品メーカーで働き、財を蓄えて本国に戻り人生のスタートを切った人もいた。この流れは2008年の「リーマンショック」「トヨタショック」が起きるまでは存在した。多民族との共生を理解できない人との地域でのトラブルをのぞけば、大きな問題はなく推移していた。だが「リーマンショック」「トヨタショック」は、この地域の様相を一変させてしまう。

　2008年以降、いわゆる「派遣切り」と言われる事態が、この地域でも大きな社会問題となる。この過程で本国に帰らざるを得ない人もいたが、一段落すると、この地で生活する外国人は、アジアの人々を中心に、様々な人々が生活するようになる。また近年話題になっているベトナムや中国などの外国人実習生[16]の存在も、この地で目にする。外国人は学校でも職場でも地域でも違和感なく目にするようになる。西三河でも、「異文化」だけで

はなく、「多文化共生社会」の到来は、必然となった。

6　企業福祉と医療機関

　企業城下町と企業福祉の関係を示すものとして、企業内病院の存在がある。企業城下町の豊田市と刈谷市には市民病院（公的医療機関）はない。その代替機関として役割を果たしている両市の「企業内病院」を事例としてあげてみる。

　豊田市にあるトヨタ記念病院は、1938年にトヨタ自動車工場内に開設された企業内診療所が起源である。1942年には、従業員に加えて地域への開放も含めて、トヨタ病院が開院した。1987年にはトヨタ自動車創立50周年事業の一環として、新たに病床数を513床に増床し、名称も現在のトヨタ記念病院と変更して現在に至っている。豊田市は人口40万人を超え、面積は918km²にもなる「広大な都市圏」を要する自治体であるが、公営病院

図表７－７　西三河の外国人居住者

	総　数	ブラジル	韓国・朝鮮	中国	フィリピン	ペルー	その他
岡崎市	9,668	3,101	1,387	1,621	1,644	139	1,776
碧南市	3,580	1,802	83	347	393	155	800
刈谷市	4,036	708	318	931	1,089	60	930
豊田市	15,017	5,525	1,265	2,676	1,599	697	3,255
安城市	6,253	1,983	331	1,001	1,671	123	1,144
西尾市	7,181	2,735	279	724	1,070	445	1,928
知立市	4,432	2,282	130	491	599	257	673
高浜市	2,764	1,484	140	203	327	71	539
みよし市	1,722	589	129	320	273	59	352
幸田町	863	226	27	125	217	19	249
西三河総数	55,516	20,435	4,089	8,439	8,882	2,025	11,646

豊田市ＨＰ　西三河の統計２０１６
http://www.city.toyota.aichi.jp/shisei/tokei/sonohoka/1004761.html

がないことでも知られる。豊田市内にあるトヨタ記念病院に匹敵するのは、農協系の愛知厚生連が設立した豊田厚生病院（606床）がある。公的医療機関として、豊田地域医療センターがあるが、高齢者医療、在宅医療支援、健康診断、救急医療、看護師養成が柱であり、総合病院的な役割を果たしている訳ではない。

　刈谷市の刈谷豊田総合病院（病床710）は、1935年設立の古居外科医院が起源である。後にその医院を譲り受けたトヨタの番頭である石田退三が描いた地域社会への貢献への思いに委託され、1943年に古居は新装の豊田病院の病院長に就任、診療活動に従事した。その後、刈谷市の発展と企業内外の要請によって、総合病院設立の機運が高まり、1962年医療法人豊田会創立総会にて、刈谷市とトヨタ系7社（豊田自動織機製作所〈現：豊田自動織機〉、日本電装〈現：デンソー〉、トヨタ車体、愛知工業〈現：アイシン精機〉、豊田工機〈現：ジェイテクト〉、民成紡績〈現：トヨタ紡織〉、愛知製鋼および7社健康保険組合による医療法人豊田会の設立が承認され、初代理事長には石田退三が就任した。その後、運営に高浜市も加わり、規模も事業内容も拡大して現在に至っている。名称も豊田病院から刈谷総合病院、現在は刈谷豊田総合病院と変遷している。安城市や豊田市では自治体が民間病院にコミットし、刈谷市の場合は企業内病院に自治体がコミットしている事例である。

　岡崎市には、岡崎市民病院（病床715床）がある。1878年（明治11年）5月12日愛知県公立病院岡崎支病院として開院され、1907年（明治40年）4月1日県立岡崎病院に改称された。1946年（昭和21年）4月1日日本医療団傘下に、日本医療団岡崎病院に改称、1948年（昭和23年）7月1日日本医療団の解散に伴い、岡崎市へ譲渡・移管され、市立岡崎病院に改称。1998年（平成10年）12月28日に岡崎市民病院に改称し、現在地に移転している。西三河の中でも高度救命治療も担う拠点病院として位置づけられている。

　企業城下町は豊かな財政という事情もあったが、医療をはじめとした公的福祉の担う役割を、後方に追いやった事実は否定できない。医療機関は、医療法人に限定されるという縛りがあるが、地域社会に貢献するためには、

単に企業や自治体任せだけでは不十分である。刈谷市のようなグループ企業や自治体に加えて、さらに住民代表などを病院運営に関わらせていく施策も必要とされよう。それが「創造的共生」に向けた一歩になる。

7　おわりに

　本章では、企業福祉を媒介に発展した刈谷市・豊田市を中心とした西三河地域の企業城下町の変容について明らかにした。経済のグローバル化と自動車産業の成熟化により、西三河の地域社会の「深層部」での地殻変動の兆しを紹介した。

　だが前章までで見たように、西三河の地域社会の「表層的」な部分での変容は、目に見えるものばかりではない。それには理由がある。西三河の企業社会を形成してきた、トヨタ自動車ならびに関連企業の1980年代以降の展開は、刈谷市・豊田市を中心とした西三河から、生産拠点を九州・東北に拡大した全国展開とともに、海外にも拡大する企業戦略がとられる。その度に、地域社会の空洞化の危機が叫ばれてきたが、その影響は最小限に食い止められてきた。実際に西三河での各企業の業績が低下し、雇用数も減少して一時的に影響を受けることはあった。だがその分、進出先の雇用は新規需要が創出され、国内雇用は地域ごとにシェアされたため、当時は地域を揺るがすような大問題とはならなかった。しかしこれは1990年代までのことであった。

　しかし2007年に始まるリーマンショックとトヨタショックは地域に深刻な打撃をもたらしたが、トヨタ自動車・関連企業群は製造業の中では、他の基幹産業と比較した場合、相対的に優位な地位にあった。しかしその優位性は企業集団の中では第1次企業集団までのことである。第2次企業集団以下の、底辺に近い少なからぬ企業では、「企業再編」に組み込まれ、「異業種」への転換や廃業の憂き目にあっている。現在進行形のこの事実は重要である。成熟化した自動車産業が直面している三課題（①燃料、②環境、③安全）をクリアするための努力は当然である。さらにAIの導入進化やSociety5.0の登場は、自動車のあり方と自動車産業だけでなく交通体系そのものが、ドラスティックに再編されていく可能性も否定できない

(Society5.0とは、政府広報によれば、「狩猟社会」「農耕社会」「工業社会」「情報社会」に続く、人類史上5番目の新しい社会、であり第4次産業革命によって、新しい価値やサービスが次々と創出され、人々に豊かさをもたらすとバラ色に描かれている)。それは企業や産業の再編だけでなく、地域社会の構造も大きく変わることを意味している。

　一方企業城下町豊田市・刈谷市の2つの自治体でも様相が変わろうとしている。トヨタ自動車に依存してきた豊田市の場合、「平成の大合併」により行政範囲があまりにも広大になった結果、企業城下町の性格だけで都市機能を維持することは困難になりつつある。［図表7-8］豊田市に隣接する岡崎市はトヨタ関係だけでなく三菱自動車の工場もある。伝統的な地域社会が形成され、自治体の様相が豊田市や刈谷市の企業城下町とは様相が異なる。自動車産業だけでなく他産業の開拓も課題となる[17]。トヨタが豊田市と岡崎市にまたがる里山にテストコースと研究施設を建設するのも[18]、次世代自動車やポスト自動車を視野に入れた研究開発として位置づけられるからである。

　また経済のグローバル化はこの地域での多文化共生社会の到来を必然とした。全国有数の財政力も、この間のトヨタショックによる歳入不足で財政難に陥り、華やかな箱物行政の見直しに迫られている。広域行政は住宅地を豊田市周辺に拡散しつつある。豊田市は現在ではいみじくも「環境都市」と名乗っているように、企業城下町には変わりないが、企業の論理だけで都市機能を維持できなくなっている。

　刈谷市は、トヨタグループ企業発祥の地であり、その繁栄とともに発展してきた。現在もグループ企業5社の本社がおかれているが、トヨタ自動車のように強力なリーダーシップを持った企業があるわけではない。また前述した碧海（衣浦東部）5市（安城・刈谷・知立・碧南・高浜の各市）合併構想は破綻したが、このとき刈谷市は強力なリーダーシップをとることはできなかった。だが刈谷市は鉄道や道路などの利便性は豊田市よりもかなり優れており、この20年ぐらいで名古屋市のベッドタウン的な性格を帯びてきた。とともにこの都市の経済を支えてきた、輸送機器産業を中心とした製造業の底辺部分での変動・淘汰もみられる。トヨタグループ企業

図表7-8 西三河の主要都市の比較（豊田市・刈谷市・岡崎市）

	豊田市		刈谷市		岡崎市	
総人口	422,542人	49位	149,765人	181位	381,051人	59位
人口（男）	222,169人	44位	78,456人	170位	192,771人	56位
人口（女）	200,373人	57位	71,309人	199位	188,280人	65位
生産年齢人口率（15～64歳）	63.96%	63位	65.94%	31位	63.23%	90位
高齢人口率（65歳以上）	21.93%	751位	19.34%	794位	21.99%	749位
総面積	918.32km²	26位	50.39km²	650位	387.20km²	200位
可住地人口密度	1,443人/km²	294位	3,002人/km²	178位	2,452人/km²	203位
歳入額	95,401,696千円	39位	62,534,077千円	187位	25,536,842千円	81位
財政力指数	1.3	6位	1.34	4位	1	37位
市区の類型	工業都市		工業都市		住宅都市	
キャッチフレーズ	人が輝き 環境にやさしく 躍進するまち・とよた		人が輝く 安心快適な産業文化都市		人・水・緑が輝く 活気に満ちた 美しい都市 岡崎	
工業製造品出荷額等	,416,663千万円	1位	161,390千万円	26位	205,744千万円	20位
小売・卸売業商品販売額	227,575千万円	35位	79,774千万円	95位	96,669千万円	80位
公民館数	27館	96位	5館	467位	8館	364位
郵便局数	54局	65位	13局	477位	43局	104位
都市公園数	182箇所	139位	106箇所	235位	240箇所	101位
都市公園総面積	4,639,500m²	39位	1,273,700m²	236位	4,086,900m²	47位
図書館数	1館	480位	3館	237位	2館	337位
蔵書数	1,723,672冊	22位	835,868冊	92位	935,542冊	79位
公立保育所数	55所	10位	10所	198位	33所	32位
私立保育所数	16所	210位	5所	511位	18所	183位
認定こども園数	10園	106位	0園	640位	5園	223位
公立幼稚園数（国立を含む）	12園	77位	16園	44位	0園	479位
私立幼稚園数	11園	135位	2園	457位	22園	65位
園児数	2,588人	112位	2,699人	106位	5,260人	46位
小学校数	75校	22位	15校	347位	48校	60位
小学校児童数	24,404人	38位	8,411人	169位	22757人	146位
中学校数	29校	38位	6校	396位	23校	76位
中学校生徒数	12,488人	40位	4,175人	177位	11,274人	50位
高等学校数	15校	45位	5校	201位	11校	89位
高等学校生徒数	10,960人	57位	4,550人	169位	11,678人	53位
一般病院総数	12所	120位	6所	251位	12所	120位
一般病床数	1,808床	112位	784床	261位	1,437床	133位
老人ホーム定員数	1,608人	133位	785人	309位	1,605人	134位
土地平均価格（住宅地）	71,803円/m²	196位	135,962円/m²	92位	88,807円/m²	159位

※認定こども園数は810市区中。蔵書数は813市区中。私立保育園は812市区中。その他は814市区中の順位である。国勢調査ならびに住民基本台帳を参照に筆者作成。
http://www.soumu.go.jp/main_sosiki/jichi_gyousei/daityo/gaiyou.html
http://www.stat.go.jp/data/kokusei/2015/index.html

［補足］
　西三河には、本文でも紹介しているように、9市1町の自治体がある。本図表にある豊田市、刈谷市のデータからは、明らかに企業城下町の様相が見て取れる。一方岡崎市のデータは、豊田市に隣接しながらも、必ずしも自動車産業だけに依存していない自治体であることが見えてくる。一般病院数や老人ホーム定員数では岡崎市は豊田市とほぼ同程度であったり、都市公園数が豊田市よりも多いのは、岡崎市の方が都市機能が整備されているということである。自治体規模では、岡崎市は豊田市よりも一回りコンパクトな中核市である。この図表の統計データそのものは、各都市の人口規模などを考慮せず、生のデータが提示されているが、刈谷市は規模的には岡崎市の半分程度の大きさの都市である。

とともに発展してきた企業城下町刈谷市は、地理的な条件や行政地域の規模の差異から、豊田市よりも一歩先んじて新たな道を歩みつつある。それは地域住民の意識、自動車産業の現段階での位置、自治体の規模、地理的な位置、行政の姿勢などから来る差異である(19)。

　総じて両市とも新産業の創出はこれからの課題である。だが過去の成長産業であった自動車産業に依拠した企業城下町豊田・刈谷がこれからも同じように存続発展していくことは考えられない。ただ当面は、自動車産業を中心とした「骨格」だけは維持されていくかもしれないが、これまでとはもはや異なる。従来型の大企業を頂点とした企業ピラミッドの「底辺」では揺らぎが始まり、強固なピラミッドではない。現在では地殻変動が確実に起きていることを見ておく必要がある。そして企業の豊かな財政力に支えられてきた両市とも、従来の企業城下町的機能を少しずつではあれ「変質」させていることを考慮する必要がある。

　企業福祉はこの地域の企業城下町の発展に、直接的・間接的に貢献した。企業福祉に限らず、企業の存在が現在もなおこの地域に大きな影響を与えている。その点は、同じ西三河でも中核市である岡崎市とは様相が異なる。企業城下町そのものが、刈谷市も豊田市も温度差はあるが、変容が始まっている。明らかに企業依存の地域社会からの「離陸」である。その変化が、住民にとって望ましい方向に向かうかどうかは、担い手である住民の関わり方・姿勢次第である。この地域社会は、20世紀的視点から解放され、21

世紀に向けた新たな視点で見つめ直す必要がある。人々の「共生」と「協働」による社会の形成に向けた姿勢が、今ほど問われているときはない。

〈注〉
(1) 「企業城下町」は宮本憲一が著書『地域経済学入門』有斐閣1990で使用したのが最初とされるが、榊原雄一郎「工業地域の進化についての研究――トヨタグループと名古屋大都市圏を事例に」：中村剛治郎編『基本ケースで学ぶ地域経済』有斐閣、2008、では、企業城下町を「地方工業都市の中でも特定の企業・グループに地域の雇用、税収などの地域経済全般を依存している都市や地域」(154頁) と規定している。

　現在では学問的な用語としても定着しているが、特定の企業集団グループの工場・事業所がその自治体・地域に立地することにより、その自治体に大きな影響を与えているのが特徴である。本章で扱う豊田市や刈谷市も同じく特定の企業集団に依拠してきた。
(2) 本章では、主に輸送機器産業に大きく依存して発展してきた、刈谷市と豊田市の2つの企業城下町に焦点をあてて言及する。いわば「狭義の西三河」と捉える。
(3) 現在の日本の企業城下町は、大別すると以下の事例になろう。①立地企業の地域社会からの移出による空洞化・衰退する事例。②依然として企業城下町として自治体に強い発言力を誇示している事例。③企業城下町が、企業依存体質から脱却して「企業市民」の方向を目指す事例（以上は筆者の分類)。

　①の事例は、20世紀型構造の典型である。これは旧態依然の企業福祉の存在とともに悪弊である。③に移行する事例は余り聞かないが、①の事例は多く目にする。たとえば、夕張市や釜石市や亀山市などがあげられる。豊田市・刈谷市では新産業創出の模索も垣間見えようが、決定的な動きではない。
(4) 自動車関連産業とは、自動車及び自動車部品の生産、販売、利用、整備に関連した産業を指す。自動車本体完成と関連部品・装着備品、素材、それらの輸送物流に関わる事業の必要性など幅広い分野から成り立っている。そのための労働力確保、居住空間・インフラの整備も必要とされる。裾野の広い産業であるため、関連企業の相互支援・協力体制が必要とされる。トヨタの場合、直接部品を供給する、協豊会227社がある。

設備・物流サプライヤーの任意団体で、トヨタと取り引きのある設備・物流会社122社の会員組織である栄豊会がある。トヨタ自動車に限らずそうした企業の立地によって成り立ってきたのが企業城下町であり、豊田市や刈谷市はその典型的な都市であった。若干ではあるが第3章でも触れている。

(5) この間の地域社会分析に限らず、労働問題・労使関係研究も1990年代までの日本的システムの存続を前提とした分析であった。男性中心の大企業の正規雇用労働者の対象が中心であった。だが、それが大きく崩れ、地域社会に非正規の労働者が溢れ、未婚のまま高齢者になる事例も少なからずある。したがって地域社会分析も、従来型手法では十分に掘り下げることが困難ではないかと筆者は考えている。

(6) 「深層」は、「深い層。表面からはうかがい知ることのできない部分」だが、本章では見えにくい部分を指している。表層は、「表面の層。うわべ」のことで、データとして現れている現象を指す。データとして現れた現象は、当然にも重要だが、データとして見えにくい部分に迫っていくのは、実体を捉えるという意味では貴重であり、本章ではこのような用語を使用している。

(7) 豊田市の場合、必ずしも広域的な市町村合併については積極的でなかったといわれる。だが法定協議会から三好町（当時）が離脱した後、総務省の強力な指導と三好町以外の自治体の豊田市への依存・期待から、広域合併実現に向けて急展開したといわれる。

(8) みよし市は、人口62,728人（推計人口、2018年4月1日）、面積32.19km^2、市政への移行は2010年1月である。域内に、トヨタ自動車の工場が3つもあることから、自治体財政は裕福であり、地理的な位置もあり、相対的にトヨタ文化から独立していたことが独自の市として自立していく理由であろう。

(9) 「生産関係職」とはトヨタ自動車では、「ホワイトカラー」に対比して、生産現場で働く「ブルーカラー」というが、各企業では微妙に呼称は異なる。一般的には事務・技術職に対する技能職といわれる。

(10) 日本標準産業分類（総務省）では、産業の大分類として「製造業」、製造業の範囲に属する産業を「中分類」として、製造業に含まれる産業・業種なかの1つとして輸送用機械器具製造業が位置づけられる。自動車関連産業という場合、さらに範囲は広く、非製造業分野も含まれる。平

成14年には電気機械・器具製造業が電気機械器具製造業が3業種に分割され、平成19年には一般機械器具製造業が下に示すはん用機械製造業が3業種に分割され、衣服・その他の繊維製品製造業が繊維工業に統合されているが、輸送機械器具製造業については大きな変化がないことから、本文の表には影響はない。

⑾　海外進出する企業も、第二次集団までに限定されている。それは資本力、言葉の壁などで、結局は規模の論理に左右されるからである。

⑿　海外展開に成功したB社の場合、従業員は80名ほどであるが、資本金も売上高も他の事業所よりはかなり体力もあり、技術の蓄積もなされてきた。しかも外国人研修・実習生制度を有効に活用して、研修生・実習生の技能養成による本国への還元と海外での事業立ち上げに成功した事例であるが、どの事業所でも可能であるとはいえない。

⒀　この調査した企業はサンプル数も少ないが、C、D、Eの零細事業所が今後存続することが困難だが、従業員の生活もあるため、廃業することもできず、やれるところまでやるというのが本音である。またある第一次トヨタ企業集団と取り引き関係にあった協力工場の協力会の事業所数であるが、2000年当時34社あったこの企業数が、10年後は30になっている。1社は倒産、4社は廃業。2社は企業統合である。これらの企業集団は、まだ事業所として機能しているが、この段階で、この10年間に1割以上が工場をたたんでいる（A社での聞き取りから）。

　　　アンケートで回収した事業主の生の声を一部以下に載せる。
「大企業から仕事の注文を受けた場合、安く安く製作してほしいとの要望が多くなり、当社もコスト低減して製品を作っても、値決めも決まっていても要望が多く、追加費用もでない状態。（一般機械）」「一次（元請け）より加工単価の低減に協力する様、再三要請があります。（金属製品）」「単価の切り下げは当たり前の様に行われている。断ると仕事がなくなると脅されます。この手法に問題は無いのでしょうか？」（輸送用機械機器）「赤字が4期続いて悲しいです」。

⒁　「毎日新聞」平成24年12月12日（水）は「自動車部品や金型をつくる愛知県刈谷市の町工場は、ほかにない高価な工作機械を導入し、削る事が難しい硬い鋼材の加工を武器に生き残ってきた。08年秋のリーマンショック直後、月300万円から400万円あった売り上げが、100万円以下になったことがきっかけだ」。「大手自動車は中国やタイなどの現地部品

メーカーと価格や品質を競わせる傾向が顕著になっている」。「体力の乏しい個人経営や零細企業を中心に事業継続を断念するケースが多い」と状況を紹介している。

　中小企業アンケート結果は、西三河3市（豊田、刈谷、安城）のなかでも工場の集中する地域を選び、その中の中小企業（含む零細）をほぼ全てを対象にした。調査対象は495社。調査期間は2012年2月11日に配布し2月29日までに回収したものを集計した。調査方法は当該地域の住宅地図にマークし、直接訪問してアンケート用紙をポスティングし、回収は返信用封筒による郵送で行った。配布総数495社のうち、回収数53社。有効回答は52社（10.5％）であり、この種のものとしては多いといえよう。

(15)　西三河での外国人の推移は［図表7－7］参照。

(16)　現在の外国人実習生問題の端緒をなすのは、1993年に設けられた「外国人研修・技能実習制度」である。これまでの制度を拡充するものであり、1年間の研修（在留資格は「研修」）を経て、その後は最長で2年間の「技能実習」（在留資格は「特定活動」）を合わせて成り立っていた。日本国内の労働現場で培われた技能・技術や知識等を研修生・実習生の自国への移転をしたり、自国の経済発展を担う人材を育成することを目的とした制度である。

　しかしこうした制度は、高尚な理念とは裏腹に実態はこの制度を悪用した事例が多々見られた。特に入国1年目の外国人研修生の段階では、労働関連法規が適用されず、労働者性が認知されないため、最低賃金以下で働かされ、労働災害にあっても泣き寝入りする事例が多々あった。実習生を安価な労働力と考え、人権侵害の点も含め、非難の的となる企業も少なくなかった。それは、こうした外国人だけでなく、安易に儲かればいいという誤った考えをもった企業家が少なからずいたからである。

(17)　トヨタ自動車本社工場の建設地は、刈谷市では用地の確保が困難であったため内陸地の当時の挙母町に確保した経緯がある。1950年代後半に挙母市では、商工会議所から挙母市宛てに市名変更の請願書が提出され、当時は賛成と反対で市を二分したが、1959年1月、市名が「豊田市」に変更された。当時市内にはトヨタ自動車の工場は本社工場と元町工場しかなかったが、その後市内各地にトヨタ自動車の工場が誘致され、自動車産業を中心とした製造業が発達した。製造品出荷額でも全国有数の工

業都市になった。

　現在では、市内には南米系（特にブラジル系）を中心とする外国籍住民が多く居住し、自動車関連工場などで働いている。豊田市内の外国人登録数では 16,163 人（平成 29 年 10 月住民台帳）が暮らしている。なかでも旧豊田市北部の保見団地は全住民のおよそ 45% が外国人という日本屈指の外国人居住地である。だが増加の一途をたどった外国人の増加も、リーマンショック以降は一変し、「派遣切り」「雇い止め」に遭遇し、本国への帰国を余儀なくされた人も少なからずいる。

(18)　トヨタ自動車は愛知県豊田市と岡崎市にまたがる里山に、テストコースを含む新研究開発施設を計画している。計画されている施設は両市の里山約 650 ヘクタールのうち約 270 ヘクタールを造成し、新車のテストコースや研究開発棟、環境学習施設などを造る計画。愛知県企業庁が買収と造成を担当し、2012 年度からすでに準備工事に着手しており、2018 年ごろに一部供用開始、25 年までの完成を目指すこととされている。じつはこの周辺では絶滅危惧種のサギの仲間、ミゾゴイなどの生息が確認されていることから、環境への影響が懸念され、一部では地主を巻き込んだ反対運動も起きていたが、愛知県内でもこの問題は詳しく知られていないのが実情である。

　　愛知県ＨＰ「豊田・岡崎地区研究開発施設用地造成事業の概要」
　　http://www.pref.aichi.jp/0000027472.htm

(19)　規模ならば、刈谷市にはデンソーという巨大な企業が存在し、同じトヨタグループでも次の規模の企業はアイシン精機であるが、資本金、従業員、売上高などデンソーの半分程度である。だがデンソーが刈谷市でリーダーシップをとっているかというとそうではない。トヨタ関連のグループ企業の棲み分けによる企業城下町が刈谷市の特徴であった。

　刈谷市の場合には、トヨタ発祥の地でありトヨタグループの企業城下町として栄えてきたが、現在もトヨタグループの 5 社の本社があり、グループ企業とともに発展してきた。だが近年のトヨタ自動車と関連企業のグローバル化により海外に生産拠点を移行する企業群がある一方、対応できずに呻吟する中小零細企業群とに分化しつつある。刈谷市は徐々に都市の性格を従来の企業城下町から脱皮をはじめつつある。刈谷市は平成 14 年に「人にやさしい快適産業文化都市」を市の目標に掲げている。刈谷市の場合、豊田市よりも早い時期から、住民自治やまちづくり

の方向としても企業城下町の意識が希薄になっている。
　刈谷市発行『COMPASS 第 7 次刈谷市総合計画』2011 年、参照。

終章　企業と地域社会の創造的共生に向けて

1　はじめに

　本書では企業福祉を媒介に、主にトヨタ自動車という企業と西三河の地域社会にも目を向け、日本的システムとの関わりについて見てきた。一国を凌駕するような大企業の経済力を、その企業の構成員だけに施す施策だけでは、現代社会の様々な問題点を解決する方向には至らないことの確認もあった。必要なのは、その経済力を社会全体の構成員が、人らしく生きていくことが可能な施策に費やすべきであり、それは「画餅」ではないと考える。その点で、大企業トヨタと西三河の存在は、検証のための絶好の材料である。

　終章では、本書全体のまとめと、企業福祉を立体的複眼的に考察し、企業の内から地域社会へ、そして未来社会を眺める形で展開する。特に第7章で扱った地域社会の視点から、未来社会での企業の存在とあり方を直視し、捉え直すとともに、企業と地域の「創造的共生」のあり方について、深めることにする。

　その解明のために、十名直喜［2017］『現代産業論』は貴重な示唆を与えてくれる。人は生存のために、「衣食住」を確保してきた。さらに高い水準になると、「衣職住」に比重が移行する。職が重要度を増すのは富の創出と深い関わりがあるからである。職に関わる産業は、社会の変化発展によって変容してきた。同書は産業について次のように指摘する。

　「産業はものやサービスを生産するための活動であり、ものづくり・ひとづくり・まちづくりにまたがる活動といえる。生産活動の多くを担うのが企業組織であり、ひとづくり・まちづくりと深く関わるのが社会組織や地域組織である。これら3者が、相互の強みや特徴を学び合い生かし合う三位一体的な関係へ、どう転換していくかが問われている」。この視点に基づ

図表終－1　本論文の構成

現状認識
ＩＴ化　少子高齢化　グローバル化　構造改革による格差社会の進展

日本型福祉社会の構造
社会福祉　企業福祉　家族福祉　自助　の相互依存　男性働き頭を筆頭に性別役割分担
　　男は外に仕事　女は家で家事を　⇔　　家事・子育て・介護
　　過労死も厭わない長時間過密労働　⇔　　お互いに支え合う体制
　　　　年功制　生活給　⇐　男性の大企業の正規雇用

問題点　　　　企業福祉の意義と限界
　①格差拡大　②公的支援の後退　③「企業性善説」幻想

課題
　①企業福祉を通した日本社会の解明
　②「光」と「影」への考察を通した諸問題の明確化
　③企業福祉を通した未来社会への道筋を提起

［本論文の構成］

序　章	企業福祉をめぐる現状認識
第 1 章	企業福祉の先行研究
第 2 章	企業福祉の歴史的変遷
第 3 章	企業福祉と格差社会
第 4 章	企業の社会的責任と企業福祉
第 5 章	企業福祉と労使関係
第 6 章	企業福祉と企業内教育
第 7 章	企業福祉と企業城下町
終章	総括と展望

企業福祉

企業福祉の鳥瞰と　　起
意義・限界の確認

光と影の立体的考察　承

近接領域の考察　　　転

まとめ　　　　　　　結

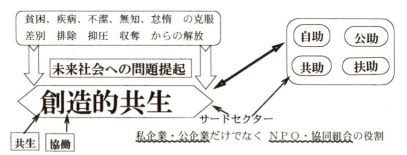

貧困、疾病、不潔、無知、怠惰　の克服
差別　排除　抑圧　収奪　からの解放

未来社会への問題提起

創造的共生

共生　協働

自助　公助
共助　扶助

サードセクター
私企業・公企業だけでなく　ＮＰＯ・協同組合の役割

［筆者作成］

くならば、企業は産業の一端を担うものであり、地域組織や社会組織とともに構成体の一部であり、21世紀的創造的共生の担い手のために、「企業市民」への転化も可能である。

　終章では、本書全体の概括と未来展望とともに、企業福祉が地域社会にもたらしてきた役割を今一度確認し、21世紀の「創造的共生」のあり方を提起したい。

2　本研究の到達点

2－1　企業福祉と格差社会との関係を解明

　企業福祉は、補助的ではあるが、労働者国民生活の向上に側面から貢献した。本研究では、その事実はふまえつつ、受益対象者が限定されることで格差が当初より存在し、それが拡大し無視できないものになったことを明らかにした。

　企業福祉は、「疑似福祉」の側面を併せ持つ。それは従業員の生活保障に携わる側面があるからで、営利を求める企業が提供し、従業員への利益提供にとどまらない役割を担ってきた。施設・サービスの差違による分断などで、国民諸階層が重層的格差構造の中に置かれてきた。企業福祉が従来のままでは、格差の解消はこれからもできないであろう。本書では、こうした企業福祉と格差社会の関係の解明を試みた。

2－2　企業福祉と公的福祉、とりわけ地域福祉との関係を明示

　公的福祉はすべての人々を対象とした普遍的なものだが、企業福祉は特定の企業の従業員（家族・退職者も）を対象とした限られたものである。特に企業福祉が地域社会の中で目につくのは、企業城下町である。公的福祉が未確立の時代に先行して登場し、企業の存在感と企業福祉の優越性を地域社会に振りまいてきたからである。

　「企業城下町は、企業あっての町」という思考様式が当たり前のこととされ、企業福祉と企業の存在を美化し、公的福祉や地域福祉の発展を妨げてきた。立派な企業内病院はあっても、地域には公的な総合病院が存在しない豊田市に、その典型的な事例を見いだせる。本書では、企業福祉の存在

が、地域社会の福祉に大きな影響を与えてきたことを明らかにした。

2-3　企業福祉のオルタナティブについて提起

　企業福祉は、現状のままならやがては歴史的役割を終え、限りなく縮小し、最後は消滅の道をたどるだろう。なぜなら、将来ビジョンも明確でなく、バックアップ体制もないからである。しかも当事者以外からは羨望の的でしかない。

　これまでの先行研究の多くは、企業福祉の存続を前提とした提案であった。企業福祉が困難に陥る最大の原因は、企業の業績低下による財源難である。その対応は当然だが、支給内容・サービスの削減・縮小であり、本質的な解決手法は先送りする。

　その意味で筆者が注目するのは、橘木俊昭［1998］の企業福祉撤退論である。橘木は「非賃金支払いの賃金化と、必要性のなくなった法定外福利厚生費の削減ないし撤退、さらに退職金支払いの賃金化」を主張する。「企業が福祉から撤退した後に、その財源を企業の経済活動に費やす」という。橘木の主張は、斬新だが、企業の本性を考慮しない施策にほかならない。むしろ、企業福祉の財源は、地域住民の生活や普遍的な福祉のためにこそ費やされるべきである。企業が福祉に投下していた費用を、従業員福祉から地域社会福祉へ、国民福祉への費用へ転化すべきである。たとえば、「社会貢献税」や「企業福祉税」を、最低限の生存権保障に向けて「ベーシックインカム」導入の財源とするような施策が考えられる。この点については十分ではないが、第1章で触れた。

3　本研究の今後の課題

3-1　労働問題研究として深化

　企業福祉は、労働問題として位置づけるべきである。だが、労働問題研究からの企業福祉研究へのアプローチは決定的に少ない。多くが入り口での論議に留まっている。ここに脇役としての企業福祉の位置が見えてくる。本書では、現段階の労使関係における企業福祉の役割について論及した。だがこれから先、労使関係ならびに労働組合は企業福祉とどう向き合うか

という提起は十分ではない。これから深めていく課題である。

　企業福祉に限らず、闘いで勝ち取ってきた成果について、労働組合が既得権益の死守という意識を持ち続けるのは、「企業別組合」である以上不思議ではない。この意識の克服は、日本の労働運動が、「企業内主義」の運動から「社会的労働運動」に昇華する以外にない。またワークシェアリングも、経営側の一方的提案ではなく、労働組合の側からの自覚的な提起も必要となろう。この点では非正規労働者の正規労働者への転化に尽力した「私鉄総連中国地本広島電鉄支部」の事例は高い次元への転嫁として注目に値する。こうした事例は現代日本では少ないが、狭い目先の利益にとらわれず複眼的な視点からのアプローチが必要である。

　企業福祉研究は、労働問題と労働組合の役割を再考すべきであることを、改めて強調したい。トヨタでは、「協調主義的労使関係」から「経営主導の労使関係」への進化が、トヨタの企業福祉にも影響を与えてきた。トヨタに限らず日本の労働組合は、過去の労使紛争のトラウマから、労使間の緊張関係を回避させ、労働組合の側からの異議申し立てが欠落するようになった。企業福祉は、その「緩衝地帯」として代償的な役割を果たしてきた。だがこの労使関係と企業福祉の存在が、21世紀のあり方として、働くものと地域社会の再生に役割を果たせるかという検証も必要である。

3－2　企業活動への評価

　現代日本では、企業活動を一方的に美化する事例もあるが、その反動から厳しく批判する主張も根強くある。企業不祥事やタックスヘイブンなど企業が反省すべきことが多々あるのは事実である。それを踏まえ、企業活動の積極的側面をどこに見いだし、どのように活かしていくかは大きな課題である。

　すでに触れているように、日本の大企業の経済力は並の国家レベル以上である。その経済力をどのように活かし、社会的に価値あるものに昇華させていくかは現在も問われている。それは、メセナやフィランソロピーなど、企業主導で広告塔的色彩の強い施策に解消させるだけではない。顧客や従業員、市民など、地域社会や国際社会などへ還元させる必要がある。

現代の資本主義と企業が、アダムスミスの自由放任主義の時代とは異なるのはいうまでもない。企業活動を、何の規制もなく企業が自由気ままにさせておけば、社会の進歩に繋がるというのは幻想である。企業内では労働者（従業員）からの規制が必要とされるし、企業外では株主、ユーザー、地域社会・住民の厳しいチェックが必要となる。企業としては息苦しいが、それがなければ、企業活動が安易な方向に流れ、暴走することもある。企業福祉は、企業の善意にお任せしてきた典型的な施策である。そこに留まるのではなく、企業福祉を高い水準に転化させなければならない。社会貢献活動が実現するために、企業を積極的に活かすことこそ求められる。その具体策の提起は、これからの課題としたい。

3－3　未来社会へと結びつく社会政策の提案

　企業福祉は、様々な関係者による積極的な政策的関与がなければ、企業側からの人事労務管理の手段として一方的に利用されるだけになるであろう。その結果、企業間格差はそのままに、給付サービスは順次縮小されていく事例も増えていくことになろう。企業福祉が社会的役割を果たすためには、個々の企業にお任せするのではなく、法的整備によって、企業間格差や雇用形態間格差を縮小していく施策が必要となる。

　また企業福祉に費やした財源を公的福祉に回すのなら、政策的な関与や法的整備が必要なのは当然である。その点でも社会政策との関わりで企業福祉を深めていく必要がある。官僚的で硬直で不効率な国家主導のシステムは、克服すべきだが、市場万能論のごとく無秩序な規制緩和論は戒めねばならない。現在の日本で経済システムを「夜警国家」の水準まで後戻りさせることは、社会進歩に反する。人々の安心・安全の確保には、当事者の国家（社会）の経済政策への関与は不可欠である。そのためにも、企業福祉の存在を未来社会と結びつけていく施策を探求する必要がある。

3－4　企業福祉と地域社会のあり方の深化

　地域社会の中で企業福祉の存在が最も顕在化したのは、企業城下町であった。そもそも企業城下町は、厳密な定義はされていないが、特定の産業・

企業が集中立地した都市・地域社会が、その企業集団が地域社会のあり方に、政治的、経済的、社会的な影響力を行使してきた都市・地域社会である。これからは、企業城下町内で我が物顔に振る舞ってきた「企業城主」が、未来社会に向けて、「企業市民」に転化するためにどうするかの道筋が問われる。

それは、企業が企業福祉である企業病院や企業内施設などの地域社会住民への開放だけですむものではない。それらは否定はできないが、メセナやフィランソロピーのような企業の広告塔的な「社会貢献活動」ですますことでもない。

企業が「企業市民」に進化するには、企業社会で活用していた企業福祉施策を、社会に還元する施策をまず実現させることである。これはあまりにも壮大で困難な課題である。現代社会を取り巻く現象面からすれば、社会還元という主張もある程度の説得力を持つ。だがそれは、社会と企業と同時に、当事者もまた変わらなければならない。従業員（労働者）も地域社会の住民も、労使関係（労働組合）も、企業と関係するステークホルダーとして姿勢や意識が問われてくる。

こうした問いかけを真摯に受け止めるなら、企業は企業福祉を媒介として、「企業市民」として、地域社会の「創造的共生」の担い手に脱皮することも可能である。地域社会での市民権を確保できるであろう。そうすれば、企業特に大企業は「守銭奴」のような汚名もまた返上できよう。企業にそこまで期待できないという批判・意見も聞こえるが、その方向を企業に要請することなくして、日本社会の再興はありえない。

これからの時代は、一国の施策の前に、自らの関わる地域のあり方から考えなければならない。今後の研究課題として、企業福祉を媒介に、これからの地域社会のあり方の探求をより深めていくことが求められる。

4　総括と展望　21世紀の創造的共生に向けて

4－1　20世紀への挽歌

本章では本書のまとめとしての総括的なまとめを記述してきた。20世紀の時代を振り返り、これからの未来社会に向けて、21世紀の創造的共生に

向けてのイメージと課題を提起する。

　日本社会では、資本主義の成立以来、地域社会が特定の企業集団の立地によって、企業城下町が形成されてきた。1955年に始まる高度経済成長以降の日本社会では、農村部から都市部への人口流出が顕著になった。それまで農業地域であった地域社会が工業地域へと変容・発展する事例も多く見られた。地域社会が発展・繁栄するために、企業城下町と企業福祉は大きな役割を果たしてきた。企業が地域経済の趨勢に大きな影響力があり、企業福祉が積極的に関わってきた。企業城下町の繁栄は、地域社会が財政的に潤い、先行して導入された企業内福祉施設に依存するか、自治体が補完する施策を導入してきた。

　だがその実態は地域社会での受益者間の分断的支配であった。企業福祉の存在が企業の提供する施設の利用や活用が先行され、自治体独自のインフラ整備や地域福祉の形成は遅れることになる。地域社会が企業福祉によって分断されてきた。

　これまで企業の発展による利益のおこぼれという発想があったが、成長に依拠する時代を終え、「持続可能な成長」が課題となった現在、好ましいことではない。企業福祉をそのままに、依存することで未来社会を切り開いていくことには無理がある。

　それでは、この格差はどのようにしたら縮小し、なくす方向に向かうかである。十名直喜［2017］が指摘した「ものづくりは、製造業のみに閉じられた概念ではない。工業的、さらには農業的産業にも開かれている」という視点は貴重である。複眼的・立体的視点からこれら産業を縦断的かつ有機的に再結合し、再生かつ循環可能な産業を創出することも可能である。里山や里海、小規模事業所による自然環境と向き合い、地球に優しい起業・産業創出の努力は、21世紀における共生の視点としては有効な提起であり、積極的な意義がある。

4−2　成長依存からの克服

　経済が右肩上がりの時代には、企業の豊かな財源をバックに、インフラ整備と住民生活向上の施策の実施が可能であった。これは西三河も例に漏

れない。だが日本社会が「成熟社会」になり、少子高齢化が進行し、成長に依拠する経済構造が困難になるや、地域社会の動揺・再編が始まっていく。地域産業が衰退し、人口が都市部に流出し、過疎地では限界集落まで出現する事例も全国的には見られるようになる。これまでの、「大きく」「多く」「早く」という価値観が、「人間の発達と社会の進歩」に有効かということが問われてくる。

現代社会は、技術革新やグローバル化などをめぐって競争が激化し、企業の不安定性も強まるなか、企業と地域社会とのあり方があらためて問われている。企業依存ではなく、企業を社会悪と決めつけるのでもなく、「企業市民」に昇華させるために企業を積極的に活用することこそ必要である。

日本の社会制度から見た西三河地域は、いかなる位置にあるだろうか。西三河の特性をあげるなら、トヨタという巨大企業の影響を受け、いびつな社会体制として成り立っていた。だが国内では他の地域と比較にならないぐらい「安定」した位置を確保してきた。当然その地に居住し生活し働く人もである。それはこの地が、モータリゼーションの進行とともに、自動車産業の繁栄と歩をともにしてきたからである。「大量生産・大量消費」は、この地に住む人が表向きは豊かな生活を可能とした。リーマンショックの一時期を除くと、雇用に限っても大変恵まれていた。それは光の当たる側面であった。

現代社会では、様々な分野での「光と影」の確認をしながら、価値観の再転換の検証も求められている。また、現代社会では、技術革新やグローバル化による競争が激化し、企業の不安定性も強まり、企業と地域社会とのあり方が問われている。しかも現在のICT化が。最近話題になるAIの登場とそれにつながる「Society5.0」の動きは、人間労働のあり方のみならず社会構造そのものを一変させる可能性すらある。こうした変化に向き合い、その動きに積極的に関わることこそ必要である。さもなくば、「人間の発達と社会の進歩」は画餅となろう。成長依存を見直すことは、私たちの発想そのものの転換とともに、生活のあり方全体を見直していくことも問われている。

4-3 21世紀の「創造的共生」に向けて

　もう一つ、この章で触れておきたいのは20世紀的思考の反省から、二者択一の克服である。序章でも触れてきたが、従来の研究は「黒か白か」「官か民か」という発想にとらわれてきた嫌いがある。「計画経済」を効率なき不毛なものと決めつける一方、他方では競争を絶対的悪と捉える意見も散見した。冷戦時代の悪しき名残である。筆者は「創造的共生」の担い手として、企業にその立場への進化を求めるとともに、公的部門の積極的な役割も求めている。そのためには従来の企業形態にこだわるのではなく、積極的に「サードセクター」の役割に活路を見いだしたい。

　それは「サードセクター」として担われるNPOや協同組合の少なからぬ部分が「等身大」であり、「成熟社会」のこれからにマッチするからである。確かに巨大企業の経済力は無視できない。しかし現在では実際に巨大企業が必ずしも有効だとはいえない面も見られるようになった。組織の肥大化による、官僚化や運営の硬直化や自浄能力の喪失など負の側面も目につく。従来もてはやされた価値観であった「多く、大きく、早く」という発想は、現在では必ずしも人々を幸福にしたとはいえない。「多く、大きく、早く」という発想が逆に、社会の進歩にマッチしない面も露呈する。大量消費や大量生産こそが、現代社会の様々な諸問題の要因ではと考えるようになった。「多く、大きく、早く」がもてはやされた時代は過去のものになろうとしている。人も企業も、「等身大」の活動こそ、これからの時代にふさわしいのではなかろうか。

　本書では、日本の企業社会の光と影に目を向け、影の部分として格差に目を向けてみた。それは、単なる表層的なものではなく、重層的な格差構造であることを明らかにした。重層的な格差構造とは、タテ軸では最上位にはトヨタ自動車を頂点とし、最下位に位置する零細企業まである。もう一方の横軸では、中心に位置する男性の正規雇用労働者が周辺に位置する非正規労働者との格差によって成り立っている。周辺部分は常用の有期雇用の非正規労働者から短時間勤務の非常勤あるいはパート労働者があり、その外側に間接雇用の派遣労働があり、外縁には労働者性すら認められな

い勤労者がいる。こうした上位企業・中心の労働者層が下位・周辺を収奪する構造は、現代日本の縮図であった。だがトヨタ企業集団に支えられた西三河の企業城下町もまた、「収奪・格差を伴う『分断的発展』」として機能してきた。

あるいは西三河地域はピラミッド型企業体制に支えられた「タテ型格差」ともいえる。この構造に企業福祉が強く関与してきた。これこそが「日本型構造」と呼ばれてきたものであり、西三河地域の企業城下町はその性格が、他の企業城下町以上に強く持たせていた。

このタテ型格差社会を、いかに「ヨコ型」の人々の絆を伴った地域社会に作り替えるかが問われている。それは企業や地域や社会が、そこに関わる当事者が「助け合い、育て合い、学び合う」関係にしていくことである。企業福祉の提供者である企業も、地域社会の1つの構成員に過ぎなくなる。その段階で企業は、「企業市民」として積極的な役割を果たしていかなければならない。

本書の課題でもある企業と地域社会が、「創造的共生」に向かうためには、「創造的矯正」の視点も必要とされる。それは日本社会が、企業社会が、企業城下町がいびつな発展をしている以上、その欠陥を是正することである。そうした「矯正」は、「強制」ではなく当事者の自覚へと導いていく必要がある。構成員の尊厳を認めながら、自然も人間も社会も大事に扱い、「希望」をめざすことである。

5　おわりに

これまでの企業福祉を媒介とした企業社会を、「企業市民」が担う新たな社会に造り替えていく担い手として、以下のことが考えられる。

(1)　労使関係の一方の当事者であるのは、企業に雇用されている労働者（従業員）、と労働組合であり、それらの果たすべき役割はこれからも重要である。

(2)　もう一方の当事者であるのは、様々な活動を可能とする豊かな財政基盤をもつ企業自身である。

(3)　さらに、第三者として存在する、地域社会に居住する住民、市民で

ある。

　もちろん家族という単位を蔑ろにするつもりはない。家族は人間集団の基本単位であり、これからも存続する。だが従来の人間の尊厳を奪うかのような家父長制はもちろんのこと、男尊女卑に基づく家族構成もまた過去のものである。家族の構成員がお互いの立場を自覚し認め合うことこそ求められてくる。

　これら当事者の双方向での関わりによって、未来社会のあり方を自由な発想で真摯に考えていくことである。そこには排除や打撃の論理は入り込まないはずである。その上で、当事者の成長にとって不可欠なのは「教育」である。「教育」には、「人間の発達と社会の進歩」を促す要素がある。そして知的営みは社会を創造していく力になろう。だが残念ながら、現代日本の教育はあまりにも貧弱で為政者の思惑が入り込み、未来を切り開くべき可能性を弱めている。しかし、そこでの「仕掛け方」が、地域社会のあり方を変え、国の社会政策にも影響を与えていくことも可能である。

　こうしたあり方の転換を通して、未来の共生社会への展望も可能となる。

　私たちは「人間の発達と社会の進歩」への貢献をめざすなら、人々の「共生」と「協働」の営みによる富は、人々に公平に分配すべきである。成長に依拠した経済発展は過去のものになりつつある。「持続可能な開発」（Sustainable Development）と「等身大の循環型産業・地域づくり」は、不可避な課題である。「フェアトレード（fair trade）」は語られつつも、それが実際に為されてはいない。今なおLDC（Least Developed Country: 後発途上国）と言われる国がまだ多数存在し、その国の人々の生活状態が人間に値しないほど劣悪であることを記すだけで十分である。

　見えない未来は、すでに始まっている。今ある困難を解決するための努力こそ「未来社会」に向けた模索につながる。「人間の発達と社会の進歩」に私たちはどう貢献するかということが今問われている。

　20世紀には「自助」への反発から「公助」を対置する傾向が強かった。それは、資本主義や競争への対抗意識からだろう。一方ではその反動として、「社会的規制」への機械的反発があり、「官から民へ」や「岩盤規制」解体という主張も耳にする。歴史の教訓から何を学んだのだろうか。

しかし21世紀の現在、「自助」や「公助」だけでなく、「共助」や「扶助」の役割も無視できない。そうした立体的・複眼的視点での未来社会構築を提起する。その意味で、企業福祉の存在は、脇役であっても、未来をつなげる貴重な道具としての役割を果たす可能性を有している。筆者は、その発展・進化に注目したい。

あとがき

　本書は 2019 年 3 月に授与した博士（経営学）の論文を書籍化したものである。本書を書き上げるに至った私の研究への関わりについて触れさせていただく。
　筆者は、今から 25 年以上前に、まずは「企業社会」という用語に惹かれ、それと深い関わりがある「企業福祉」への関心を抱いた。これが私の研究への、ささやかな出発点であった。

「企業福祉」研究への眼差しと挑戦
　その後、牛歩のようなあゆみで、研究に関わってきた。時として歩みを止め、模索し、あるときにはこのテーマから逃げ出したくなったときもあった。それでも「トヨタ研究」と関わる中で、企業福祉を媒介にいくつかの共著を世に出すことが出来た。それをなんとか 1 つの体系、論文としてまとめてみようという思いは、10 年ぐらい前からあったが、そこから前に進むことは出来なかった。踏み出すきっかけが見つからなかった。しかし今回初めて、1 つのものにまとめてみる気になった。それは時に厳しい言葉をかけながらも、絶えず私の背中を押してくれた人がいたからである。
　本書は、私のこれまでの研究業績の集大成になる。1 つのことをやり終えた達成感とこれでよかったのかという自問も含めた反省の思いが、交錯している。

社会人研究者としてのあゆみと多くの師との出会い
　私の研究者としての出発点は、40 代前半の社会人大学院入学から始まる。私が入学した大学院が、経済学でも計量的手法を行使する研究者が多数を占めるため、当初より違和感があった。それでも学内では数少ない実証分野と社会政策研究に関わる指導者の下で、勤労の合間に「研究」をし

てきた。私が研究に向けた歩を進めるようになったのは、時間的にも余裕ができた、前職を定年退職した2010年以降のことである。

　私は研究の片隅に関わったこともあり、多くの人と出会いそして学んできた。すでに故人となられた名古屋市立大学の指導教員であった上村正彦、松村文人の両氏は最初に出会った研究者であった。トヨタ研究での指導で、人並みの文書を書けるようにしていただいた猿田正機中京大学名誉教授と出会えた。当時からの執筆仲間であった杉山直、浅野文也の両氏がいる。そして名古屋市立大学大学院の同窓生で継続的な共同研究と指導を受けた塩見文人名古屋市立大学名誉教授や梅原浩次郎氏がいる。

　その中でも、私の未熟でつたない論文を、高い水準まで引き上げていただいた名古屋学院大学教授の十名直喜氏の指導がなければ、本書は陽の目を見なかったであろう。

　社会人研究者の優位性は、現場密着である。日々の実践が貴重な題材を提供してくれる。にもかかわらず社会人研究者としての優れた研究業績が日の目を見ないのは、一方ではあまりにも通俗的な世界に足をどっぷりとつけているからであり、一方ではそれを研究の高い水準にまで導く指導者が少なかったからである。現場感覚というのは重要だが、それに埋没すれば通俗的立場に堕してしまう。アカデミズムとプラグマティズムは、そもそも本来的には対立するものではないと私は思っている。

博士論文への挑戦と自己変革

　3年前、私はやっとの思いで、今までの「業績」をまとめて「博士論文」に仕上げようと思い、十名教授の扉をたたいた。懸念したのは、私の健康状態と年齢であった。医薬品に頼り、しかも高齢者の域に達した。果たしてやりきれるかという不安が脳裏を遮った。十名教授の強い後押しがあり、現代産業システム研究会に参加することになった。月2回の研究会は、参加者全員が報告する密度の高いものであった。先輩として参加する太田信義氏や井手芳美氏らの真摯で謙虚な研究への取り組みはすごく刺激になった。とりわけ企業人の生涯を終えたあとで、再度研究に謙虚に取り組む太田氏の姿勢には、社会人研究者としての揺るぎない姿勢と信頼を感じた。

出会う人すべてが、私の師の役割を果たした。

　この3年で痛感したのは、今までの固定的な価値観を超えるために柔軟な思考様式が必要とされた。現代社会の変化は、その本質を理解することは大変だが、人間の生き方や働き方を一面的に見るのではなく、立体的複眼的に考察することで、これまでの古い思考方式を乗り越えることも可能だと思うようになった。そこまでたどり着くのに多くの時間を費やした。それは、現代社会が抱えている諸問題を解決していくためにも、重要なキーワードだと考えている。

　おわりに
　本書を書き上げていく過程で、社会の変化とともに、自らも変わらなければならないことを痛感した。1989年に始まる世界史の大転換は、当時の私にとってさほどの影響を受けなかった。だが私を取り巻く環境が、大きく変わっていった。人間の思考様式も行動様式も変わった。国内のシステムや構造も、世界を取り巻く環境も変わった。私の足跡は、文字通りさまよい、安易な方向へと流されそうになった。しかし曲がりなりにもこうして論文にまとめ上げることが出来たのは、社会人研究者としての立ち位置から、脱線だけはしなかったからだと思っている。

　私はこうして長い助走期間を得て、飛翔し、今や着地点に降りようとしている。その着地点がどこになるかはわからない。ただ私自身が自覚しているのは、これが終わりではなく新たな始まりであるということである。私は今年古希を迎えた。私はこの年になって、人生において最高の知的作業を与えてくれた多くの恩師・友人・知人に感謝したい。出版の労をとっていただいたロゴスの村岡到氏に感謝する。

2019年9月　　　　　　　　　　　　　　　　　　　　櫻井善行

参考文献一覧

あ

赤堀芳和［2015 年］『共生の「くに」を目指して――働く者が報われる社会に』講談社

赤堀正成・岩佐卓也編［2010 年］『『新自由主義批判の再構築』法律文化社

浅見和彦［2015 年］「成熟社会と労働組合運動の改革」：碓井敏正，大西広編『成長国家から成熟社会へ 福祉国家論を超えて』共栄書房

阿部和義、［2005 年］『トヨタモデル』講談社

アイシン精機［2010 年］『アイシンレポート』

石水喜夫［2013 年］『日本型雇用の真実』ちくま新書

伊藤欽二［2006 年］『あなたの知らないトヨタ』学習の友社

伊藤欽二［2007 年］『トヨタの品格』洋泉社

伊藤健市［1990 年］『アメリカ企業福祉論----20 世紀初期生成期の分析』ミネルヴァ書房

伊藤健市［1991 年］「高齢化社会と企業福祉」：木元進一郎編『激動期の日本労務管理』高速印刷出版事業部、

伊藤健市［1993 年］「協調的労使関係の再構築」：『賃金と社会保障』No. 1109、労働旬報社

伊藤健市［1999 年］「総額人件費管理と企業『福祉』の解体」(『経済』1999 年 12 月号)、新日本出版社

伊藤健市［1993 年］「協調的労使関係の再構築」：『賃金と社会保障』No. 1109、労働旬報社

伊藤健市[[2000 年］「企業福祉の再編成とカフェテリアプラン――企業「福祉」の解体」：黒田兼一他編『新・日本的経営と労務管理』有斐閣

石田英夫［1995 年］「米国の選択的福利厚生制度――カフェテリアプランの展開と評価」『日本労働研究雑誌』No. 429、日本労働研究機構

石田光男他編［1997 年］『日本のリーン生産』中央経済社

猪木武徳［1995 年］「企業内福利厚生の国際比較へ向けて」：猪木武徳・樋

口美雄編『日本の雇用システムと労働市場』日本経済新聞社
庵原孝文［2010年］『日本企業の中国巨大市場への展開』名古屋学院大学大学院
氏原正治郎［1966年］『日本労働問題研究』東京大学出版会
内橋克人［2011年］『共生経済が始まる――人間復興の社会を求めて』朝日文庫
内橋克人［1995年］『共生の大地――新しい経済がはじまる』岩波新書
内橋克人・宇沢弘文［2009年］『始まっている未来―― 新しい経済学は可能か』岩波書店
宇沢弘文［2000年］『社会的共通資本』岩波新書
宇沢弘文［2017年］『人間の経済』新潮新書
宇沢弘文［1989年］『経済学の考え方』岩波新書
エスピン・アンデルセン［2001年］『福祉資本主義の三つの世界』ミネルヴァ書房
ＮＨＫ放送文化研究所［2004年］『現代日本人の意識構造［第六版］』日本放送出版協会
大河内一男［1955年］『社会政策』青林書房
大河内一男［1970年］『賃銀』有斐閣
大木一訓［1986年］愛知労働問題研究会『大企業労働組合の役員選挙』大月書店
大沢真理［1999年］「公共空間を支える社会政策――セイフティネットを張り替える」：神野直彦他編『「福祉政府」への提言――社会保障の新体系を構想する』岩波書店
大島和夫［2010年］『企業の社会的責任』学習の友社
大野晃［2008年］『地域再生』京都新聞出版センター
奥村宏［2001年］『会社とはなにか』岩波ジュニア新書
奥村宏［2004年］『会社はなぜ事件を繰り返すのか―検証・戦後会社史』NTT出版
小倉昌男［1999］『経営学』日経ＢＰ社

か

郭洋春［2016 年］『国家戦略特区の正体――外資に売られる日本』集英社新書
樫原朗［2000 年］「アメリカの確定拠出型年金（401（k））の動向」：武川正吾・佐藤博樹編『企業保障と社会保障』東京大学出版会
片山修［2005 年］『誰も知らないトヨタ』幻冬舎
片山修［2005 年］『トヨタはいかにして「最強の社員」をつくったか』祥伝社
加藤久和［2011 年］『世代間格差――人口減少社会を問い直す』ちくま新書
加藤寛・丸尾直美編［1998 年］『福祉ミックス社会への挑戦――少子高齢化社会を迎えて』中央経済社
金子勝［1991 年］「企業社会の形成と日本社会――「資産所有民主主義」の帰結」：東京大学社会科学研究所編『現代日本社会』5 構造、東京大学出版会
鎌田慧［1986 年］『教育工場の子どもたち』講談社
上坂冬子［1981 年］『職場の群像――私の戦後史』中公新書
願興寺晧之［2009 年］「サプライヤー企業の働き方と労使関係――柔軟な生産・要員調整と分業構造における共生のための課題」：『講座現代の社会政策 3　労働市場・労使関係・労働法』明石書店
基礎経済科学研究所編［1992 年］『日本型企業社会の構造』労働旬報社
木下武男［1999 年］『日本人の賃金』平凡社
木下武男［2007 年］『格差社会にいどむユニオン――21 世紀労働運動原論』花伝社
桐木逸朗［1983 年］「福祉政策」と「労働福祉」：西村豁通編・社会政策学会研究大会社会政策叢書第 V 集『現代の福祉政策と労働問題』啓文社
桐木逸朗［1984 年］「共済制度の見直しと新展開」：社会経済国民会議・丸尾直美、桐木逸朗、西原利昭編『日本型企業福祉――生産性と働きがいの調和』三嶺書房
桐木逸朗［1998 年］『変化する企業福祉システム』第一書林
桐木逸朗［1998 年］「新しい供給システムの可能性」「21 世紀型福利厚生の姿」：『変化する企業福祉システム』第一書林
熊沢誠［1972 年］『労働のなかの復権』三一新書

熊沢誠［1993年］『新編日本の労働者像』筑摩書房
熊沢誠［1997年］『能力主義と企業社会』岩波書店
熊沢誠［2010年］『働き過ぎに斃れて──過労死・過労自殺の語る労働史』岩波書店
熊谷徹［2015年］『ドイツ人はなぜ、1年に150日休んでも仕事が回るのか』青春新書
熊谷徹［2010年］『あっぱれ技術大国ドイツ』新潮文庫
熊谷徹［2015年］『日本とドイツ　ふたつの「戦後」』集英社新書
樽松佐一［2008年］『トヨタの足元で──ベトナム人研修生 奪われた人権』風媒社
玄田有史［2010年］『希望のつくり方』岩波新書
小池和男［1981年］「企業福祉の現代的課題」：氏原正治郎編、社会保障講座4『労使関係と社会保障』総合労働研究所
厚生労働省［2011年］『平成23年就労条件総合調査結果の概況』厚生労働省
伍賀一道［2014年］『「非正規大国」日本の雇用と労働』新日本出版社
後藤道夫・木下武男［2008年］『なぜ富と貧困は広がるのか──格格差社会を変えるチカラをつけよう』旬報社
後藤道夫［2002年］『反「構造改革」』青木書店
小林甲一［2009年］『ドイツ社会政策の構造転換──労働生活とその人間化をめぐって 』（名古屋学院大学総合研究所研究叢書23）高菅出版
駒村康平・丸山桂［2015年］「就業形態の変化と社会保険・企業福祉」『日本労働政策研修研究機構雑誌』No. 659
駒村 康平［2016年］『中間層消滅』角川新書
今野晴貴［2012年］『ブラック企業 日本を食いつぶす妖怪』文春新書

　　さ

斎藤茂男［1990年］『わが亡きあとに洪水はきたれ！─ルポルタージュ 巨大企業と労働者』筑摩書房
斎藤貴男［2004年］『教育改革と新自由主義』子どもの未来社

坂本二郎［1967 年］『日本型福祉国家の構想』ペリカン社
櫻井善行［2007 年］「トヨタの企業福祉」:『トヨタ企業集団と格差社会』ミネルヴァ書房
櫻井善行［2009 年］「トヨタ自動車労働組合と全トヨタ労働組合——「経営主導」型労使関係と企業内少数派の活動」:猿田正機・杉山直編『トヨタの労使関係』税務経理協会
櫻井善行［2011 年］「働くもののいのち・健康を守るために——労災・過労死事例からみたトヨタの働かせ方」:猿田正機, 杉山直『トヨタの雇用・労働・健康』税務経理協会
櫻井善行［2012 年］「ワークライフバランス（ＷＬＢ）の系譜」:『企業研究』No. 34、中京大学企業研究所
佐口卓［1972 年］『企業福祉』有斐閣
佐高信［2008 年］『佐高信の辛口 100 社事典』七つ森書館
真田是[1988]『大企業社会と人間——新しい労働者像を求めて』法律文化社
猿田正機［1993 年］「福祉の充実に欠かせない労使関係の民主化」:『賃金と社会保障』No. 1109、労働旬報社
猿田正機［1994 年］『変貌する世界企業トヨタ』新日本出版社
猿田正機［1995 年］『トヨタシステムと労務管理』税務経理協会
猿田正機編［2007 年］『格差社会とトヨタ企業集団』ミネルヴァ
猿田正機［2007 年］『トヨタウェイと人事管理・労使関係』税務経理協会
猿田正機・杉山 直編［2012 年］『日本におけるトヨタの労働研究』文眞堂
猿田正機［2013 年］『日本的労使関係と「福祉国家」——労務管理と労働政策を中心として』税務経理協会
猿田正機［2017 年］『トヨタ研究からみえてくる福祉国家スウェーデンの社会政策』ミネルヴァ書房
柴田昌治他［2006 年］『トヨタ式最強の経営』日本経済新聞社
神野直彦［2001 年］『「希望の島」への改革 分権型社会をつくる』NHK ブックス
神野直彦［2002 年］『人間回復の経済学』岩波新書
神野直彦［2010 年］『「分かち合い」の経済学』岩波新書

杉村芳美［1997年］『「良い仕事」の思想――新しい仕事倫理のために』中公新書
杉山直［2005年］「トヨタの退職金・企業年金」：『賃金と社会保障』No.1399、2005.8.上旬
杉山直［2006年］「トヨタの新企業年金」：『賃金と社会保障』1412 06.2.下旬
鈴木宏昌［1997年］「欧米の企業内福祉の動向」：藤田至孝他編『企業内福祉と社会保障』東京大学出版会
隅谷三喜男［1976年］『労働経済論』筑摩書房

　　　た

高島進［1995年］『社会福祉の歴史』ミネルヴァ書房
武川正吾［1999年］『社会政策のなかの現代』東京大学出版会
武川正吾［2000年］「個人保障・企業保障・社会保障」：武川正吾・佐藤博樹編『企業保障と社会保障』東京大学出版会
橘木俊詔［1993年］『ライフサイクルと所得保障』ＮＴＴ出版
橘木俊詔［1998年］「企業福祉から撤退し福利厚生費を賃金で支払うべき」（『企業福祉』1999/1/1)、産労総合研究所
橘木俊詔［1998年］『日本の経済格差――所得と資産から考える』岩波新書
橘木俊詔［2000年］「企業は福祉からの撤退も視野に」日本経済新聞
橘木俊詔［2005年］『企業福祉の終焉――格差の時代にどう対応するか』中公新書
田沼肇［1993年］『企業社会と労働組合』大月書店
堤美香［2008年］『ルポ 貧困大国アメリカ』岩波新書
堤美香［2013年］『(株) 貧困大国アメリカ』岩波新書
堤美香［2014年］『沈みゆく大国アメリカ』集英社新書
暉峻淑子［1989年］『豊かさとは何か』岩波書店
デンソー［2010年］『CSRレポート2010――社会から信頼・共感される企業をめざして』
東大社研、玄田有史［2013年］『希望学 あしたの向こうに：希望の福井、福井の希望』東大出版会

十名直喜［1992年］「日本型企業社会の構造——「日本型フレキシビリティ」と「前近代性」の構造」：基礎経済科学研究所編『日本型企業社会の構造』労働旬報社

十名直喜［1993年］『日本型フレキシビリティの構造——企業社会と高密度労働システム』法律文化社

十名直喜［2007年］『ひと・まち・ものづくりの経済学：現代産業論の新地平』法律文化社

十名直喜［2017年］『現代産業論——ものづくりを活かす企業・社会・地域』水曜社

富岡幸雄［2014年］『税金を払わない巨大企業』文藝春秋

トヨタ自動車［2001年］「トヨタ行動の指針」トヨタ自動車広報部

トヨタ自動車［2006年］「Toyotaway 21」トヨタ自動車広報部

トヨタ自動車株式会社［2010年］『Substainability Report 2010』

トヨタ工業学園［2002年］『たくましくしなやかに　for TOYOTA's Student 2002』トヨタ自動車株式会社、トヨタ工業学園

　　　な

長井毅［2000年］「日本の法定福利費の将来設計」：武川正吾・佐藤博樹編『企業保障と社会保障』東京大学出版会

中原弘二［1994年］「日本型企業社会と社会政策の課題」：『社会政策叢書』編集委員会編、社会政策叢書第18集『日本型企業社会と社会政策』啓文社

浪江巌［1988年］「総合社会政策のなかの企業福祉と労使関係」：西村豁通・木村正身編社会政策学会研究大会社会政策叢書第Ⅵ集『総合社会政策と労働福祉』啓文社

西久保浩二［1995年］「転換期を迎える日本型福利厚生」：『日本労働研究雑誌』No. 429、日本労働研究機構

西久保浩二［1998年］『「日本型福利厚生の再構築」——転換期の諸課題と将来展望』社会経済生産性本部

西久保浩二［2000年］「法定福利費負担と企業行動——近年の我が国企業のリストラ行動と事業主負担の関連性」：武川正吾・佐藤博樹編『企業保障

と社会保障』東京大学出版会
西原利昭編［1984年］『日本型企業福祉——生産性と働きがいの調和』三嶺書房
西村豁通編［1973年］『労働者福祉論』有斐閣
西村豁通［1989年］『現代社会政策の基本問題』ミネルヴァ書房
日外アソシエーツ編集部［1995］『20世紀西洋人名事典』日外アソシエーツ
日経連・新日本的経営システム等研究プロジェクト編［1995］『「新時代の日本的経営」——挑戦すべき方向とその具体策』日本経営者連盟
日本経団連［2015年］『第60回福利厚生調査結果報告』日本経団連
日本経済新聞社［2004年］『奥田イズムがトヨタを変えた』日本経済新聞社
日本労働研究機構［1998］『ドイツ企業の賃金と人材育成』日本労働研究機構
野村正實［1993年］『トヨティズム－日本型生産システムの成熟と変容』ミネルヴァ

は

橋本健二［2009年］『「格差」の戦後史——階級社会 日本の履歴書』河出ブックス
原正敏［1987年］『現代の技術・職業教育』大月書店
バンジャマン・コリア［1992年］『逆転の思考——日本企業の労働と組織』藤原書店
平野泰朗・花田昌宣［1999年］「労働力再生産における産業的福祉の役割——日本における企業主義的レギュラシオン仮説の検討に向けて」：山田鋭夫・ボワイエ編『戦後日本資本主義——調整と危機の分析』藤原書店
平石長久［1981年］労働福祉・日本労働協会
平山洋介［2009年］『住宅政策のどこが問題か』光文社新書
広井良典［2006年］『持続可能な福祉社会——「もうひとつの日本」の構想』ちくま新書
兵藤釗［1971年］『日本における資本主義の展開』東京大学出版会
藤田孝典［2015年］『下流老人 一億総老後崩壊の衝撃』朝日新書
藤田晃之［2005年］「新しいスタイルの学校 制度改革の現状と課題」数

研出版
藤田至孝［1988年］「総合社会政策の登場と背景」：西村豁通・木村正身編、社会政策学会研究大会社会政策叢書第Ⅵ集『総合社会政策と労働福祉』啓文社
藤田至孝［1997年］「企業内福祉と社会保障の一般的関係」「成熟社会における企業内福祉と社会保障」：藤田至孝他編［1997年］『企業内福祉と社会保障』東京大学出版会
藤田至孝・塩野谷祐一編［1997年］『企業内福祉と社会保障』東京大学出版会
藤田菜々子［2017年］『福祉世界――福祉国家は越えられるか』中公選書

ま

増田寛也［2014年］『地方消滅』中公新書
丸尾直美［1984年］「企業福祉の新展開」：社会経済国民会議・丸尾直美・桐木逸朗・西原利昭編『日本型企業福祉――生産性と働きがいの調和』三嶺書房
三澤一文［2005年］『なぜに本社は世界最強なのか』ＰＨＰ出版
宮本太郎［1999年］『福祉国家という戦略――スウェーデンモデルの政治経済学』法律文化社
宮本憲一［1994年］『昭和の歴史〈10〉経済大国』小学館
宮本憲一［1990年］『地域経済学』有斐閣
向井清史［2018年］「市民社会の再構築とNPOの可能性」：塩見治人・井上泰夫他編『希望の名古屋圏は可能か――危機から出発した将来像』風媒社
村岡到編［2011年］『ベーシックインカムの可能性――今こそ被災生存権所得を！』ロゴス
村上泰亮・蝋山昌一［1975年］『生涯設計計画――日本型福祉社会のビジョン』日本経済新聞社
藻谷浩介［2010年］『デフレの正体 経済は「人口の波」で動く』、角川新書
藻谷浩介［2013年］NHK広島取材班『里山資本主義 日本経済は「安心の原理」で動く』角川新書
森岡孝二［2005年］『働きすぎの時代』岩波新書

森岡孝二［2010年］『就活とブラック企業——現代の若者の働きかた事情』岩波書店
森岡孝二［2011年］『就職とは何か——〈まともな働き方〉の条件』岩波新書
森岡孝二［2013年］「企業社会論の分析的枠組を問い直す」『経済科学通信No.131』基礎経済科学研究所
森岡孝二［2013年］『過労死は何を告発しているか——現代日本の企業と労働』岩波現代文庫
森岡孝二［2015年］『雇用身分社会』岩波新書
森田慎二郎［2014年］『日本産業社会の形成——福利厚生と社会法の先駆者たち』労務研究所

　ら

労務研究所編［2009年］『これからの福利厚生の方向を探る』労務研究所
ロジャー・ローウェンスタイン著鬼澤忍訳［2009年］『なぜGMは転落したのか——アメリカ年金制度の罠』日本経済新聞出版社
ロナルド・ドーア［1993年］『イギリスの工場・日本の工場——労使関係の比較社会学』〈上〉〈上〉　ちくま学芸文庫
ロナルド・ドーア［2005年］『働くということ——グローバル化と労働の新しい意味』中公新書

　や

八代尚宏［2011年］『新自由主義の復権——日本経済はなぜ停滞しているのか』中央公論新社
山崎清［1988］『日本の退職金制度』日本労働協会
山内直人［1994年］「フリンジ・ベネフィット課税の再検討——会社人間解放への処方箋」菅原眞理子編『ワークスタイル革命』大蔵省印刷局
山内直人［1995年］「フリンジ・ベネフィット課税の経済分析」:『日本労働研究雑誌』No.429、日本労働研究機構
山下東彦［2005］『戦略としての労働組合運動——能力主義・成果主義・同一労働同一賃金』文理閣

山田昌弘［1999 年］『パラサイト・シングルの時代』筑摩書房
湯浅誠［2008 年］『反貧困』岩波書店
横田一［2006 年］『トヨタの正体』週刊金曜日

  わ
若松義人［2003 年］『トヨタ流「最強の社員」はこう育つ』成美堂
渡辺治［2004 年］『高度成長と企業社会（日本の時代史）』吉川弘文館
渡部記安［1999 年］『日本版 401k への警鐘』連合通信社
渡邉正裕・林克明［2010 年］『トヨタの闇』筑摩書房

図表一覧

0-1　日本的システムの変遷　9
0-2　社会福祉（社会保障）・企業福祉・家族福祉　9
0-3　日本型福祉社会と「企業福祉」「家族福祉」　11
0-4　厚生労働省と日本経団連の法定外福利費などの範囲　16
1-1　「企業福祉」研究と近接領域　38
2-1　生活保障の変遷　72
2-2　福利厚生等項目別内訳　2015年度　78
2-3　従業員1人1ヶ月当たりの福利厚生費の推移　82
2-4　福利厚生代行会社　87
2-5　企業規模別・産業別福利厚生（平成10年度）　94
3-1　企業福祉と格差社会　102
3-2　トヨタ企業集団のピラミッド構造　105
3-3　労働者の重層的階層構造　107
3-4 A　労働費用総額（円）　108
3-4 B　現金給与（円）　109
3-4 C　退職関連費用（円）　110
3-4 D　教育訓練費用（円）　111
3-4 E　法定福利費（円）　111
3-4 F　法定外福利費（円）　112
3-4 G　現金給与以外の労働費用（円）　113
3-5　4階建ての年金制度　117
3-6　退職後の収入（トヨタ自動車・関連企業）　119
4-1　企業福祉と企業の社会的責任　130
5-1　日本的労使関係と企業福祉　158
6-1　企業福祉と企業内教育　182
6-2　トヨタ工業学園の歴史　188
6-3　学園生の生活サイクル　191

6－4　トヨタ工業学園のカリキュラム　192
6－5　トヨタ工業学園の年間行事　193
6－6　学園生の1日のスケジュール　194
6－7　学園生高等部の手当　195
6－8　学校教育と企業内教育　201
7－1　企業福祉と企業城下町　208
7－2　西三河の地理的位置　211
7－3　トヨタの地域別海外生産の推移　214
7－4　トヨタ自動車・グループ企業の実体　216
7－5　刈谷市内輸送用機器産業の推移　217
7－6　西三河の中小零細企業の現状　218
7－7　西三河の外国人居住者　224
7－8　西三河の主要都市の比較（豊田市・刈谷市・岡崎市）　228
終－1　本論文の構成　238

著者略歴

櫻井善行（さくらい　よしゆき）

博士（経営学）名古屋学院大学大学院経済経営学研究科
1950年　長野県生まれ
1975年　愛知大学法経学部経済学科卒業
1995年　名古屋市立大学大学院経済学研究科修士課程終了
2001年　名古屋市立大学大学院経済学研究科博士後期課程単位取得退学

　主な著書
『トヨタ企業集団と格差社会』ミネルヴァ書房（共著）2010
『トヨタショックと愛知経済——トヨタ伝説と現実』晃洋書房（共著）2010
『名古屋経済圏のグローバル化対応——産業と雇用における問題性』晃洋書房（共著）2013
『労働組合運動の新たな地平』かもがわ出版（共著）2015
『安倍政権下のトヨタ自動車』税務経理協会（共著）2018　　他

　現　在
高等学校教諭を経て現在、定時制高校非常勤講師
名古屋市立大学大学院経済学研究科研究員
愛知働くもののいのちと健康をまもるセンター理事・事務局次長

企業福祉と日本的システム
——トヨタと地域社会への21世紀的まなざし

2019年11月3日　初版第1刷発行

著　者	櫻井善行
発行人	入村康治
装　幀	入村　環
発行所	ロゴス
	〒113-0033　東京都文京区本郷2-6-11
	TEL.03-5840-8525　FAX.03-5840-8544
	http://www.18.ocn.ne.jp/~logosnet/
印刷／製本	株式会社 Sun Fuerza

定価はカバーに表示してあります。　ISBN978-4-904350-64-5

ロゴスの本

武田信照 著 　　　　　　　　　　四六判 上製 250頁 2300円+税
ミル・マルクス・現代

西川伸一 著 　　　　　　　　　　四六判 236頁・2200円+税
覚せい剤取り締まり法の政治学

村岡 到 著 　　　　　　　　　　四六判 138頁・1400円+税
ベーシックインカムで大転換

村岡 到 著 　　　　　　　　　　Ａ５判 236頁・2400円+税
親鸞・ウェーバー・社会主義

村岡 到 著 　　　　　　　　　　四六判 220頁・2000円+税
友愛社会をめざす──活憲左派の展望

村岡 到 著 　　　　　　　　　　四六判 156頁・1500円+税
日本共産党をどう理解したら良いか

村岡 到 著 　　　　　　　　　　四六判 158頁 1500円+税
文化象徴天皇への変革

村岡 到 著 　　　　　　　　　　四六判 236頁 2000円+税
不破哲三と日本共産党

村岡 到 著 　　　　　　　　　　四六判 188頁 1700円+税
共産党、政党助成金を活かし飛躍を

村岡 到 著 　　　　　　　　　　四六判 252頁 1800円+税
貧者の一答

村岡 到 著 　　　　　　　　　　四六判 252頁 1800円+税
ソ連邦の崩壊と社会主義

村岡 到 編著　下斗米伸夫・岡田進・森岡真史・佐藤和之・村岡到
ロシア革命の再審と社会主義　　四六判 186頁 1800円+税

村岡 到 著 　　　　　　　　　　四六判 154頁 1300円+税
池田大作の「人間性社会主義」

あなたの本を創りませんか──出版の相談をどうぞ、小社に。

ブックレットロゴス

ブックレットロゴス No. 1　村岡 到 編
閉塞を破る希望——村岡社会主義論への批評　142頁・1500円+税

ブックレットロゴス No. 2　斎藤旦弘 著
原点としての東京大空襲——明日の世代に遺すもの　110頁・1000円+税

ブックレットロゴス No. 4　村岡 到 著
閉塞時代に挑む——生存権・憲法・社会主義　111頁・1000円+税

ブックレットロゴス No. 5　小選挙区制廃止をめざす連絡会 編
議員定数削減ＮＯ！——民意圧殺と政治の劣化　108頁・1000円+税

ブックレットロゴス No. 6　村岡 到 編　西尾 漠・相沢一正・矢崎栄司
脱原発の思想と活動——原発文化を打破する　124頁・1200円+税

ブックレットロゴス No. 8　村岡 到 編
活憲左派——市民運動・労働組合運動・選挙　124頁・1100円+税

ブックレットロゴス No. 9　村岡 到 編　河合弘之・高見圭司・三上治
2014年 都知事選挙の教訓　124頁・1100円+税

ブックレットロゴス No.10　岡田 進 著
ロシアでの討論——ソ連論と未来社会論をめぐって　132頁・1200円+税

ブックレットロゴス No.11　望月喜市 著
日ソ平和条約締結への活路——北方領土の解決策　124頁・1100円+税

ブックレットロゴス No.12　村岡 到 編　澤藤統一郎・西川伸一・鈴木富雄
壊憲か、活憲か　124頁・1100円+税

ブックレットロゴス No.13　村岡 到 編　大内秀明・久保隆・千石好郎・武田信照
マルクスの業績と限界　124頁・1000円+税

ブックレットロゴス No.14　紅林 進 編　宇都宮健児・紅林進・田中久雄・西川伸一
変えよう！選挙制度——小選挙区制廃止、立候補権を　92頁・800円+税

ブックレットロゴス No.15　村岡 到 編　大内秀明・岡田進・武田信照・村岡到
社会主義像の新探究　106頁・900円+税

ブックレット ロゴス No.3、No.7 は品切れ

友愛を心に活憲を！

季刊 フラタニティ Fraternity

B5判72頁　600円＋税　送料152円

第16号　2019年11月1日
特集：韓国市民との連帯をどう創るか
編集長インタビュー　和田春樹
　安倍首相の対韓姿勢の底に何が？
北島義信　韓国から学ぶ平和思想
寺島善一　今なぜ「評伝　孫基禎」
紅林　進　「日韓報道をチェック」
　運動スタート
村岡　到　〈高額消費直納税〉の提案
大内秀明　ＭＭＴの危うさ
石田　誠　ＰＦＩとコンセッション
村岡　到　共産党の「綱領改定」
『フラタニティ』私も読んでいます ③
　碓井敏正　河上清　佐藤元泰
大石　進　三鷹事件・再審請求棄却
天野達志　創価学会本部前で抗議

第15号　2019年8月1日
特集：政権構想を探究する ①
村岡　到　〈政権構想〉と〈閣外協力〉
西川伸一　望ましい司法制度にむけて
桂　協助　官僚立法の弊害を超えよう
編集長インタビュー　前川喜平
　教育の根底に貫かれるべきこと
馬場朝子　新連載「ロシアとソ連」
　を半世紀見つめて ①
稲垣久和　賀川豊彦の社会主義（下）
『フラタニティ』私も読んでいます ②
　丹羽宇一郎　山本恒人　久保　隆
鳩山友紀夫　ブータン見聞記
伊藤誠　資本主義はどうなっている？

第14号　2019年5月1日
特集：沖縄を自分の問題として考える
野原善正　三色旗を掲げデニー勝利
稲田恭明　沖縄の自決権を考える
松本直次　文学作品での〝沖縄と沖
　縄の人たち〟
編集長インタビュー　田中久雄
　選挙制度は民主主義の要
岡田　進　ロシア市民の意識に見る
　旧ソ連と現在のロシア
碓井敏正　立憲主義だけで闘えるのか
稲垣久和　賀川豊彦の社会主義（中）
新連載　『フラタニティ』私も読ん
でいます①
　鳩山友紀夫　北島義信　相沢一正

季刊フラタニティ刊行基金

呼びかけ人
浅野純次　石橋湛山記念財団理事
澤藤統一郎　弁護士
出口俊一　兵庫県震災復興研究センター事務局長
西川伸一　明治大学教授
丹羽宇一郎　元在中国日本大使
鳩山友紀夫　東アジア共同体研究所理事長

一口　5000円
　1年間4号進呈します
定期購読　4号：3000円
振込口座
　00170-8-587404
　季刊フラタニティ刊行基金